国家绒毛用羊产业技术体系建设资金资助项目

中国绒毛用羊产业经济研究

第七辑

中国绒毛用羊标准化规模养殖研究
——以西部地区细毛羊为例

王　晶　肖海峰　著

中国农业出版社
北　京

前　言

本书是国家绒毛用羊产业技术体系产业经济研究项目（项目编号：CARS-39-22）的阶段性研究成果。

绒毛用羊产业是我国畜牧业的重要组成部分，也是中国西部地区农牧民从事的主要产业，该产业的持续健康发展，不仅关系到农牧民增收，也关系到边疆地区经济发展和社会稳定。目前，我国绒毛用羊产业正处于向现代化转型的关键时期，面临着资源与环境约束趋紧、产品供需矛盾突出、养殖方式粗放、生产效率较低、标准化养殖水平不高、规模化比重偏低等诸多问题。解决上述问题的关键在于养殖模式的转变，以标准化为核心、以规模化为特征，逐步形成绒毛用羊产业标准化规模养殖发展的新格局。因此，有必要对绒毛用羊标准化规模养殖的经济效益、影响因素、运行模式及相关扶持政策进行深入系统的研究，通过养殖模式的转变提高生产效率，促进农牧户养殖经济效益增长和相关畜产品的长期有效供给。

本研究综合运用实地调查法、统计分析法、计量分析法和案例分析法等研究方法，对中国绒毛用羊标准化规模养殖进行较为深入的研究。对我国绒毛用羊养殖的标准化程度和规模化程度进行定性评价和分析；对标准化规模养殖（分规模）和散养模式下农牧户的成本收益、单要素生产率、技术效率和配置效率进行测算和比较分析；用模糊数学法和似乎无关方程组模型对畜禽良种化、养殖设施化、生产规范化、防疫制度化、粪污无害化5个环节标准化生产的影响因素进行计量分析，用多元线性回归模型对农牧户养殖规模化的影响因素进行计量分析；采用案例分析法，对标准化规模养殖模式的实施路径、典型经验和运行特征进行归纳和总结，并对绒毛用羊标准化规模养殖的相关扶持政策进行评价；提出提高绒毛用羊标准化规模养殖的对策建议，为相关政策的制定提供经验参考和决策依据。

本研究对中国绒毛用羊标准化规模养殖的研究，在研究视角、研究内容及研究方法上均有所创新。一方面，基于微观视角，对采用标准化规模养殖模式和散养模式的农牧户的养殖水平、技术采纳及经济效益进行测算和比较，探索经营规模与经济效率之间的关系；另一方面，综合运用模糊数学法和似无关方程组模型分析绒毛用羊标准化养殖5个环节的影响因素，深化了畜牧业标准化养殖的规律认知。

本研究得到以下主要结论：①绒毛用羊各环节标准化程度存在差异，畜禽良种、养殖设施和疾病防控3个环节相对最高，生产管理次之，粪污无害化最低。绒毛用羊规模化养殖有长足发展，小规模散养仍占据绝对优势，规模化程度区域差异明显。②标准化规模养殖户总收益、纯收益和成本收益率均显著高于散养户，各投入产出指标及构成比例地区差异显著；标准化规模养殖户的单要素生产率显著高于散养户；标准化规模养殖户技术效率显著高于散养户，配置效率显著低于散养户，提升产出水平和压缩生产成本的空间都较大。③经济要素、技术要素、政策要素和个人家庭特征对绒毛用羊标准化养殖均有重要影响。养羊收入比重、固定资产比重有显著正向影响。人工授精、选址和棚圈设计、饲养管理、饲料配制、机械剪毛分级打包、病死羊无害化处理和粪便及污水处理7项养殖技术对标准化养殖有显著正向影响；8项政策对标准化养殖有显著影响，种公羊补贴、能繁母羊补贴、人工授精补贴、畜牧养殖机械购置补贴、标准化规模养殖奖励、禁牧补助和贴息贷款7项政策有正向影响，草畜平衡奖励有负向影响；受教育程度、养殖时长、劳动力人数、加入合作组织4项因素对标准化养殖有显著正向影响，年龄有显著负向影响。经济、政策、环境和个人家庭特征对我国绒毛用羊养殖规模化均有显著影响，养殖收益、受教育程度和加入合作组织有正向影响，禁牧政策、草场面积和养殖时长有负向影响。④“家庭草库伦”“种羊场＋农牧户”“生产基地＋农牧户”“委托管理式养殖小区”“规模养殖场＋合作社”“草畜联营合作社”和“公司＋合作社＋农牧户”7种模式运行机制各有不同，主要体现在主体构成、覆盖范围、资源供给、环境约束、协作程度和运行效果6个方面。⑤农牧户对相关扶持政策的认知度、需求度、获取程度、满意度等各有差异，扶持政策较少且缺乏系统性，部分政策存在范围小、标准低、效果不显著等问题。

根据上述研究结论，本研究提出以下改善和提升中国绒毛用羊标准化规模养殖的政策建议：加强绒毛用羊品种保护与改良，提升标准化规模养殖的畜禽良种化水平；制定并推行绒毛用羊标准化生产管理体系，提升标准化规模养殖的生产规范化水平；完善基层畜牧技术服务体系，为标准化规模养殖提供技术支撑和人才保障；加强饲草料供应体系建设，降低绒毛用羊标准化规模养殖成本；加强疾病防控和污染防治，提升标准化规模养殖的防疫制度化和无害化水平；推进工牧直交方式发展，拓展绒毛用羊产品销售渠道；以合作社为纽带建立产业联合组织，发展多种形式的标准化规模养殖模式；加强草原牧区基础设施建设，提高农牧户防灾避险能力；构建有利于标准化规模养殖的政策扶持体系，提高政策导向性和效能。

本研究在研究思路、研究方法、数据提供、实地调研等方面得到了国家绒毛用羊产业技术体系首席科学家田可川研究员、张掖综合试验站李范文站长、三角城综合试验站南木甲书记、赤峰细毛羊试验站王贵东站长、伊犁综合试验站张亚君研究员、三角城种羊场李光梅主任、三角城种羊场裴全邦科长、乌审旗家畜改良工作站满都拉站长等多位岗位科学家、试验站站长的热心指导和大力帮助。新疆、甘肃、内蒙古和青海等省区受访农牧户在百忙中抽出时间，耐心细致地回答了调研问卷，调研地区畜牧部门相关干部及工作人员参与座谈并陪同调研。我们在此表示衷心感谢！

由于中国绒毛用羊标准化规模养殖研究需要涉及的领域较为广泛且问题较为复杂，限于作者的研究能力和水平，本书不可避免地存在一些不足甚至是错误，恳请各位专家、读者批评指正。

作　者

2019年3月

目　　录

导　论

第一节　研究背景与研究意义

一、研究背景

（一）绒毛用羊产品产量持续上升，是西部地区特色产业

绒毛用羊品种（主要包括细毛羊、半细毛羊和绒山羊）同时兼具毛用价值和肉用价值。我国羊年底存栏数量、羊毛产量、羊绒产量和羊肉产量分别从1995年的276 886.59万只、27.74万吨、0.85万吨和201.52万吨增加到2016年的30 112.02万只、42.72万吨、1.92万吨和459.36万吨，增幅分别为8.76%、54.03%、126.55%和127.95%。2016年内蒙古、新疆、甘肃、四川、青海、西藏、宁夏、陕西等西部省区的羊年底存栏量为17 148.28万只，占全国羊年底存栏量的56.95%，其中绵羊存栏量所占比重高达73.04%。2015年我国牧区县的家庭人均纯收入为7 800.40元/人，其中牧业收入为5 133.00元/人，占总收入比重高达65.8%，内蒙古、青海、西藏和甘肃等西部省区牧业收入所占比例分别为79.90%、75.46%、72.54%和68.60%，显著高于全国平均水平。因此，绒毛用羊产业是我国畜牧业的重要组成部分，也是中国西部地区农牧民从事的主要产业，该产业的持续健康发展不仅关系到广大农牧民的收入及生活水平的提高，也关系到边疆地区经济发展与社会稳定。

（二）资源与环境的双重约束趋紧，绒毛用羊产品供需矛盾突出

为了有效治理草原生态环境恶化问题，我国制定了一系列草原生态保护政策，禁牧、休牧、以草定畜等保护措施的实施，使农牧民的养羊规模普遍受到限制，绒毛用羊养殖面临的资源和环境约束趋紧，养殖成本上升导致养殖效益普遍偏低，绒毛用羊产品供需矛盾较为突出。一方面，国内市场对羊毛需求持续增加，国内毛纺市场供需缺口持续扩大。2016年我国绵羊毛总产量较1995

年有显著增长，但是增量以半细羊毛和粗羊毛的增加为主。2016 年半细羊毛、粗羊毛产量增幅分别高达 109.48%和 57.26%，而细羊毛产量增幅仅为 17.24%；半细毛、粗羊毛在总产量中所占比例从 1995 年的 25.37%、33.45%分别增长到 2016 年的 34.50%、34.15%，而细羊毛所占比例则从 1995 年的 41.18%下降到 31.34%，目前国产羊毛仅能满足中国毛纺工业 1/3 的原料需求，是供需缺口大、外贸依存度高的畜产品之一。另一方面，随着居民生活水平的提高和膳食结构的改善，对羊肉及其加工制品的需求显著增加，城镇居民和农村居民家庭平均每人牛羊肉的消费量从 1995 年的 2.4 千克和 0.8 千克分别增加到 2012 年的 3.7 千克和 1.9 千克，增长率分别是 54.17%和 137.50%，而相应的牛羊肉的供给量增长率为 72.36%，进口持续增加，供给偏紧态势未变。因此，如何在资源环境的硬约束下，提高绒毛用羊生产效率，满足日益增长的市场需求是目前急需解决的问题。

（三）传统养殖方式较为落后，制约畜牧业持续健康发展

我国绒毛用羊养殖方式较为粗放，以农牧户小规模分散养殖为主，规模化程度比较低，尚未形成标准化、规模化的饲养模式。绒毛用羊养殖规模表现出“小规模，大群体”特征，2015 年出栏数量在 1～29 只、30～99 只、100～499 只、500～999 只及 1 000 只以上的场（户）数量分别为 1 453.49 万户、162.46 万户、31.55 万户、3.57 万户和 1.04 万户，如果按年均出栏 100 只以上为标准，其规模化比重仅为 2.97%。中国传统以家庭散养为主的养羊模式存在养殖分散、科技水平低、经济效益不高、饲养管理水平落后、疾病预防困难、抗风险能力差、缺乏科学育种意识、品种性能退化等问题，在中国畜牧业向现代畜牧业转型的关键时期，传统养殖方式引发的一系列问题将制约中国畜牧业的持续健康发展。

（四）中澳自贸协定的达成对中国羊毛生产带来较大冲击

羊毛是我国供需缺口最大的畜产品之一，目前澳大利亚出口至中国的羊毛占其出口市场份额的 71%，是中国最主要的羊毛进口来源国。2015 年 6 月 17 日中澳两国政府正式签署中澳自贸协定，2015 年 12 月 20 日该协定正式生效并第一次降税，2016 年 1 月 1 日第二次降税。除已实施的关税配额外，澳大利亚获得关税为零的国别配额（每年 3 万吨羊毛），进口数量每年增加 5%，到 2024 年，免关税进入中国市场的澳毛将接近 4.5 万吨（洗净毛重量，约 6.43 万吨原毛）。上述协定的达成将进一步降低澳毛进入中国市场的门槛，降

低企业进口成本，促使我国澳毛进口量的增加，这无疑会使中国绒毛用羊产业的上游环节处于非常不利的境地。

（五）产业政策的调整为绒毛用羊标准化规模养殖带来发展契机

为了解决安全优质畜产品供需矛盾，满足日益增长的市场需求，推进畜牧业生产方式尽快由粗放型向集约型转变，国家从 2010 年相继出台《关于加快推进畜禽标准化规模养殖的意见》《畜禽标准化示范场管理办法》《畜禽养殖标准化示范创建活动工作方案》等一系列规范性文件，提出畜禽标准化规模养殖是现代畜牧业发展的必由之路，中央财政每年安排一定的补助资金，采取“以奖代补”方式支持规模场在品种改良、养殖设施、生产管理、疾病防控和粪污处理 5 个方面实施标准化改造。2015 年中央 1 号文件强调推进农业标准化生产，积极发展多种形式的适度规模经营。国家从 2010 年开始在全国范围内开展畜禽标准化示范创建活动，截至 2017 年年底已累积创建 5 389 个，其中标准化羊场 539 个，同时加强示范场监督管理，组织开展 2010 年挂牌示范场复检工作，取消不合格示范场 119 个。随着国家畜禽标准化规模养殖奖励政策的持续推进，部分地区积极有序开展绒毛用羊草原畜牧业示范户、规模养殖小区（场）、标准化示范场等建设活动，并取得了一定成效。

综上，随着国家对畜牧业财政投入力度的逐步加大，绒毛用羊产业稳步提升，但是整体发展水平不高，面临着资源与环境约束趋紧、养殖方式粗放、生产效率低下、规模化比重低、标准化水平不高等问题。我国绒毛用羊产业发展的关键在于加快养殖模式的转变，推进标准化规模养殖，以规模化带动标准化，以标准化提升规模化，逐步形成绒毛用羊标准化规模养殖发展的新格局。因此，有必要深入系统研究绒毛用羊标准化规模养殖的经济效益、影响因素、养殖模式和扶持政策，通过养殖模式的转变提高生产效率，促进农牧户养殖经济效益和畜产品的长期有效供给。

二、研究意义

（一）理论意义

从理论层面看，目前对畜牧业标准化规模养殖的研究，主要是对生猪、肉牛、肉羊、蛋鸡、肉鸡、奶牛等具体畜禽及不同地区标准化规模养殖场区发展现状、存在问题及对策建议等方面的定性研究，对规模化养殖程度较低的绒毛用羊产业研究较少。系统分析中国绒毛用羊标准化规模养殖的经济效益、影响因素、养殖模式和扶持政策，可以进一步验证绒毛用羊养殖的产业组织理论、规模经济理论、标准化理论和农户行为理论，丰富实证研究的成果，拓宽绒毛用羊产业发展的理论视野。

（二）现实意义

从实践层面看，首先，有利于提高我国绒毛用羊产业的标准化规模养殖水平。我国绒毛用羊产业标准化、规模化程度低，养殖效益低下，粗放式的养殖模式急需改变。对我国绒毛用羊标准化规模养殖的发展现状、经济效益和影响因素的系统研究，可以检视现有产业扶持政策和技术的实施效果，从而提出进一步提高绒毛用羊标准化规模养殖的各项措施，为相关产业政策的制定提供经验参考和决策依据，逐步形成绒毛用羊产业标准化规模养殖发展新格局。

其次，促进西部地区草原生态环境改善和农牧民脱贫致富。草原兼具生态功能和生产功能，西部牧区草原生态环境恶化问题日益凸显，牧区生产经营方式单一而粗放，农牧民始终未摆脱“人口增长—牲畜扩增—草原退化—效益低下—牧民增收困难”的困境，绒毛用羊产业是西部牧区的特色支柱产业，也是农牧户从事的主要产业。本研究可以为绒毛用羊养殖主体提供更为成熟的经验借鉴，引导其选择标准化规模养殖模式，通过生产方式的转变科学利用草原，同时提高农牧户劳动效率和收入水平，促进西部地区草原生态环境改善和农牧民脱贫致富。

最后，缓解绒毛用羊产品供需矛盾。通过标准化规模养殖提高绒毛用羊生产的经济效率，一方面可以提高羊毛产量，解决毛纺工业原料缺口问题，有利于降低中澳自贸区建立对绒毛用羊产业上游生产环节带来的冲击和影响；另一方面可以在数量和质量上保证羊肉及其制品的有效供给，满足日益增长的市场需求。

第二节　国内外相关研究综述

一、相关概念的内涵

（一）标准化的内涵

标准化是指制定指导性文件，对现实或潜在的经济活动进行约束，从而实现效益最大化或有效的秩序。标准化包括标准制定、贯彻及纠偏的全过程，最终实现最佳秩序（于泠，2007），标准化活动由制定、发布和实施标准构成

（张征，2003）。纵观国内外相关研究，目前标准化的内涵体现在以下几方面：①标准化强调了其为一项活动。这项活动由 3 个关键环节组成，即制定、发布和实施标准（松浦四郎，1981）。②标准化是在一定区域或行业内的活动（Henk De Vires，1991；王征，1981），如国际标准、国家标准、行业标准、地方标准或企业标准等。③标准化的实施效果通过具体实施环节才能体现（Sanders，1972）。④标准化的目的是"实现综合效益最大化或获得最佳秩序"（J. Gaillard，1934；叶柏林，1983）。综合效益和最佳秩序主要体现在通过降低经济实体经营成本，增加市场信息的对称性，提高交易效率，保证和提高产品质量，保护消费者和社会公共利益等方面来实现。

（二）规模化的内涵

对规模化的研究主要集中在规模经济、规模报酬及适度规模等方面。对规模经济的研究最早可追溯到亚当·斯密的《国富论》，该论著提出了分工和专业化理论是经济增长的源泉，而一定规模的批量生产则是劳动分工的基础（亚当·斯密，1776）。马歇尔（1890）揭示了大批量生产的经济性规模及规模经济形成的主要途径。《The New Pal Grave A Dictionary of Economics》将"规模经济"界定为："考虑在既定的（不变的）技术条件下，生产 1 单位单一的或复合产品的成本，如果在某一区间生产的平均成本递减（或递增），那么，就可以说这里有规模经济（或规模不经济）"（约翰·伊特韦尔，1996）。经济学家胡代光和高鸿业合著的《西方经济学大词典》中对"规模报酬"的界定为"在既定的技术水平下，当所有投入物的数量发生同比例变化时产量的变化率，或各种生产要素按相同比例变化时，所能得到的产量变化"（胡代光，高鸿业，2000）。从定义上看，规模经济和规模报酬既有联系又有区别。首先，规模报酬反映的只是全部投入要素按比例增加时产出的变化，而规模经济则涵盖了投入要素非比例变化的情况，范围更广；其次，规模报酬是讨论投入要素同比例变动对产量的影响，而规模经济讨论的是产出变动和成本之间的关系；最后，规模经济从平均成本下降角度来衡量，属于货币价值层面的分析，而规模报酬的变动则是通过生产技术函数来表现的，属于实物层面的分析。此外，按照规模报酬变动方向，可将其分为规模报酬不变、规模报酬递增和规模报酬递减 3 种情况，而规模报酬递增与规模经济密切相关，规模报酬递增只是造成规模经济的原因之一，但是规模经济并不要求规模报酬递增一定存在，因此规模报酬递增是规模经济的充分而非必要条件。

适度规模经营来源于规模经济，是指在既定条件下，适度扩大生产单元的规模，使土地、资本、劳动力等生产要素配置趋于合理，以达到最佳经营效益的活动（许庆，2011）。所谓“适度”是指规模要与生产状况相吻合，实现生产要素的合理配置。农业上适度规模经营的核心和实质就是规模经济问题，即采取适合当时生产力发展水平的规模结构，合理配置土地、劳动力、生产工具等各种要素进行生产经营，以取得最佳规模效益（章琳，1989）。而畜牧业上的适度规模经营则包括规模养殖和规模营销两个方面（朱明光、草藏虎，1996），指畜牧企业或生产经营单位在其生产力诸要素达到一定的集中和组合程度基础上的经营，其实质就是在一定条件下的畜牧业最佳规模经营（郭伟奇，2010）。

（三）畜牧业标准化规模养殖的内涵

我国畜牧业处于从传统向现代过渡的关键时期，生产方式粗放、畜产品质量安全堪忧、疾控形势严峻及低水平规模饲养导致的环境污染等问题日益凸显，上述因素是制约现代畜牧业可持续发展的主要瓶颈。从2010年开始，农业部、财政部相继出台《关于加快推进畜禽标准化规模养殖的意见》《畜禽标准化示范场管理办法》《畜禽养殖标准化示范创建活动工作方案》《畜禽规模养殖污染防治条例》等一系列规范性文件，提出畜禽标准化规模养殖是现代畜牧业发展的必由之路，从标准化生产、产业化经营、标准化示范创建等方面推动畜牧业标准化规模养殖的发展。

标准化规模养殖包括两层含义，即生产标准化和养殖规模化（烟玉华，2014），其中标准化是指在下述5个环节制定并执行法律法规和生产规范，具体内涵体现如下：①畜禽良种化：因地制宜选用高产优质高效畜禽良种，品种来源清楚、检疫合格，实现畜禽品种良种化。②养殖设施化：养殖场选址布局科学合理，符合防疫要求，畜禽圈舍、饲养和环境控制等生产设施设备满足标准化生产需要，实现养殖设施化。③生产规范化：落实畜禽养殖场和小区备案制度，制定并实施科学规范的畜禽饲养管理规程，配备与饲养规模相适应的畜禽兽医技术人员，配制和使用安全高效饲料，严格遵守饲料、饲料添加剂和兽药使用的有关规定，生产过程要实行信息化动态管理。④防疫制度化：防疫设施完善，防疫制度健全，加强动物防疫条件审查，科学实施畜禽疫病综合防控措施，有效防止重大动物疫病发生，对病死畜禽实施无害化处理。⑤粪污无害化：畜禽粪污处理方法得当，设施齐全且运转正常，达到相关排放标准，实现粪污处理无害化或资源化利用。

规模化是将资金、信息、技术等现代生产要素作为重要载体，是推进畜牧业标准化、产业化、专业化的必要前提。规模化的内涵是指养殖主体从经济上达到规模效应，能有效提高劳动生产利用率、生产设备利用率、饲草料利用率，从而降低饲养成本，提高经济效益，从管理和技术的角度上可以应用和引进一些现代的管理方法和技术，同时保证畜禽生产供应的持续性和可靠性（李观题，李娟，2015）。

综合以上研究观点，标准化规模养殖有助于转变畜牧业生产方式，以标准化提升生产环节和畜产品质量水平，以规模化提高生产效率降低养殖成本，二者相辅相成同步发展，才能逐步形成畜牧业标准化规模养殖发展的新格局。虽然国内外学者一般是分别对标准化和规模化进行独立研究，没有对标准化规模养殖进行过明确的概念界定，但其内涵应包括以下几方面：①以规模化生产为基础，以标准化生产为核心，只有标准化和规模化相结合，才能使规模养殖生产达到上述“5 化”标准，实现养殖数量和质量的同步提升。②对养殖时间的科学分配和对劳动力、土地、牧场、资金、圈舍的有效利用。③经济和技术行为上实现标准化生产、规范化养殖和程序化管理。经济行为是某种经济上的欲望和需求而产生的一系列活动，包括生产、管理等，使生产者必须用规范化和程序化的管理达到标准化生产；技术行为是为了直接或间接获得经济效益，选择和吸收先进科学技术，通过科技转化实现其价值和效益。④养殖模式上具有专业化和集约化特性，经营上具有企业化特点。

二、关于畜牧业标准化规模养殖相关研究

（一）国外对标准化规模养殖相关研究

当前国内对畜牧业相关研究重点主要集中在畜牧业增长方式转变、产业结构调整、适度规模经营以及畜产品消费、国际贸易等相关方面，对畜牧业标准化规模养殖方面的研究较少。部分研究目前只停留在畜牧业标准化规模养殖发展存在的问题、对策等方面，对畜牧业标准化规模养殖的经济效益和影响因素等方面研究较少。国外学者相关研究成果较为丰富，研究重点主要包括以下几方面：

1. 畜牧业标准化规模养殖模式和养殖行为研究

纵观世界畜牧业发展，发达国家的畜牧业都经历了家庭副业生产和专业化生产阶段，为大规模工厂化生产积累经验和资金，准备技术和人才（丁丽娜，2014）。目前国外畜牧业养殖模式主要是大规模工厂化模式、适度规模经营模式和集约化经营模式。其中大规模工厂化模式主要指以规模化、机械化、设施

化为主要特征的养殖业类型，资本和技术投入密集，产出效率高，典型代表为美国和加拿大。如美国 2008 年规模 100 头以上的奶牛场占全国总量的 23.2%，饲养全国 75%的奶牛，年出栏 2 000 头以上的猪场占全国总量的 11.8%，出栏量占全国 85%。适度规模经营主要指规模适度、农牧结合、环境友好的畜牧养殖模式，典型代表为荷兰、法国和德国等，其中荷兰奶牛存栏规模主要以 50～100 头为主，生猪以 700 头为主，蛋鸡以 30 000 只为主。集约化经营模式主要指以资金和技术集约为主要特征的发展类型，典型代表为日本、韩国和我国台湾地区。

总体来看，上述国家和地区的畜牧业发展均是以规模化、工厂化饲养为主，并由一系列较为完善的畜产品安全质量标准体系来保障产品质量安全（王济民，2012）。以美国乳制品为例，目前已经建立了包括生产、加工、运输、存储等环节在内的食品质量安全标准体系，而德国、荷兰等也在养殖、饲料、屠宰、包装、运输等涉及畜产品安全各个环节制定了相应的标准体系对生产者行为进行控制和引导。具体来看，英国学者重点关注奶牛企业的标准化规模养殖行为，采用因子分析模型，对采用了 HACCP 标准的奶牛养殖企业进行量化分析，结果显示，行业压力、生产效率、市场需求和良好规范秩序是企业进行标准化规模养殖的主要动因（Spencer Henson and Georgina Holt，2002）。Enneking（2005）对德国猪肉、禽类养殖企业行为抽样调查发现，企业标准化规模养殖行为的动因受品牌影响力、企业形象和市场份额扩大等行业变量影响较大，其中禽类养殖户采用标准化规模养殖方式主要为了提高养殖效率、降低成本，但生猪养殖行业的动机不明显。此外，对受访者基本特征的统计描述显示，年龄也是养殖行为的影响因素之一。Vuylsteke（2003）对比利时养殖奶牛、生猪、肉牛的农场进行实地调研发现，影响农场进行标准化规模养殖的因素是技术培训、生产档案及严格的管理程序，农场主需要投入更多的资金、设备和时间。对已经实施标准化规模养殖的农场主调研发现，员工年龄、专业化程度、市场竞争等方面的差异性使其养殖行为各有不同，且政府或行业协会的政策或资金扶持力度对标准化规模养殖方式的推广有较大作用。此外，Turner（2000）对采用了 ISO 9000 系列标准的南非畜牧业养殖农场进行研究，发现农场规模、实施标准年限、产品是否出口、是否参加合作社等指标是影响其是否进行标准化规模养殖的主要因素。

2. 畜牧业标准化规模养殖成本收益和技术效率研究

国外学者对标准化规模养殖经济效益的研究时间较早，前期主要从成本收益、技术效率与养殖规模之间的相关性进行研究，主要涉及生猪、奶牛及羊等畜产品养殖。Hallam（1991）研究表明，农场的生产成本与产量呈L形相关关系；Sharma（1997）对美国夏威夷猪场的研究表明，总经济成本与养殖规模呈显著负相关，而净利润与养殖规模呈显著正相关。Nigel（2008）和Brumm（2004）等学者的研究除证实畜牧业规模经济的存在性之外，还发现养殖成本存在明显的变异性，即养殖成本并不完全取决于养殖规模的大小，农场主的管理能力也是重要的影响因素。Sullivan（2000）和Mikesell（2008）的研究进一步考虑了环境污染等外部成本对养殖规模的影响，结果表明，当不考虑外部性时，集约化养殖模式的生产成本要低于放牧或传统的畜牧业养殖模式；反之，则要高于传统养殖模式。在畜牧业技术效率与养殖规模关系研究方面，Rowland（1998）利用DEA方法测定了美国堪萨斯州43个猪场的相对技术效率、配置效率、规模效率等，Key（2009）尝试从时间的变化率对生猪养殖生产率进行分解，结果发现1992—2004年TFP增长几乎是由技术进步和规模效率改进引起的，而TFP增长率的地区差异主要是由规模增长率差异引起。Jaforullah M. 和Whiteman J.（1999）运用非参数法对新西兰乳业的规模效率进行分析，结果发现新西兰牛场的平均技术效率是89%，其养殖规模的最优配置为83公顷的奶牛场载畜量为230头牲畜。Hansson H.（2008）对瑞典209个奶牛场的技术和经济效率进行了研究，用DEA一阶段模型测算了奶牛场的技术效率、经济效率和配置效率情况，用DEA二阶段模型分析影响养殖规模的主要因素是土地和奶业收入。此外，Johnson（2004）、Iain和William（2003）等学者也用类似的方法对澳大利亚养羊业的技术效率、配置效率等进行了测算。随着一系列与畜牧产品相关的质量安全标准体系的建立和完善，畜牧业标准化规模养殖的经济效益分析逐渐成为国外学者研究和关注的重点，特别是在畜产品质量安全、良种培育等环节。如国外学者以英国肉牛产业为例，对畜牧业标准化规模养殖的成本收益进行了实证分析，对已经通过ISO 9000标准体系的养殖企业进行成本收益测算，结果发现，采用标准化规模养殖的奶牛场能为消费者和加工企业带来直接的经济收益，其中加工企业增加了50%以上的收益，而且标准化规模养殖带来的成本增加比例较小，并不影响中小型企业对其采用，生产设施和员工培训虽然可能导致投入成本的增加，但是也会提高员工和管理人员的主动性（耿宁，2015）。

3. 公共标准和私人标准的研究

对于畜牧业标准化的研究还发展出一些新的研究领域，如公共标准、私人标准。标准主要包括强制性和推荐性两类。近年来，各国政府逐渐加强了食品卫生、环境领域的监控，如美国、欧盟、日本等国家将HACCP体系作为强制性标准实施。而与此同时，部分大型连锁或跨国公司为了树立品牌形象，以满足不同细分市场的消费者偏好，开始制定并实施私人标准（Reardon，2007）。公共标准和私人标准互为补充，已经引起相关学者的普遍关注，部分企业或组织为了提升自身竞争优势，通过供应链将私人标准推广到相关企业及农户（Giraud，2006）。

（二）国内对标准化规模养殖相关研究

1. 畜牧业养殖规模、经济效益及影响因素研究

我国学者对于畜牧业标准化规模养殖的研究起步较晚，早期的研究重点与国外相同，主要也是集中在对畜牧业养殖规模、养殖效益、生产率及影响因素等方面，对于标准化方面的研究很少涉及，并且重点关注的畜禽品种主要是生猪、奶牛、蛋鸡和肉羊等。闫春轩（2008）、傅浩然（2008）、冯艳秋（2012）、钱呈（2010）等学者对不同畜禽品种的养殖规模进行分析评价，认为中国畜牧业的养殖方式已经发生了深刻变革，家庭规模养殖、小区养殖、专业养殖场是当前标准化规模养殖的主要方式，提出适度规模是未来畜牧业发展的必然选择。张立中（2012）认为不同类型畜禽品种的合理饲养规模不尽相同，需要综合考虑投入产出和边际效益。李桦（2007）、陈慧萍（2012）等则对生猪、奶牛等畜种养殖成本收益进行比较分析，同时将环境成本考虑在内，但其在总成本中所占比率很低，并不影响结果走向。周咏（1999）、詹和平（2004）、马恒运（2004）、田露（2008）等学者分别用超对数生产函数、数据包络分析（DEA）、Tornqvist 指数法及非参数 HMB 指数法等对跨年度生猪养殖规模的生产率进行测算，结果表明中国生猪生产的规模化程度在不断提高，且技术效率呈现出随规模扩大而持续上升的趋势，但不同养殖主体的 TFP 值各有不同。耿宁（2013）、潘丹（2013）等对肉羊、蛋鸡等其他畜种的技术效率进行了测算。此外，很多学者也对中国畜牧业的全要素生产率进行研究，如曹佳（2009）选取生猪、蛋鸡、奶牛作为畜禽产业中的肉、蛋、奶的代表，运用扩展的索洛模型和C-D生产函数测算了1978—2007年我国畜牧业全要素生产率（TFP），结果显示，我国畜牧业生产处于规模报酬递减阶段，且畜牧业政策、劳动者素质、规模化程度和科技投入量是影响全要素生产率变动的主要因素。

2. 畜牧业标准化规模养殖相关研究

国内学者对畜牧业标准化规模养殖的研究最早可追溯至 2004 年，侯国盛（2004）指出小规模、粗放养殖下的畜产品与市场需求有较大偏差，组织化生产、适度规模养殖和标准化的生产环节控制才能提高畜牧产业竞争力和经济效

益，同时强调政府扶持、龙头企业带动的重要作用。从2010年开始，为了推进畜牧业生产方式尽快由粗放型向集约型转变，以实现现代畜牧业持续健康平稳发展，农业部开始在全国范围内加快推进畜禽标准化规模养殖建设，此后该领域逐渐成为中国学者关注和研究的热点问题。目前对于畜禽标准化规模养殖的研究主要在生猪、肉牛、肉羊、蛋鸡、肉鸡、奶牛等具体畜禽及不同地区标准化规模养殖场区发展现状、存在问题及对策建议等方面，对成本收益、生产效率、影响因素、养殖效应等方面的研究少有涉及。如陈孟平和黄学康（2015）等对中国肉鸡的标准化规模养殖的最新技术和发展动态给予特别关注，认为中国肉鸡养殖逐渐趋向良种化、规模化、标准化、产业化、生态化发展模式，肉鸡的标准化规模养殖是产业走向成熟的必然选择，更是产品质量安全的重要保证，并从饲养模式、管理技术、饲养加工设施设备及环境控制技术等方面提出相应的建议。李秉龙和李金亚（2012）通过农牧户调研分析了中国肉羊规模经营的发展特征及优势区域，目前肉羊产业区域化布局基本形成，规模化经营逐渐发展，标准化生产初见端倪，但是整体产业发展较为缓慢，并面临资源与环境的双重约束。李克（2013）认为资源禀赋、相关科学技术发展水平、屠宰加工相关产业、政策环境等宏观因素是影响肉羊标准化规模养殖的主要因素。谭美英（2010）、张明（2014）阐述了几种生猪的标准化规模养殖模式，并从政策扶持力度、服务体系建设、创新理念等方面提出了生猪标准化规模养殖的长效机制。曹海兵和张越杰（2013）则针对肉用牦牛的标准化规模养殖进行的专门研究，结果表明养殖用地、各类执照办理、环保及粪污处理、金融政策、养殖保险、农机补贴等政策因素是制约标准化规模养殖发展的重要共性问题，并提出了几种适宜推广的标准化规模养殖发展模式，如循环经济发展模式、合作社集中饲养模式、高档产业链标准化模式、“公司＋基地＋农牧户”模式、“内蒙古通辽市大规模、小集中、散放式机械化养殖”模式和科技示范园区发展模式等。彭秀芬（2008）对奶牛4种不同养殖规模的技术效率进行比较分析，结果发现TE与养殖规模正相关，且存在显著地区差异。从整体来看，我国畜牧养殖的设施化水平、规模化程度和产出水平均显著提高。2014年我国生猪、蛋鸡、奶牛等畜种的规模化比重分别为42％、69％和45％，农牧户生产风险随标准化规模养殖程度的上升呈下降趋势，且市场供给能力逐渐提高并趋于稳定。中国畜牧业的标准化规模养殖发展迅速，农牧户具有资金、技术、管理等方面的优势，抗灾避险能力增强，弃养退市比例下降，养殖收益相对稳定。

对畜牧业标准化规模养殖方面的经验研究发现：我国农牧业专业化生产、

种养业走向分离是一个必然趋势（马兴林等，1997）。畜牧业养殖具有动态性、区域性、形式多样性等特点（赵全新，1995）。畜牧业专业户、畜牧业公司＋农户、家庭牧场、商品畜牧品基地、股份合作制畜牧企业和畜牧业社会化服务企业均为适合农牧区畜牧业规模养殖的具体模式（余在岁，1995）。我国畜牧业正处于发展方式转型的关键时期，传统养殖方式下的畜产品数量和质量已无法满足市场消费结构和习惯的变化，标准化规模养殖是未来畜牧业发展的必然趋势。标准化规模养殖是最为典型的现代畜牧业生产经营模式，它以先进的生产管理理论为指导，以标准化规模生产提高经营效率和管理水平，最终实现养殖效益的提升。目前，我国畜牧业养殖的规模化和标准化与世界先进国家相比差距很大，从规模化程度来看，大规模的养殖场数量较少，规模化养殖比重较低；从标准化程度来看，养殖管理水平、从业人员能力、先进实用养殖技术推广及产业链延伸等方面与国外均存在显著差距（龙军，2013）。新型生产模式的推行能有效摆脱传统生产模式的束缚，通过标准化、规范化的经营管理方式提高产出效率和质量，实现现代畜牧业的持续健康发展。

三、关于绒毛用羊养殖的相关研究

（一）绒毛用羊养殖现状及趋势研究

澳大利亚、新西兰等发达国家在品种选育和改良、饲料营养、屠宰加工等方面优势明显，养殖方式也逐步被专业化、标准化、集约化经营方式取代，进入现代畜牧业发展阶段（Keithly G. J. & William F. H.，2003）。而中国绒毛用羊产业整体发展水平还不高，突出表现在：饲养管理方式较为落后，实用技术采用率较低；部分主产区出现品种退化，国毛产量及质量均不能满足毛纺工业的需求，羊毛的外贸依存度高；绒毛用羊生产的规模化比例偏低，组织化程度不高；绒毛用羊养殖成本持续增加，养殖效益不高；政府对绒毛用羊产业的扶持政策少，支持力度小。肖海峰（2014）、孙致陆（2012）等在对我国绒毛用羊养殖模式、成本收益、竞争力及影响因素等方面进行深入分析的基础上，提出了我国绒毛用羊产业发展的基本思路。陈海燕（2013）归纳总结出我国绒毛用羊产业的发展特点：绒毛用羊存栏量波动较大；羊毛羊绒产量增长较为缓慢；绒毛价格波动幅度较大，产品畜产值上涨幅度较大；羊毛进口量大，国内羊毛加工需求缺口仍然存在。马章全（2013）等在总结国内外绒毛用羊产业发展特点的基础上，提出了未来绒毛用羊的发展趋势：①绒毛用羊数量及其产量将趋于稳定；②由于毛纺工业先进工艺技术的不断提升和消费理念的变化，绒毛品质仍以细度为重点；③绒毛生产质量管理应坚持通过产前、产中和产后的系统质量安全检测和监控，同时强化市场流通机制；④建立和完善绒毛羊生产者联合组织或专业协会势在必行；⑤实现绒毛羊经济效益和生态效益协调发展，才是可持续稳定、高产、优质生产的重要保证。

（二）关于绒毛用羊养殖的影响因素研究

当前对绒毛用羊养殖影响因素的研究文献以澳大利亚为主，也有部分是关于新西兰、美国、中国及南非等国家的研究，这主要是由澳大利亚在世界羊毛生产和贸易格局中所处的重要地位决定的。研究内容大致可分为两个方面，一是经济因素对绒毛用羊养殖的影响。Dahlberg（1964）、Reynolds 和 Gardiner（1980）、Hall 和 Menz（1989）分别采用动态计量模型、线性规划模型等方法研究了羊毛价格变动对澳大利亚农户及国家层面养殖规模及产量的影响，并测算弹性。Jones（2004）对第二次世界大战以来美国羊毛产量大幅减少的趋势进行了分析，认为国内羊毛需求大幅减少及低水平的羊毛价格是主要影响因素。Gibbon 和 Nolan（2011）构建了满足净毛价格和不同等级羊毛各自特征之间对应关系的定价模型，以此分析羊毛生产与价格的影响因素。二是环境因素对绒毛用羊养殖的影响。David（2004）、Salahadin（2009）等对澳大利亚新南威尔士地区草场整治和管理改善方面的效果进行评价，认为这些有利于治理草场退化问题的措施有助于养殖规模的扩大和产量的提高。此外，Mohammed（2006）采用结构方程模型，研究西澳大利亚地区农户生产决策的影响因素，引入了“生命周期”预期因素对生产决策行为的影响，但收入、投入要素、个人激励等对农户养殖决策的影响更显著。D'Haese（2003）研究了羊毛行业协会体制改革对养殖规模的影响。

近年来，中国学者对绒毛用羊养殖影响因素的分析也在逐步深入，在研究内容上涉及宏观和微观两个层面。在宏观层面主要从价格、流通方面分析影响绒毛用羊养殖的主要因素，如赵玉田（2009）提出全球性金融危机是导致澳毛和国毛价格大幅下降的主要原因之一，通过价格传导进而对上游的生产环节产生负面影响。在微观层面主要从农牧户的角度探寻影响绒毛用羊养殖的因素。如，丁丽娜（2013）根据内蒙古、新疆、吉林、辽宁、山西和云南 6 个绒毛用羊主产省区的农牧户调研数据对养殖效益的影响因素进行研究，结果表明，绒毛产量、产品畜产出水平对养殖效益有显著的正向影响，饲草料成本、疾病灾情损失对养殖效益有显著的负向影响，农牧户单纯扩大养殖规模不利于养殖效益的提高，并从提高产出水平、降低养殖成本、加强科技和政策扶持力度等方面提出对策；石晶（2014）用 Logistic 模型分析了绒毛用羊养殖户的技术需求及其影响因素，指出养殖户性别、受教育程度、是否参加技术培训、养殖平均收益、家庭人均收入水平和是否加入合作社等因素对养殖技术的需求具有显著影响。

（三）关于绒毛用羊养殖数量变化及区域分布研究

从世界范围来看，绵羊年底存栏量呈先增长后下降趋势，养殖规模始终保持在十亿只以上，而山羊的存栏量则持续增加。绵羊存栏量的变化原因有两方面，一是 20 世纪 80 年代以来，绵羊饲养方式由过去的粗放型向集约型转变，养殖水平和管理技术大幅提高，品种改良、草场改良、管理技术提高等因素极大地推动了世界绵羊养殖业的发展（王丽娜，2004）。二是 20 世纪 90 年代以来，因化纤制品对毛纺织品的替代性，国际市场对羊毛需求呈下降趋势，且加上干旱等自然因素影响，后期的绵羊存栏量明显下降（杨建青，2009）。在区域分布方面，绵羊产区相对集中，主要分布在亚洲南部和东部、非洲北部、欧洲大陆及大洋洲等地的温热带牧区，主要的养殖国家是中国、印度、澳大利亚和苏丹等（梁春年，2006）。山羊产区集中分布在亚非大陆，这两大洲的山羊存栏量约占世界山羊存栏量的 90%以上，主要的养殖国家是中国、印度、孟加拉国、巴基斯坦和尼日利亚等。

从国内来看，近 30 年来，我国绒毛用羊存栏量整体呈上升趋势，绵羊的存栏量从 1980 年以来呈上升趋势，但从 2006 年开始出现一定的下滑迹象，山羊存栏量呈波动上升趋势。从分布区域情况来看，我国绵羊养殖主要分布在内蒙古、新疆、甘肃、青海和西藏 5 大牧区，山羊养殖大省主要有山东、河南、内蒙古、江苏和四川等（高雪峰，2011）。1985 年以来，新疆、内蒙古一直稳居绵羊存栏量排名前两位，约占全国总量的 40%。由于受到禁牧政策、饲草料供给短缺等因素的影响，山羊养殖区域分布变化较大，农区养羊成为新的亮点（张萍，2006）。陈甜（2015）认为受资源禀赋、经济发展及科学技术等因素影响，绒毛用羊省域比较优势差异较大，20 世纪 80 年代中期以来，绒毛用羊具有比较优势的省区集中在西北、华北和东北地区，且绒毛用羊生产布局逐渐从自然性布局向经济性布局转变。宋中山和王晓斌（1995）等分析了中国羊毛生产供应特征及产销体制。战英杰（2011）、刘慧（2011）、周向阳（2012）等也对我国绒毛用羊养殖概况及在不同省区的分布情况进行了分析。

（四）关于绒毛用羊养殖成本收益及生产率研究

国内外学者对绒毛用羊成本收益及生产率等问题的研究时间较早，对该领域的研究方法较为成熟。较早对绒毛用羊养殖的生产率进行研究的学者是Duloy（1963）、Dillon（1971），他们分别对养殖过程中投入要素的配置效率（Allocative Efficiency，AE）进行分析。Battese和Corra（1977）对澳大利亚的昆士兰、新南威尔士、南澳大利亚等半牧区农户养羊的前沿生产函数进行了估算。Lawrence和Hone（1981）利用限制性利润函数对澳大利亚新南威尔士1975—1976年养羊业的技术效率（Technical Efficiency，TE）进行了研究。McKay（1982）等利用超对数（Translog）利润函数对澳大利亚半农半牧区畜牧业和种植业的投入产出情况以及技术变化情况进行了比较分析，研究表明，绒毛用羊养殖是相对劳动密集型的，并且影响劳动者工资水平变化的各项政策对畜产品生产的冲击大于种植业。Iain和William（2003）利用面板数据固定效应随机前沿函数测算了澳大利亚绒毛用羊养殖的技术效率。Johnson（2004）采用Tornqvist指数法研究了1987—2003年新西兰绒毛用羊养殖投入产出的生产率，研究表明其生产率以0.8%的速度在增长。Stoneham（1999）和Abare（2004）的研究均表明，澳大利亚羊毛生产率增长水平非常低。Fraser和Hone（2001）利用DEA模型测算了1990/1991—1997/1998年度澳大利亚绒毛用羊养殖的技术效率和Malmquist全要素生产率（Total Factor Productivity，TFP）的变化情况，研究发现，样本的技术效率存在显著差异且TFP以年均2.5%的速度在下降。中国学者也用类似的方法对中国绒毛用羊产业的生产率进行了相关测算，如孙致陆（2012）根据内蒙古、河北等6省区的农牧户调查数据，利用随机前沿生产函数模型对我国绒毛用羊养殖中各种要素投入的产出弹性进行了测算和分析。

（五）关于绒毛用羊养殖政策研究

我国绒毛用羊产业发展存在的突出问题是养殖技术落后、养殖成本偏高、标准化和规模化程度低、扶持政策少力度小、资源和环境束紧等。国内学者重点围绕生产环节提出了相应的对策建议，比如：加大培育和保护优良品种力度，大力推广人工授精、胚胎移植等先进技术的普及，积极推动绒毛用羊养殖专业合作社发展，研究制定绒毛价格支持措施，保护国内绒毛生产等（陈海燕，2014）。具体来看：陈海燕（2013）认为禁牧政策有利于保护和改善草原生态环境，从短期看可能造成存栏量下降、养殖成本升高、饲养难度增加等不利影响，建议提高禁牧补贴标准、科学划定禁牧方式和期限、普及推广舍饲，以此减少禁牧政策对养羊业产生的不利影响；刘继刚和王天翔（2012）等在加快养殖小区建设、超细型品种培育、良种繁育基地建设和龙头基地的示范带头作用等方面提出政策建议。

（六）关于绒毛用羊标准化规模养殖研究

查阅相关资料发现，目前国内外学者对规模化养殖程度较低的绒毛用羊产业关注度较低，研究成果较少，一般将标准化和规模化进行区分独立研究，且在研究内容上主要侧重品种改良、养殖设施等方面，从多角度对绒毛用羊的标准化规模养殖问题进行系统研究还不多见。付弘赟（2013）在对青海省绒毛用羊产业的发展状况实地调研基础上，认为生产方式落后，规模化、组织化、产业化程度较低，绒毛收购不分等级好次混销是制约该产业持续健康发展的主要原因，建议由国家相关部门组织力量成立绒毛品质鉴定委员会，制定不同品种绒毛品质分级标准，并将其引入到绒毛交易过程中，规范市场交易行为，体现优毛优价。朱守芹（2013）等认为如何根据地理、气候等条件，合理布置养殖场的各功能区对科学规范养殖绒毛用羊至关重要，并从羊场选址、养殖场各功能区建设方式和合理布局等方面提出相应对策。张明新（2014）又进一步提出随着绒毛用羊规模化、标准化的不断发展，对绒毛用羊圈舍的规划设计应考虑环境控制因素。陈小强（2011）则探讨了绒毛用羊高效繁育的关键性技术，提出对绒毛品种的选育要有明确的固有方向和品种标准，对种公羊、种母羊的分等级科学选配，在舍饲、补饲及放牧方面提出科学饲养的标准和技术要求。

四、关于标准化规模养殖研究方法的运用

近年来，通过各类宏观或微观数据对畜牧业标准化规模养殖进行计量分析逐步成为学术界研究的流行趋势。新古典经济学派主要是根据经济系统的资源配置是否达到帕累托最优状态对生产率进行测算，此后 Sollow（1956，1957）加入技术进步因素建立 TFP 增长测算模型，从数量上确定投入要素增长率、产出增长率与 TFP 增长率之间的关系，而 Jorgensen 和 Griliches（1967）以及 Denison（1974）对技术进步等因素进行了深入研究，逐步形成了现在被广泛应用于技术效率测算的“Solow 余值法”。Farell（1957）通过引入生产前沿面（Production Frontier）分析法，将其分解为技术效率和配置效率，进一步完善该研究方法，之后 Charnes（1978）、Banker（1984）、Reifschenider 和 Stevenson（1991）、Coelli 和 Rao（2003）等学者对生产率的理论和方法进行和深入研究和拓展。目前测算生产率的方法包括：以随机前沿法（Stochastic Frontier Approach，SFA）为代表的参数法（Parameter Estimation）、半参数法（Semi-parameter Estimation）和以数据包络分析（Data Envelopment

Analysis，DEA）为代表的非参数法（Non-parameter Estimation）。此外指数法也是目前较为常用方法，具体包括 Laspeyres 指数法、Paasche 指数法、Drobisch-Sidgwick 指数法、Fisher 指数法、Tornqvist 指数法等。

上述方法在对标准化规模养殖领域的研究较为普遍，如 Spencer Henson 和 Georgina Holt（2002）用因子分析法对采用了 HACCP 标准化体系的英国奶业进行动机因素分析；Enneking（2005）利用有序 Logit 回归对德国畜牧养殖的行业标准进行研究；Sylvie Berthelot（2003）用回归模型分析肉牛养殖企业的投入产出情况，量化测算采用 ISO 9000 标准化体系产生的经济效益；朱玉春（2006）测算区域技术进步贡献率，结果表明技术贡献率低于资本且对产业发展作用不显著；杨军（2003）用全要素生产率分析不同畜种的增长因素，结果表明我国畜牧业仍为粗放型的生产方式；张莉侠（2006）用生产率指数对中国乳制品的全要素生产率进行量化分析。

五、研究现状的简要评述

首先，在概念的内涵研究方面，国内外学者对标准化、规模化的概念、内涵等进行了理论探讨，目前对二者的独立研究的视角和学科比较广泛，理论研究也比较成熟，但是标准化和规模化相辅相成缺一不可，缺乏对标准化规模养殖内涵的系统性研究。

其次，在实证研究方面，从研究领域看，国内学者对于畜牧业标准化规模养殖的研究起步较晚，早期的研究重点与国外相同，主要也是集中在对畜牧业养殖规模、养殖效益、生产率及影响因素等方面，对于标准化方面的研究很少涉及。后期对标准化规模养殖的关注逐渐增加，主要是对生猪、肉牛、肉羊、蛋鸡、肉鸡、奶牛等具体畜禽及不同地区标准化规模养殖场区发展现状、存在问题及对策建议等方面进行定性研究。从研究对象看，当前研究主要集中于企业、示范区或合作社等主体，比较缺乏微观农户视角的实证研究。从研究方法来说，前期的研究以定性分析居多，量化研究较少，且经济效率、技术效率等量化分析多集中在生猪、蛋鸡等标准化规模养殖较高的产业，较少关注规模化养殖程度较低的绒毛用羊产业。

第三节　研究目标与主要研究内容

一、研究目标

总目标是在分析总结中国绒毛用羊产业标准化规模养殖发展现状的基础

上，对采用标准化规模养殖（分规模）模式和散养模式农牧户的成本收益、单要素生产率及经济效率（技术效率和配置效率）进行测算和比较，系统分析标准化规模养殖的影响因素，并对各地区标准化规模养殖模式进行典型案例研究，评价与标准化规模养殖相关的扶持政策，进而提出促进绒毛用羊标准化规模养殖发展的政策措施，为政府相关职能部门制定政策提供理论参考和决策依据。

分目标包括：①分析中国绒毛用羊标准化规模养殖的影响因素；②分析中国各地区绒毛用羊标准化规模养殖模式和特征；③评价中国绒毛用羊标准化规模养殖相关扶持政策。

二、主要研究内容

基于研究目标，本书的研究内容主要包括以下八个部分：

第一章　导论

首先介绍研究背景与研究意义，然后对研究涉及的主要相关概念进行界定，并对国内外已有的相关文献进行梳理和综述；在此基础上，提出研究目标和具体研究内容，并对研究过程中运用的研究方法和研究技术路线进行介绍；最后对研究中可能的创新进行说明。

第二章　相关理论基础

主要对研究涉及的相关理论进行梳理，构建分析中国绒毛用羊标准化规模养殖的理论框架。研究涉及的理论主要有产业组织理论、规模经济理论、标准化理论和农户行为理论。

第三章　中国绒毛用羊标准化规模养殖发展现状分析

主要对绒毛用羊标准化规模养殖的基本概况进行分析。为了从总体上把握我国绒毛用羊标准化规模养殖的发展现状，首先对国外农业标准化的发展历程和经验进行归纳总结，梳理国内农业标准化发展的基本路径；其次对中国绒毛用羊养殖的标准化程度进行分析，从制度变迁的视角梳理与绒毛用羊标准化养殖相关的国家标准、地方标准和行业标准，并从畜禽良种化、养殖设施化、生产规范化、防疫制度化、粪污无害化5个方面选取指标，对绒毛用羊养殖的标准化程度进行定性评价和分析；最后对中国绒毛用羊养殖的规模化程度进行分析，主要包括绒毛用羊规模化养殖基本特征、不同地区规模化程度和变化趋势等方面的内容。

第四章　中国绒毛用羊标准化规模养殖经济效益比较分析

主要对中国绒毛用羊标准化规模养殖经济效益进行比较分析。首先，根据微观调研数据，将调研样本农牧户划分为标准化规模养殖模式和散养模式两种类型，并将采用标准化规模养殖模式的农牧户进一步细分为小规模、中等规模和大规模三类，在此基础上对不同规模农户的生产经营情况进行比较分析，包括：不同规模农牧户的分布情况和成本收益情况，然后对采用标准化规模养殖模式（分规模）和散养模式农牧户的单要素生产率进行比较分析（具体包括资本生产率、劳动生产率、饲草料生产率等方面），为后期的经济效率比较分析奠定基础。其次，对采用标准化规模养殖模式（分规模）和散养模式农牧户的技术效率和配置效率进行测算和比较分析，一方面，基于假设检验，在基于SFA函数的Translog函数和C-D函数之间，确定适合用于测算技术效率的函数形式，对不同规模农牧户的技术效率、投入产出弹性和技术效率损失进行测算和比较分析；另一方面，基于假设检验，在基于SFA函数的Translog函数和C-D函数之间，确定适合用于测算配置效率的函数形式，然后对不同规模农牧户的配置效率进行测算和比较分析。

第五章　中国绒毛用羊标准化规模养殖影响因素分析

主要利用农牧户微观调研数据，对绒毛用羊标准化规模养殖影响因素进行分析。首先，中国绒毛用羊标准化养殖过程中畜禽良种化、养殖设施化、生产规范化、防疫制度化、粪污无害化5个环节的标准化程度包括多项评价指标，对其影响因素的分析因受共同的外部因素影响，可能导致误差相关，通过构建似乎无关方程组模型的方式进行影响因素分析。包括：将上述5个标准化作为被解释变量，用模糊数学法对被解释变量进行综合量化赋分，然后从要素条件、技术条件、扶持政策和决策者个人特征4个方面选择解释变量，构建包括5个多元线性回归方程组成的似乎无关方程组，对标准化养殖环节的影响因素进行计量分析；其次，先基于假设检验，构建多元线性回归模型对规模化养殖影响因素进行分析，根据调研区域的实际状况将主要影响因素归纳为经济影响因素、政策影响因素、外部环境因素和农牧户个人及家庭特征4个方面，用GMM法对影响农牧户养殖规模的因素进行计量分析。

第六章　中国绒毛用羊标准化规模养殖模式分析

主要对我国各地区绒毛用羊标准化规模养殖模式进行研究。标准化规模养殖的经营模式与各地区产业政策、经济发展水平、农牧户养殖习惯及资源环境等因素密切相关，本章主要结合我国绒毛用羊产业实际调研情况和发展经验，对家庭牧场模式、养殖小区模式、规模养殖场模式和产业联合组织模式等不同类型的标准化规模养殖模式实施路径和典型经验进行归纳和总结，分析其发展过程中的一般规律和差异特征，为我国绒毛用羊产业的发展提过经验借鉴。

第七章　中国绒毛用羊标准化规模养殖相关扶持政策评价

主要对中国绒毛用羊标准化规模养殖的相关扶持政策进行总结和评价。首先利用农牧户问卷数据对标准化规模养殖的相关扶持政策的实施效果进行评价；其次是利用畜牧主管部门工作人员访谈、座谈等对绒毛用羊标准化规模养殖扶持政策的实施效果进行分析。

第八章　研究结论与政策建议

全面总结研究结论，然后在此基础上提出相应的政策建议。

第四节　研究方法与技术路线

一、研究方法

本研究在相关理论的基础上，以实证分析为主，采用定性与定量分析相结合的方法。

（一）实地调查法

本研究主要采取实地调查法获取第一手资料，在此基础上进行实证研究。综合考虑中国绒毛用羊的地区分布特征、国家绒毛用羊产业技术体系下属各综合试验站及示范县的实际情况等方面因素，本次调研的样本采用多阶段随机抽样方法，首先从新疆、甘肃、内蒙古、青海 4 个细毛羊主产省随机抽取 1～2 个市（地、州），然后在每个市随机抽取 1～2 个县，再从每个县随机抽取 2～3 个村（嘎查），每个村随机抽取 20～25 个农牧户，最后得到 5 个市（地、州）、6 个县（旗）和 17 个村，调查地区具体包括新疆维吾尔自治区新源县和巩留县、甘肃省肃南裕固族自治县和天祝藏族自治县、内蒙古自治区乌审旗、青海省三角城种羊场。调查方式以座谈访谈和入户问卷调查为主，入户问卷主要包括农牧户个人及家庭基本情况、投入产出情况、标准化规模养殖情况、相关扶持政策的评价与需求情况等，同时与各县（旗）畜牧主管部门工作人员、各试验站负责人和标准化规模养殖场（区）管理人员等进行访谈和座谈，以此获取标准化规模养殖管理、影响因素、养殖模式和扶持政策实施效果等方面的信息。调研回收样本 186 份，剔除无效和重复样本，第三章、第五章和第七章中所使用的有效样本是 167 份，第四章所使用的有效样本是 117 份。

（二）统计分析方法与计量分析法

研究中将利用统计学和计量经济学分析软件 Eviews 7.0 和 Stata 14.0、

Frontier 4.1 中的数理模型对调查数据进行深入分析，如，用描述性统计法对微观调研样本户的基本情况、相关扶持政策方面进行分析；用比较分析法对采用标准化规模养殖模式（分规模）和散养模式农牧户的成本收益、单要素生产率及经济效率（技术效率和配置效率）进行分析；利用基于 SFA 函数的 Translog 函数和 C-D 函数，确定适合用于测算经济效率的函数形式，然后对不同规模农牧户的技术效率和配置效率进行测算和比较分析；用模糊数学法和似乎无关方程组模型对农牧户标准化养殖的影响因素进行分析；用多元线性回归模型对农牧户规模化养殖的影响因素进行分析。

1. 随机前沿函数模型

根据规模经济理论可知，不同规模农牧户的养殖经济效益都会存在差异，农牧户在何种规模下才能实现经济效率的最大化，即产量最大化和生产成本最小化，是在对采用标准化规模养殖和散养模式农牧户的经济效率进行对比分析中重点研究的问题。对于经济效率的测度一般采用以数学线性规划为主的非参数估计方法或以经济计量方法为主的参数拟合方法。参数法需要对基于多种假设检验后设定的随机前沿函数进行估计，而参数估计法可以通过估计函数中各个变量的参数来实现对生产过程的准确描述。因此对于第五章中标准化规模养殖经济效率的测度和分析使用随机前沿函数，在基于 SFA 函数的 Translog 函数和 C-D 函数之间，确定适合用于测算技术效率和配置效率的函数形式，具体实证模型如下：

（1）测度技术效率的实证模型。随机前沿生产函数主要有两种具体设定形式：C-D 形式和 Translog 形式。前者使用最为广泛，但是有较为严格的约束条件，即投入弹性恒定且替代弹性为 1；而后者的投入产出弹性和替代弹性均更加灵活，但是函数设定形式较为复杂，容易产生多重共线性问题。本研究用超对数随机前沿生产函数模型对标准化规模养殖模式（分规模）和散养模式农牧户的技术效率进行估计：

$$\ln Y=\alpha+\alpha_k\cdot\ln K+\alpha_l\cdot\ln L+\frac{1}{2}\beta_{kk}(\ln K)^2+\beta_{kl}\cdot\ln K\cdot\ln L+\frac{1}{2}\beta_{ll}(\ln L)^2 \tag{1-1}$$

式中 Y、K、L 分别为产出水平、资本投入和劳动投入，如果规模报酬不变，则 K 和 L 的份额分别为：

$$V_k=\alpha_k+\beta_{kk}\cdot\ln K+\beta_{kl}\cdot\ln L;\ V_l=\alpha_l+\beta_{ll}\cdot\ln L+\beta_{kl}\cdot\ln K \tag{1-2}$$

此时，$V_k+V_l=1$，超对数生产函数可转化为 C-D 函数。将时间变量 t 加入模型（1－1）再两边求导数，则：

$$\frac{\dot{Y}}{Y}=V_k\cdot\frac{\dot{K}}{K}+V_l\cdot\frac{\dot{L}}{L}+\alpha_t+\beta_{kt}\cdot\ln K+\beta_{lt}\cdot\ln L+\beta_{tt}\cdot T \quad (1-3)$$

从模型（1－3）可以得出 Translog 函数的增长率：

$$V_t=\alpha_t+\beta_{kt}\cdot\ln K+\beta_{lt}\cdot\ln L+\beta_{tt}\cdot T \quad (1-4)$$

（2）测度配置效率的实证模型。本研究拟采用单方程 C-D 随机前沿成本函数模型对标准化规模养殖模式（分规模）和散养模式农牧户的成本效率进行最大似然估计，根据函数关系计算配置效率。模型如下：

$$Y=A[\delta L^{-\rho}+(1-\delta)K^{-\rho}]^{-\frac{1}{\mu(1+\rho)}} \quad (1-5)$$

式中 A 为时间变量、μ 为规模报酬、δ 为分配系数、ρ 为替代弹性。

根据生产者均衡假设，可以推导出：

$$\ln Y=\ln A+\mu\cdot\delta\cdot\ln L+\mu(1-\delta)\ln K-\frac{1}{2}\rho\cdot\mu\cdot\delta(1-\delta)\cdot(\ln L-\ln K) \quad (1-6)$$

即：

$$\frac{\dot{Y}}{Y}=\frac{\dot{A}}{A}+\mu\cdot\delta\cdot\frac{\dot{L}}{L}+\mu(1-\delta)\cdot\frac{\dot{K}}{K}-\frac{1}{2}\rho\cdot\mu\cdot\delta(1-\delta)\cdot(\frac{\dot{L}}{L}-\frac{\dot{K}}{K}) \quad (1-7)$$

以此估计出 μ 和 $\frac{\dot{A}}{A}$ 的值，得出 C-D 函数的增长率。

本研究利用 Translog 随机前沿生产函数模型估计得到技术效率，然后用 C-D 随机前沿成本函数估计得到成本效率，根据成本效率、技术效率和配置效率之间存在的数量推导关系，即可进一步计算出农牧户的配置效率并进行比较分析。

2. 似乎无关方程组模型

中国绒毛用羊标准化养殖过程中畜禽良种化、养殖设施化、生产规范化、防疫制度化、粪污无害化 5 个环节的标准化程度包括多项评价指标，对其影响因素的分析因受共同的外部因素影响，可能导致误差相关，本研究拟通过构建似乎无关方程组模型的方式进行影响因素分析。包括：将上述 5 个标准化作为被解释变量，用模糊数学法对被解释变量进行综合量化赋分，以此表示标准化程度的高低；然后从要素条件、技术条件、扶持政策和决策者个人特征 4 个方面选取解释变量，构建包括 5 个多元线性回归方程组成的似乎无关方程组，对标准化养殖环节的影响因素进行计量分析。

（1）模糊数学法。将上述 5 个环节标准化程度作为被解释变量，评价其标准化程度的高低包括多项指标，很难用单一指标反映，因此引入模糊数学法对被解释变量进行综合量化赋分，以此表示其标准化程度的高低。模糊数学法的基本原理是：将评价目标看成是由多种因素组成的模糊集合（称为因素集 U），再设定这些因素所能选取的评审等级，组成评语的模糊集合（称为评判集 V），分别求出各单一因素对各个评审等级的归属程度（称为模糊矩阵），然后根据各个因素在评价目标中的权重分配，通过计算（称为模糊矩阵合成），求出评价的定量解值。模糊综合评判的计算步骤为：

Ⅰ. 建立评判对象因素。将被解释变量的指标体系分为 2 个递阶结构：目标层 A；综合评价层 $B=\{B_1, B_2, \cdots, B_n\}$ 是一个由 n 项评价指标构成的集合。

Ⅱ. 建立评判集。一般采用无分支评语，即 $V=\{v_1, v_2, v_3, v_4, v_5\}=$ {优，良，中，差，劣}。

Ⅲ. 确定评价指标权重。通过专家征询法、问卷调查法、主观经验判断法、层次分析法、二元对比函数法等确定指标体系中各因子的权重，本研究采用专家征询法求出权重。

Ⅳ. 建立评判矩阵。建立从指标集 U 到评语集 V 模糊映射，可将该层次的评价对象抽象为 m 个评价指标，设因素集 $U=\{u_1, u_2, u_3\cdots, u_m\}$，对每项具体评价指标可设 n 项评语，即评价集 $V=\{v_1, v_2, v_3, \cdots, v_n\}$，设第 i 个因素 u_i 的单因素评价为 $R_i=\{r_{i1}, r_{i2}, r_{i3}, \cdots, r_{in}\}$，它是 V 上的模糊子集，其中 r_{ij} 表示第 i 个因素的评价对于第 j 个等级 V_j 的隶属度。

Ⅴ. 将综合评价层 B 的评判矩阵 V 及相应权重集 W 再进行模糊合成运算，可得到属于综合评语集合子集 V 的具体评语子集，即：$W \cdot V=B=(b_1, b_2, b_3, \cdots, b_n)$。

模糊数学法的运用应注意两点要求：①在评价过程中应对不同指标赋予不同权重，由此得到的 U 的评价权数子集 $W=(a_1, a_2, \cdots, a_m)$，其中 a_i 为第 i 项评价指标的评价权数，并有 $\sum a_i=1$，满足归一化要求。② r_{ij} 是第 i 项指标的第 j 项评语的评价值，$\sum r_{ij}=1$（$i=1, 2, \cdots, m$），即满足归一化要求。

（2）似乎无关方程组模型。通过上述方法获得 5 个标准化程度的综合量化赋分，并将其作为被解释变量，分列 5 个多元线性回归方程构建似乎无关方程组模型，通过参数的联合估计系统分析影响绒毛用羊标准化养殖的因素。由于 SUR 方法考虑了方程间的误差相关，回归后的参数估计方差较小，因此比单个方程的 OLS 参数估计更有效。绒毛用羊标准化养殖的实证模型：

$$
\begin{cases}
Y_1=\alpha_0+\alpha_{1a}S_i^a+\alpha_{2b}B_i^b+\alpha_{3c}F_i^c+\alpha_{4d}P_i^d+\varepsilon_1 \\
Y_2=\beta_0+\beta_{1a}S_i^a+\beta_{2b}B_i^b+\beta_{3c}F_i^c+\beta_{4d}P_i^d+\varepsilon_2 \\
Y_3=\gamma_0+\gamma_{1a}S_i^a+\gamma_{2b}B_i^b+\gamma_{3c}F_i^c+\gamma_{4d}P_i^d+\varepsilon_3 \\
Y_4=\omega_0+\omega_{1a}S_i^a+\omega_{2b}B_i^b+\omega_{3c}F_i^c+\omega_{4d}P_i^d+\varepsilon_4 \\
Y_5=\sigma_0+\sigma_{1a}S_i^a+\sigma_{2b}B_i^b+\sigma_{3c}F_i^c+\sigma_{4d}P_i^d+\varepsilon_5
\end{cases}
\tag{1-8}
$$

式中 α_0、β_0、γ_0、ω_0 和 σ_0 为模型的常数项，Y_1、Y_2、Y_3、Y_4 和 Y_5 分别是表示畜禽良种化、养殖设施化、生产规范化、防疫制度化、粪污无害化标准化程度高低的被解释变量，$\alpha_{1a}\sim\alpha_{4d}$、$\beta_{1a}\sim\beta_{4d}$、$\gamma_{1a}\sim\gamma_{4d}$、$\omega_{1a}\sim\omega_{4d}$、$\sigma_{1a}\sim\sigma_{4d}$ 分别是上述 5 个方程的参数，ε 为误差项，从绒毛用羊标准化养殖的要素条件、标准化养殖管理技术、相关扶持政策、决策者个人及家庭特征 4 个方面选取相关变量，分别用 S_i、B_i、F_i 和 P_i 表示，模型所用数据均来自农牧户问卷调研。要素条件主要选择固定成本投入、养殖收入比重等变量，特别是对标准化影响较大的固定成本投入项要进一步细化为棚圈、药浴池、饲草加工机械、青贮窖等具体指标；标准化养殖管理技术主要包括养殖品种改良、疾病防控、产品收获等相关技术指标；相关扶持政策主要包括农牧户是否获得棚圈建设、金融贷款等。决策者个人特征主要包括年龄、养羊年限、教育程度、是否担任村干部等指标。需要注意的是，从上述 4 个方面选择变量时，不同的标准化环节要根据对被解释变量的相关性和重要性各有侧重的选择变量。

3. 多元线性回归模型

在实际经济问题中，一个变量往往受到多个变量的影响。假定某一因变量 Y 受 k 个自变量 X_1，X_2，…，X_k 的影响，其 n 组观测值为（Y_i，X_{i1}，X_{i2}，…，X_{ik}），$i=1$，2，…，n，则多元线性回归模型的结构形式为：

$$Y_i=\beta_0+\beta_1 X_{i1}+\beta_2 X_{i2}+\cdots+\beta_k X_{ik}+\varepsilon \tag{1-9}$$

式中 k 为解释变量的数目，β_0，β_1，…，β_k 为回归系数（regression coefficient），ε 为随机变量，如果 b_0，b_1，…，b_k 分别是 β_0，β_1，…，β_k 的拟合值，则其回归方程为：

$$\hat{Y}_i=b_0+b_1 X_{i1}+b_2 X_{i2}+\cdots+b_k X_{ik} \tag{1-10}$$

式中，b_0 为常数，b_0，b_1，…，b_k 被称为偏回归系数（partial regression coefficient），表示在其他解释变量保持不变的情况下，自变量 X_i 每变化一个单位时，Y 的均值 E（Y）的变化，或者说 β_i 给出 X_i 的单位变化对 Y 均值的“直接”或“净”（不含其他变量）的影响。

本研究的基本假设为：农牧户是集经济与社会功能于一体的追求利益最大化的“理性人”，根据上述理论模型，构建分析农牧户绒毛用羊养殖规模化影响因素的实证模型：

$$\ln Q_i = \beta_0 + \beta_1 \ln Q_i^{t-1} + \beta_2 \ln Y_i + \beta_3 \ln C_i + \sum\nolimits_{j=1}^{5} \delta_j P_i^j (Y_i - C_i) + \beta_4 S_i + \mu_i L_i + \sum\nolimits_{m=1}^{7} \omega_m D_i^m + e_i \tag{1-11}$$

式中 β_0 为模型的常数项，β_1、β_2、β_3 分别为滞后解释变量和主要经济解释变量的参数，δ_j、β_4、μ_i、ω_m 分别是政策虚拟变量、外部环境变量、生产决策者个人禀赋及家庭特征变量的参数，e_i 为误差项。本研究以农牧户的绒毛用羊养殖规模为被解释变量，研究一组解释变量如何影响农牧户养殖规模，解释变量主要包括 4 个方面：经济影响因素、政策影响因素、外部环境因素和农牧户个人及家庭特征。经济影响因素包括养殖收益；政策影响因素包括是否获得畜牧良种保护补贴、畜禽养殖机械购置补贴、标准化规模养殖奖励、金融扶持、禁牧补助和草畜平衡奖励等扶持政策；环境影响因素包括草场面积和养殖方式；个人及家庭特征变量包括年龄、受教育程度、养殖时长、家庭劳动力人数、养羊收入占家庭收入比重、是否担任村干部、是否加入合作社等。

在参数估计方法上由于多元线性回归模型可以用 OLS、MLE 和 GMM 等多种方法估计参数，但是 GMM 方法可以不考虑随机项的准确分布，且允许异方差、自相关等情况的存在，在很多方面具有独特优势。因此，本研究采用 GMM 方法处理数据，通过回归模型得出标准化回归系数值来分析各解释变量对被解释变量的影响程度。其中 GMM 估计方法的基本思路是：

$$\frac{1}{N}\sum\nolimits_{i=1}^{N} \varepsilon_i = \frac{1}{N}\sum\nolimits_{i=1}^{N} (Y_i - X_i\beta) = 0 \tag{1-12}$$

$$\frac{1}{N}\sum\nolimits_{i=1}^{N} X_i\varepsilon_i = \frac{1}{N}\sum\nolimits_{i=1}^{N} X_i(Y_i - X_i\beta) = 0 \tag{1-13}$$

（三）案例分析法

采用案例分析法使研究更有说服力，本书在第六章的标准化规模养殖模式分析中采用了典型案例分析法，对目前国内发展相对成熟的标准化规模养殖模式，深入剖析其发展共性和差异特征，以期为其他地区的绒毛用羊发展提供参考和经验借鉴。

二、技术路线

研究技术路线如图 1－1 所示。

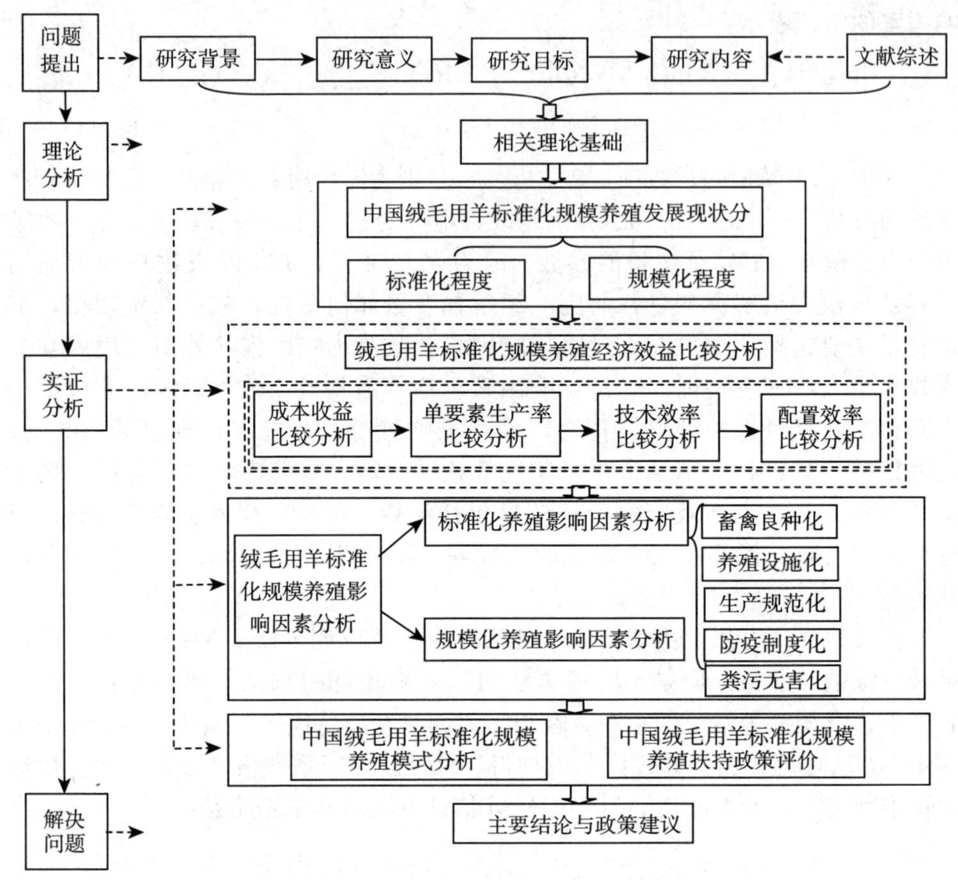

图1-1 技术路线

第五节 研究的创新说明

一、研究视角和内容上有所创新

到目前为止，国内外对规模化养殖程度较低的绒毛用羊产业关注较少，且前期研究以定性分析居多，本研究主要基于微观视角，对采用标准化规模养殖模式和散养模式的农牧户的养殖水平、技术采纳及经济效益进行测算和比较，探索经营规模与经济效率之间的关系，可以丰富这一领域的研究成果。

二、研究方法运用上的创新

为了从微观层面更加准确地测算与比较分析中国绒毛用羊标准化规模养

殖的经济效率（技术效率和配置效率）和影响因素，本研究通过设计和回收调研问卷搜集整理一手数据，综合运用模糊数学法和似无关方程组模型分析绒毛用羊标准化养殖 5 个环节的影响因素，深化了畜牧业标准化养殖的规律认知。

第二章 相关理论基础

本章主要对研究涉及的相关理论进行梳理和概述，具体包括产业组织理论、规模经济理论、标准化理论和农户行为理论，以此构建中国绒毛用羊标准化规模养殖的理论框架。

第一节　产业组织理论

产业组织理论是研究同一产业内部不同企业之间资源配置结构及其关联性的应用经济学。该理论最早可追溯到亚当·斯密（Adam Smith）在《国民财富的性质和原因的研究》中关于市场竞争的观点，认为自由市场看似混乱而毫无拘束，却被“看不见的手”（invisible hand）所指引，引导市场生产出正确的产品数量和种类，同时生产者的竞争使产品价格和生产成本趋于一致。1879年阿尔弗雷德·马歇尔（Alfred Marshall）与其夫人合著的《产业经济学》中首次将产业内部结构称为“产业组织”，在1890年出版的《经济学原理》中让·巴蒂斯特·萨伊（Jean Baptiste Say）的劳动、资本和土地的三要素基础上，将“组织”作为第四个独立的生产要素提出来，其均衡价格分别由工资、利息、地租和利润决定。

产业组织理论的发展进程可分为两个主要阶段：第一阶段是20世纪20—60年代，以哈佛学派的“结构决定论”和芝加哥学派的“效率决定论”为代表。在对“马歇尔冲突”深入分析的基础上，英国经济学家斯拉法（P. Sraffa，1926）的《竞争条件下的收益规律》、琼·罗宾逊（Joe Robinson，1933）的《不完全竞争经济学》和美国经济学家张伯伦（Edward Chamberlin，1933）的《垄断竞争理论》相继提出了不完全竞争（垄断）理论，成为产业组织的直接理论先驱。此后以美国哈佛大学的梅森（E. S. Mason）及其学生贝恩（J. S. Bain）为代表的哈佛学派建立了系统的产业组织理论体系。1957年梅森将实现有效竞争的条件归纳为两类，即有效竞争的市场结构标准和市场绩效标准；1959年贝恩的《产业组织》提出了产业组织的SCP结构，即结构

(Structure)、行为(Conduct)和绩效(Performance)。就其关系而言，市场结构决定市场行为，市场行为决定市场绩效，同时贝恩重点对市场结构进行分析，将构成市场结构的主要因素归纳为市场集中度、产品差异、进入壁垒等，而规模经济是决定市场集中度的首要因素，较高的市场集中度必然导致垄断；谢勒(F. M. Scherer)于1970年和罗斯(David Ross)合著的《产业市场结构和经济绩效》一书进一步完善贝恩的结构—行为—绩效范式。由于哈佛学派强调结构对行为和绩效的决定作用，故被称为结构主义学派。20世纪60年代后期，以芝加哥大学的施蒂格勒(G. J. Stigler)、德姆塞茨(H. Demsetz)、波斯纳(R. Ponsner)、布罗曾(Brozen)等为代表的芝加哥学派逐渐取代哈佛学派成为产业组织理论的主流学派。芝加哥学派在自由主义经济思想基础上，强调价格理论及其应用，运用局部均衡经济学方法在市场和效率之间进行取舍。1968年施蒂格勒在《产业组织》中提出效率是判断市场结构和市场行为是否合理的标准，而非哈佛学派只看是否损害了竞争；布罗曾亦指出市场结构主要受行为或绩效的影响，所以，芝加哥学派反对SCP范式中"结构—行为—绩效"的单向因果关系，强调三者间存在双向互动关系，反对积极的反托拉斯活动和政府管制政策，主张放任的自由竞争，重视效率标准，故而又被称为"效率学派"。

第二阶段是20世纪70年代之后的新产业组织理论，主要利用博弈论、数理经济学、福利经济学等方法进行理论分析，其中最著名的是交易费用理论、可竞争理论和博弈论。交易费用理论对产业组织的贡献主要表现在各产业的市场构成、公司动态及价值创造的不同可以归因于交易费用而产生的差异。罗纳德·科斯(Ronald Coase)最早运用交易费用解释产业组织，1937年其《企业的性质》一文就分析了企业和市场在组织经济活动中的相互替代关系。20世纪80年代，奥利弗·威廉姆森(Oliver Williamson)、哈罗德·德姆塞茨(Harrod Demsetz)、阿尔钦(Alchian)、张五常等学者对此做了深入研究和分析，威廉姆森认为企业可以通过业务拓展有效地避免市场不能发挥其作用的问题，具有比市场更强的调解能力，同时也有对市场的管控能力。可竞争市场理论则通过成本的部分可加性和可承受力的研究，指出在进入和退出自由的情况下，市场上仅有少数企业，甚至只有一个垄断企业的行为也是可竞争的，该理论拓展了产业组织理论在范围经济和自然垄断方面的研究。可竞争市场理论最早源于鲍莫尔(W. J. Baumol)在1970年7月的"负担检验"(burden test)，1975年贝尔实验室的潘泽(Panzar)和韦利格(R. D. Willig)在清理多产品企业的规模经济时发现了"范围经济"，1982年鲍莫尔、潘泽和韦利格共同撰写的《可竞争市场和产业结构理论》的发行构成了此理论。该理论认为，可竞争市场是进入绝对自由，而退出无成本的，强调潜在竞争对企业行为的影响，进入威胁能够迫使企业降低成本、技术创新、扩大规模，在改变市场结构的同时确保效率。博弈论是研究决策主体相互作用时的决策和均衡问题的理论，在产业组织理论中主要用于研究寡头市场中企业之间的相互作用及其均衡。1944年冯·诺依曼（Von Neumann）和摩根斯坦（Morgenstein）共同撰写的《博弈论和经济行为》的发行，意味着系统的博弈理论开始产生。此后美国布林斯顿大学的纳什（Nash）、加利福尼亚大学的海萨尼（Harsanyi）和德国波恩大学的塞尔顿（Selton）分别解决了完全信息、不完全信息和动态条件下的求解问题，使博弈论得到进一步完善。博弈论在产业组织中的应用主要是非合作性博弈理论，得益矩阵、博弈树和得益函数是其基本分析工具，主要包括完全信息静态博弈、完全信息动态博弈、不完全信息静态博弈和不完全信息动态博弈四种类型，通过博弈方相互作用形成"古诺寡头模型""伯川德模型""斯塔克博格模型"等，博弈论打破由市场机制决定的瓦尔拉斯的一般均衡理论，企业可以通过组织内部结构调整、合谋等非市场制度解决传统市场问题。1988年泰勒的《产业组织理论》将博弈论作为产业组织理论的主导研究方法。综上，国外学者的研究已经形成了较为完整的产业组织理论体系，主要包括哈佛学派和芝加哥学派的SCP分析范式，以交易费用理论、可竞争市场理论、博弈论等为主要代表的现代产业组织理论等。此后，迈克尔·波特（Michael E. Porter）等学者提出了价值链、供应链等战略思想，从产业链视角考察生产经营活动，形成企业核心竞争力，成为产业组织理论的研究热点问题。

国内对产业组织理论的研究始于20世纪80年代，1980年易家祥翻译美国经济学家威廉·谢菲尔德的《市场势力和经济福利导论》，1985年杨治在《产业经济学导论》中开始探讨产业组织问题，1988年卢东斌翻译日本学者植草益的《产业组织论》，1989年潘振民翻译美国经济学家施蒂格勒的《产业组织和政府管制》，周叔莲在1988年和1990年相继出版《国外产业政策研究》和《中国产业政策研究》，对日、法、英、德、美等国家的产业政策绩效分析比较，并对中国产业政策进行深入剖析。此后，国内学者陈小洪和金忠义较为系统地阐述了产业组织理论和国外产业组织发展现状；王慧炯和马建堂运用产业组织理论对中国企业规模结构、行为和绩效等进行实证研究；毛林根、李悦、金碚、于立和王询、杨公朴等将博弈论引入产业组织研究。20世纪80年代以来，相关学者也发表了关于产业组织的诸多学术论文，如陈明森、杨蕙馨等，丰富和发展了产业组织理论。总体来看，国内学者对于产业组织理论的研究主要侧重于集中度测算与分析、纵向关联经济、进入和退出壁垒以及相关产业政策等方面，主要运用于产业集中度较高的工业产业组织的研究，研究方法主要沿袭了西方产业组织理论的主要模式。农业企业也是中国产业组织研究的一个重要领域，农业企业是带动农业及关联产业发展的有效组织形式，有利于促进农业产业结构调整、资源配置，相对于分散的小农户生产具有先天优势，因此有必要从产业组织的角度理清农业产业的市场结构、市场行为和经济绩效之间的规律性，找出存在的问题，为产业政策的制定提供理论依据。

第二节　规模经济理论

规模经济理论在经济学基础理论范畴内，阐述了生产能力与经济效益相互之间的关系，即在一定的时间范围内，单位生产成本随着产出数量的增加而下降，也就是说大批量生产能够降低成本。亚当·斯密是规模经济理论的创始人，真正意义上的规模经济理论源自于新古典经济学理论，典型的人物有马歇尔、张伯伦、罗宾逊和贝恩等。马歇尔分析了规模经济的发展历程，一是建立在单个公司把资源进行合理最大化使用的基础上，组织与价值创造的提高衍生的内部经济规模，二是建立在几个或更多的公司通过分工与合作、依据实际划分区域等因素衍生的外部规模经济。此外还分析了规模经济和市场竞争的对立，也就是"Marshall's dilemma"。因此社会发展面临的困境是如何在市场竞争和规模经济之间寻求有效、合理的均衡，从而获得最大的生产效率。此后，罗宾逊和张伯伦进一步完善了该理论。马克思的理论也包含了对规模经济的思考，《资本论》考察了简单协作条件下所存在的规模经济效应，认为建立在一定生产规模基础上的简单协作比分散的个体生产具有多方面的优越性，"劳动过程中共同消费的生产资料由于大规模生产而得到相对节约"，大规模生产和劳动协作是提高社会劳动生产力的有效途径，协作劳动的规模取决于资本量，而生产规模扩大的宗旨主要为：①生产、供给和销售的一体化和资本的扩大；②减少投入成本。所以，马克思和马歇尔的观点有异曲同工之理。此后，保罗·萨缪尔森（Paul ASamuelson）、哈维·莱宾斯坦（Harvey Leibenstein）、钱德勒（Alfred Chandler）、罗纳德·科斯（Ronald Coase）等学者对规模经济做了更进一步的研究。

规模经济中的"规模"是指批量化生产，经济是指社会物质生产和再生产活动。规模经济是经济理论的一个重要假说，规模经济既是市场竞争的起点，也是市场竞争的结果，其目的是在发挥市场竞争活力的同时，通过规模经济提高社会资源的配置效率，进而获得较高的社会福利。规模经济的本质其实就是工厂模型，体现了要素投入与产出水平的联系，在现有的科学技术水平上提高产能，降低生产成本并盈利，从长期来看就是 *LAC* 曲线呈下降趋势。成本一般分为短期成本和长期成本，图 2－1 和 2－1 分别为短期平均成本曲线和长期平均成本曲线，二者均呈“U”形，其中短期成本变动主要受边际报酬递减规律的作用，在其他技术水平不变的条件下，随着可变要素投入量的增加，边际产量呈现先递增，随着要素投入比越来越偏离最佳组合比，边际产量呈现递减趋势。如图 2－1 所示，随着产出规模 Q 的持续增加，*AFC* 持续下降，而 *AVC*、*SAC* 和 *SMC* 均先下降后上升，*SMC* 先降到最低点，随着 Q 的扩大，*AVC* 在 Q_1 点达到最低点 A，*SAC* 在 Q_2 点达到最低点 B，此后 *SAC* 随着产出的增加而升高。长期成本曲线的“U”形则取决于规模经济或规模不经济，微观经济学中一般用规模报酬分析规模经济问题，按照企业内部各种生产要素按相同比例变化时产生的产量变化，一般可将规模报酬分成三类：递增、不变和递减。规模报酬递增是指产出增加的比例大于投入要素增加的比例，即随着生产规模的扩大，单位成本降低带来的生产上的经济节约性，是为规模经济性。而规模经济产生的主要原因主要是先进技术和机器设备等生产要素的投入、合理的生产分工和专业化、技术培训和经营管理。在图 2－2 中表现为 *LAC* 曲线向下倾斜，从某种意义上来说 *LAC* 曲线便是规模曲线，其最低点 B 就是“最小最佳规模”（minimum optimal scale），但是随着规模的持续扩大，生产各方面难以协调导致生产效率下降，即表现为 *LAC* 曲线先下降后上升的趋势。如图 2－2 所示，在长期生产中，所有生产要素的投入都是可变的，长期成本曲线是 SAC_1、SAC_2、SAC_3……SAC_n 的包络线，随着产出规模的扩大，企业处于长期平均成本曲线向右下方的 *AB* 段，为规模经济阶段；之后继续扩大生产规模，将生产保持在规模报酬不变的 B 点，此时生产成本最低，即规模最经济；此后平均成本随着规模扩大而上升，进入规模报酬递减的 *BC* 段，为规模不经济阶段。聚集经济是指空间范围上的部分集中而创造的利益，企业整体集聚而产生的整体系统功能大于分散状态下的企业功能之和，呈现出 *LAC* 线的平移，因外部经济因素作用使 *LAC* 线向下移动，表示生产成本下降。其对单一公司的生产扩大起着两种作用，在正向的外部经济情况下，单一公司通过外部市场交易方式将组织内部职能分化出去，不存在规模扩张的客观需求；当聚集经济表现为外在不经济时，单个企业可能通过纵向或横向联合方式实现规模扩张。当多个企业生产不同产品时，多企业的经济性被称为范围经济。美国管理学家艾尔弗雷德·钱德勒（Alfred D. Chandler，1990）指出：规模经济刚开始是指单个运作的公司在生产一种产品过程中，因为扩大产能使制造与产出成本的减少，联合生产或联合分配的经济性产生于单一经营企业内部由于生产或分配多种产品而带来的成本的节约。同时，他认为范围经济能够大规模地节约成本，技术的变化会提高或降低最小经济规模，而市场规模的变化会提高或降低最优工厂规模。熊贤良（1997）认为范围经济不仅存在于企业内部，还存在于企业外部、地区集中化经济、城市化经济和国家层面的规模经济。

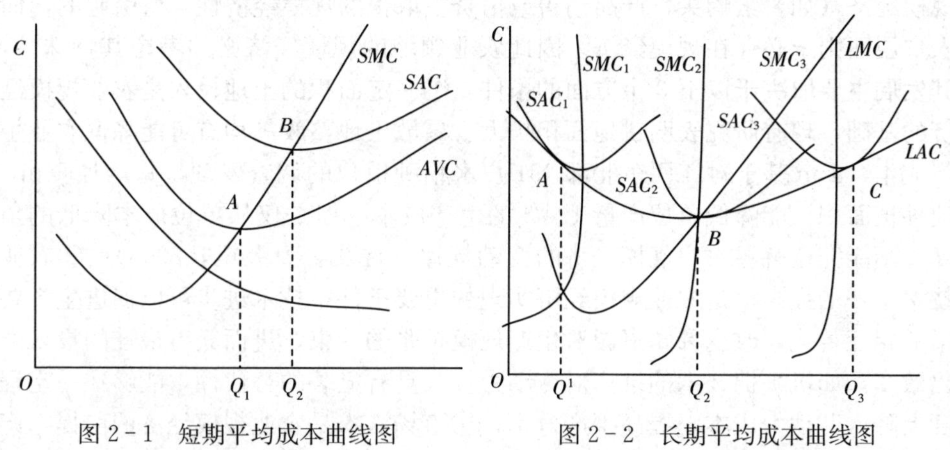

图 2-1 短期平均成本曲线图　　图 2-2 长期平均成本曲线图

随着我国农业发展的主要推动力从原有体制下积累的潜力释放，逐步转变为农业经济资源的质量完善和利用效率提高之后，生产单位（包括农户、种养大户、家庭农/牧场、专业合作社、种养殖场区等经济实体）的规模经济问题得到更多的关注（郭正模，1986；顾江，2001）。农业规模经济是指农业生产或经营规模的扩大而引起的成本下降和产出增加，其产生的主要原因包括内部和外部两方面：一方面，农业内部规模经济是归因于农业产出量的增加而发生的单位成本下降，诸如生产要素投入同比例变化、耕地面积扩大、技术投入及劳动力节省等因素提高农业生产的产出率而取得的规模效益；另一方面，农业外部规模经济是指不承担农业成本支出而获得的利益，包括与直接生产过程无关的公共设施、市场集聚、产业关联和物质技术服务改善等因素引致的效益流入带来的外部规模经济（蔡昉，李周，1990）。引起农业外部规模经济的原因有 3 个方面：①农产品生产单位因交易流通渠道畅通便利而持续增产，降低了单位成本；②农业内部分工和农业社会化服务体系的进一步完善，使农业生产单位获得高效率服务，进而降低生产成本；③农业生产单位无偿获得农业科学技术成果和无偿使用社会科学技术水平提高带动的劳动力素质提高而产生的社会经济效益，诸如农业技术推广、技术培训等。农户是中国农业生产的基本单位，也是农业生产经营的主体，但是目前分散的小农户生产以劳动生产率低下的初级产品的小批量生产为主，不仅规模不经济，而且存在市场交易成本过高、比较经济效益低下和缺乏市场竞争力等问题。由于农业的规模经济现象既可能来自内部，也可能来自外部，农户层面存在规模经济则意味着整个农业生产领域都会存在，反之则不然，因为农业生产领域的规模经济，有可能是外部规模经济（如要素购买、产品销售或信贷上取得的规模经济性）所引起的，而农户层面则未必存在规模经济。因此农业领域的规模经济必须考虑其特殊性，其发展主要取决于以下 3 个方面的条件：①一定面积的土地投入是农业规模经济的基础，现有研究表明耕地面积扩大、零散土地整改等均有可能降低农业生产成本，Tan 基于对江西东北部 331 户水稻种植户的调查发现，每增加 1 亩* 地种植面积，能降低单位产量 1.4%的生产成本，但是仅从单位成本降低的角度并不能完全解释农户规模经济的变动规律（许庆，尹荣梁，2008）；②农业技术水平的提高也是农业规模经济实现的重要条件，技术进步可以促进生产要素的相互替代，改变稀缺资源对生产规模扩张的约束，进而获得最佳的投入产出效率，如机采棉技术的推广对劳动力投入具有显著的替代性，能够在一定程度上降低劳动力成本，提高生产效率；③市场需求是农业规模经济的前提，产出的增加需要以一定的市场容量为前提，没有通过市场交换实现产品价值的转换，农业的规模经济则无从谈起。

综上，农业规模经济是提高农户生产效率的必由之路，而农业产业化经营是实现农业规模经济的现实选择，以家庭为经营单位的农户是市场主体，小规模分散化经营现状制约了农业的规模经济，可以通过以下途径加强农业规模经济：①进一步推进土地所有权、承包权、经营权的三权分置，建立土地使用权流转机制，以农地适度规模经营加强规模经济性；②在保持现有土地规模的基础上，增加单位土地在劳动力、资金、技术和其他投入要素（如种子、农药、化肥、机械等）的投入，并加强先进实用技术的推广普及和人员培训；③通过农业前向或后向的农业产业一体化经营，发展同产业内不同经营主体的经济联合与协作，使外部经济内部化，形成合作组织的内部规模经济、行业规模经济和集聚经济。如以利益为纽带提高农户组织化程度，通过分工协作和专业化生产将分散的农户进行合理组织，在生产、加工、流通、销售、服务等环节实现专业化，降低生产成本和交易成本，以此实现内部规模经济；同时也可以通过

* 亩为非法定计量单位，1 亩=1/15 公顷。——编者注

龙头企业带动方式，纵向联合将生产、加工、销售等环节紧密关联，以节约成本，提高劳动生产率（胡继连，西爱琴，2002）；或者通过地理空间密切联系在一起的企业形成区位或资源优势，进而形成区域规模经济。

第三节　标准化理论

作为社会生产实践重要组成部分的标准化活动，其理论研究最早可以追溯到基于社会分工的古代标准化，基于交换需求产生的度、量、衡等计量器具本质上起到了标准化的作用，近代标准化是在大机器工业基础上发展起来的，为满足提高生产率、扩大市场和调整产品结构等工业社会发展需求，各国的标准化得以迅速发展。1902 年英国纽瓦尔公司（Newall）为适应生产需要编制了“极限表”。英国于 1906 年发布了最早的国家标准“B. S. 27”，1911 年泰勒撰写的《科学管理原理》中把标准规范方式作为制定作业流程的依据，借助科学管理提升生产效率。1901 年设立了英国工程标准委员会，它是全球率先实行标准化的机构。截至 1932 年，美、瑞、荷、菲、德、法、日等 25 个国家相继成立国家标准化组织。1928 年国际标准协会国际联合会（ISA）成立，标准化发展从国家层面扩展到世界层面，随着社会和经济的知识化、全球化和日益复杂化，标准化亦面临更多挑战。

对于标准化理论的研究首先是对其研究对象、目的、原理、定义、特征、分类等基础理论的研究。《孟子·离娄章句上》中“不以规矩，不能成方圆”的论述就揭示了标准化的本质特征。标准是指在特定区域中多次重复出现的事物及观点的规范。1986 年 ISO 出台的第 2 号指南中认为，标准就是得到一致（绝大多数）的统一，由具有公信度与规范化的组织或机构审核，作为工作或绩效的评价标准和规范，所有相关者都经常性使用，并在区域内实现最优状态。约翰·盖拉德（J. Gaillard）认为，所谓标准，就是对测定的标准和度量、对象、行为、程序、形式、惯例、水平、工作职能、性能、方法、布局、权利范围、任务、观念及思想等进行定性，并说明含义，作出相应的解释或说明。而标准化则是基于现阶段存在的或可能发生的问题，使相关者都利用统一的标准作业，这样就在指定的区域中实现最佳有序化程度。ISO 对上述概念做了两种诠释：①尤其是拟定、出台和执行标准的行为；②主要功能是改进产品和制造流程以及服务在预估目的中的适应能力，不再发生交易隔阂，有效地促进了技术的合作。相关研究始于 20 世纪 30 年代，1934 年盖拉德在《工业标准化——原理与应用》中全面介绍了标准化的诸多理论和实践内容，1952 年

ISO 成立的标准化原理研究常设委员会（STACO）主要对标准化原理、方法和技术等方面进行研究，1958 年日本设立标准化原理委员会（JSA/STACO），主要进行标准利用调查、标准化经济效果测算及术语标准化研究，1959 年宫城精吉阐述了两个标准化基础理论——经济性和策略制定，此后 STACO 和专家学者对标准化概念、原理、方法、经济效益评价等问题的研究日渐活跃，以桑德斯（T. R. B Sanders）和松浦四郎为主要代表。1972 年桑德斯在《标准化的目的与原理》一书中将标准化的目的归纳为 6 点：①简化多余的产品品种及减少人类生活中的无功之劳；②传递信息；③获得全面的经济效果；④保障安全、健康和生命；⑤保护消费者和社会公共利益；⑥消除贸易壁垒。1972 年松浦四郎在《工业标准化原理》一书中将熵的概念引入标准化，认为标准化是创造负熵使社会生活从无序向有序转化的活动，并提出 19 条标准化原理。中国学术界对标准化理论的研究始于 20 世纪 70 年代，1974 年中国标准化研究人员首次提出“优选、统一、简化是标准化的基本方法”。1982 年李春田的《标准化概论》一书是我国第一部系统的标准化理论著作，此后《标准化经济效果基础》《标准化管理》《农业标准化》《标准化与质量、市场、效益》《标准化是一项科学活动》《标准化基础》等学术成果的出版进一步丰富了标准化理论的研究。

标准经济学（The Economics of Standards）是标准化理论的重要组成部分，是围绕标准化的一系列研究而衍生出的经济学，标准化在社会工业化进程中扮演着重要角色，已经成为推动产业发展、促进技术创新和规范市场经济的重要手段（卜海，高圣平等，2015）。从 1952 年成立的 STACO 就已经开始研究标准化的经济问题，标准经济学的核心就是对标准（包括国际标准、国家标准、区域标准、企业标准等）所产生的经济效益及其影响因素进行科学分析，基于客观财报的量化数据对标准所产生的经济效益进行量化、半量化的评价，明确标准对经济发展的贡献程度（高圣平，2010）。自 20 世纪 70 年代以来，信息技术的发展使世界范围的社会经济环境发生巨大变化，技术进步既带来了规模经济，也增加了产品的多样性，而多样性与规模经济的权衡使经济、技术等多领域快速增加了对标准及其相关政策工具的需求（克努特·布林德，2006），标准经济效益评价问题成为各方关注的焦点。国际标准实践联合会（IFAN）建立了世界第一个标准化经济效果工作组，并编制指导性文件《公司标准化经济效果的计算方法》和《标准化的效益》手册（张友明，2008）。此后近 50 年间，各国研究组织和学者从多个视角对标准化问题进行分析，特别是在标准经济效益评价方法上取得较大进展。有关标准经济的研究在 20 世纪 80—90 年代达到一个高峰期，以 Katz（1985）、Shapiro（1999）、Farrell（1989）、Saloner（1995）等为代表。前期对该领域的研究主要是关注企业间的战略互动，英国标准研究院（SBI）、德国标准研究院（DIN）、欧洲标准研究院（CEN）和国际标准化组织等制定标准，将其作为企业相互兼容的解决方案，同时分析了标准对市场结构、市场竞争、价格参数、市场交易量、产品质量和消费者的影响。此外，部分学者还从宏观视角考察标准化的经济效益，认为标准能够减少市场主体间的交易成本，并作为解决市场失灵的工具纠正负外部效应和信息不对称。整体来看，国外学者对标准的经济学分析理论文献较为丰富，标准经济效益评价方法也取得较大进展。Hawkins（1996）将标准化作为技术进步或技术力量指数的可行性进行分析，Swann（1996）用定量方法评估了正式标准对贸易的影响；Cohende 和 Steinmueller（2000）认为标准的普及使共享资源信息的获取范围越来越广泛，对经济增长具有显著影响；Temple（2005）和 Blind、Jungmittag（2008）的研究也表明标准化对经济增长的贡献远高于资本存量对经济增长的贡献；2005 年英国贸易工业部（DTI）采用评价指标体系研究标准化对科技进步、信息流通和革新的影响，证明标准化与生产力之间存在均衡关联（于欣丽，2008）；2006 年 DIN 采用 C-D 生产函数对德、奥、瑞 3 国的标准化经济效益问题进行研究，得出标准数量对 GDP 的贡献度（Beuth Verlag，2006）；2007 年日本学者采用“费用对比效益”法对制（修）订国际标准项目投入产出情况进行分析（郝德仁，2007）；2008 年法国和澳大利亚的标准化协会采用 TFP 法进行标准经济效益评价；2010 年 ISO 基于迈克尔·波特的价值链分析（VCA）建立了一套评价和量化标准经济效益的通用方法（李春田，2014）；2011 年新西兰测算了标准库存量对新西兰全要素生产率的影响，建立了一般均衡模型（CGE）测算标准为经济发展带来的效益、成本和机会（孙锋娇等，2014）。国内学者也从不同角度对标准化的经济问题展开研究，如，宋敏（2003）运用数据包络分析技术（DEA）对企业的标准化效益进行评价；李尔丁（2013）基于比较分析法的基本原理和方法构建指标体系和程序，对农业标准化的经济效益进行评价。使用标准能够产生正面效果并带来经济和其他效益的预期在上述研究中均得到证实。

标准化的经济影响是多方面的，早在 1987 年 David 就对其进行了分类，对后期学者研究标准化的经济动机和经济影响很有帮助，结合 Greenstein（1993）、Swann（1996）、Tassey（2000）等学者的扩展完善，将标准化归纳为兼容性标准、质量标准、品种简化标准和信息标准几类，其总体影响见表 2-1。

表 2-1　标准化的总体影响

类　型	积极作用	消极作用
兼容和对接规范	网络外部特点；防范固定；确保系统产品的多样化	垄断市场
质量及安全最低标准	确保信息的可达性与正确传递；降低交易或搜寻成本；校正负外部性	形成技术锁定，提高竞争对手成本
简化标准或规范	规模经济，降低成本；空间集聚	区域选择有一定的局限性；过度密集
信息和测度规范	提高交易率；减少交易成本	管制俘获

第四节　农户行为理论

农牧户是把经济和社会作用有效结合的单元与组织（翁贞林，2008），他们承担了农业生产和管理决策的双重任务，其行为决策对农业生产的变化有显著影响（张林秀，1996）。作为重要经济组织形式的农牧户，对其行为的研究一直是国内外学者关注的焦点。卢迈和戴小京（1987）较早开展对中国农户经济行为的研究，他们提出农牧户是实体经济单位，生产决策包括收益增加与收益稳固双重目标，并试图通过外部环境中的担保和调整经营结构的方式寻求增长和稳定的统一。宋洪远（1994）提出，农牧户行为是在现阶段的市场背景下，以自身利益为目标，针对外部经济信息采取相应的行动。农牧户是经济活动的主要参与者，以经济利益最大化为主要目标，且在允许的范围内想尽一切办法来实现自身的利益。随着中国农村基本经济体制结构的变革，农户逐渐从非独立无差别的生产和决策主体转变为在市场机制作用下独立的、有特定利益目标的“行为主体”。随着草畜双承包责任制和草原确权的不断推广，我国农牧户的界定和外延均产生变化，农牧户行为普遍呈现出市场化、利益化、竞争化和科技化的特点，由于多种非市场组织或个人参与到农业生产中，导致农牧户的生产和决策行为存在更多不确定性（张希仁，1998；张广胜，1999）。张林秀和徐晓明（1996）认为，农牧户的生产决策行为既受制于自我需求，同时还受劳动力供给、资本、经济和外部政策等因素的影响，同时又反向影响政策实施效果，甚至是宏观目标的实现。随着农户理论研究的深入，该理论逐渐延伸到社会、经济、市场、政策等多因素变动的农户行为分析，研究领域逐渐从微观层面向宏观层面拓展（Janvry，etal.，1991；Holden，1993，马志雄、丁士军，2013）。从 20 世纪 20 年代至今，农户行为理论陆续出现组织与生产学派、理性小农学派和历史学派。

首先，组织与生产学派起源于20世纪20年代，其典型人物有前苏联学者恰亚诺夫（A. V. Chayanov），主要观点是：①揭示了单一农户经济行为运行规律，也就是农户家庭中的资源配置问题；②提出农村人口构成存在周期性变化规律（秦晖，金雁，1989）。恰亚诺夫通过30多年的农户跟踪调查，指出农民家庭农场与资本主义经济的行为逻辑是不同的，并构建了劳动—消费均衡论（方松海，2009）。他提出农民经济决策的依据是家庭效用最大化，而非成本收益或投入产出的比较。农民一般是根据家庭消费需求与劳动投入的辛苦程度的主观估计结果来评价经济效益的高低（饶旭鹏，2012；恰亚诺夫，1996）。因此，如果上述两要素未达到均衡，小农家庭就会继续投入劳动，哪怕以降低劳动效率、以资本主义意义上的亏损为代价。当然，恰亚诺夫认为农业生产仍然遵循成本最小的逻辑，在自给自足的小农经济中，家庭分配的主要依据是农田面积和家庭人口数量，家庭经济状况随着家庭人口结构特征呈周期性变化，因此，农村贫富差距是由各农户处在不同周期阶段的"人口构成分化"造成的。此后，卡尔·波兰尼（Karl Polanyi，1957）从哲学层面和制度维度来分析小农行为，他认为经济活动与特定的社会历史环境密切相关，社会制度也是影响经济行为的重要因素。美国经济学家詹姆斯·斯科特（James C. Scott）撰写的《农民的道义经济学：东南亚的反叛与生存》提出，农户的基本生存法则是"避免风险"和"安全第一"，生存欲望很强的农户从自身利益出发躲避经济危机，导致这类农户保本生产，而非创造最大价值。斯科特强调了农户生存规则的道德含义，剥削和反叛问题不仅是食物和收入问题，亦是农户的社会公正观念、权利义务观念和互惠观念问题。"道义小农"的贡献在于农户经济行为的研究不是纯粹的经济行为，而要放在特定的社会关系、政策条件和市场关系中综合考虑（饶旭鹏，2011）。

其次，理性小农学派认为农户是一个类似于企业家的理性人，尽一切可能赚取利润并实现生产要素的最优配置。代表人物为美国经济学家西奥多·舒尔茨（Theodore W. Schultz）和波普金（Samuel L. Popkin）。舒尔茨认为传统农业实际是一种稳定不变且结构简单的小农经济，提出了"贫穷而有效率"的假说，农户和一些企业家没有本质区别，都具有经济理性，其生产行为受利润最大化的引导，即边际收益等于边际成本是农户在不同技术水平下的最优决策点，"一旦有了投资机会和有效的刺激，农民将会点石成金"。舒尔茨认为资本收益率低下是传统农业发展滞后的主要原因，寻求新的生产要素才是发展出路。波普金在《理性的小农：越南农村社会政治经济学》中指出，农户是理性的，对复杂的环境精确的分析与把握，以利益最大化为最终目标，同一村落的农户彼此之间不存在紧密的利益联结机制，一般都是各行其是自谋其利的松散个体。针对斯科特的“道义经济”，波普金提出了相对应的“政治经济”这一核心假说，他认为小农是理性的投资者，只要有开放的市场，小农经济就会在利益的驱动下发展并实现现代化转型（张轩，杨浩，2013；郭于华，2002）。由于波普金与舒尔茨在农户理论方面的思想大致相同，学术研究领域将其总结为“舒尔茨-波普金命题”。

最后，历史学派的代表人物是黄宗智，黄宗智在对20世纪20年代以来中国小农经济大量研究的基础上，整合恰亚诺夫、舒尔茨等人的小农理论，形成自身观点。黄宗智对中国华北地区小农经济的研究表明：中国农业存在一种分化的小农经济，其突出特点是经营式农场的发展不足、贫农的半无产化和中农、贫农家庭农场的“内卷化”（involution）。所谓“内卷化”是指作为生产和消费合一的家庭农场因耕地面积不足，以没有发展的增长为代价投入大量劳动力以维持基本的生存，发展不完善的经营式农场和“内卷化”的家庭农场经济，导致了一种特别顽固的小农经济体系，后期的商品化只能加速这种体系的分化和内卷化过程。黄宗智系统研究了长江三角洲地区小农经济和乡村社会的变迁，提出“过密型增长”和“过密型商品化”，我国农业的增长是一种无发展的增长，未来农业发展和进步的关键在于反过密化。他认为对于我国现阶段的小农经济，抓住食物消费结构的转型、非农就业趋势和新就业人数的下降所形成的历史性契机，小农生产从劳动密集型向资本—劳动双密集型转变，有助于破解无发展增长瓶颈，从根本上解决劳动力相对过剩和就业不足问题，这将带来我国农业的“隐性革命”。在农业产业结构转型过程中，应该稳固农户家庭的经营主体地位，而非资本主义式的农业企业，发展合作化组织实现农业生产的“纵向一体化”，将农产品产业链中的大部分利润归于农户。

第三章

中国绒毛用羊标准化规模养殖发展现状分析

以标准化为核心、规模化为特征的现代饲养模式是绒毛用羊产业发展的主要方向，不仅有助于提高绒毛用羊养殖的经济效益，推动其生产经营方式的转变，也能确保中国毛纺工业原料和畜产品的长期有效供给，对我国畜牧业的持续健康发展具有重要意义。目前，我国畜牧业正处于从传统向现代转型的关键时期，小规模分散养殖存在经济效益不高、生产方式粗放、疾控形势严峻、资源环境约束趋紧等诸多问题，农牧民始终未摆脱“人口增长—畜牧扩增—草原退化—效益低下—牧民增收难”的困境。因此，国家从 2010 年开始相继出台一系列规范性文件，提出畜禽标准化规模养殖是现代畜牧业发展的必由之路，中央财政每年采取“以奖代补”方式支持畜牧业标准化规模养殖建设，2016 年中央 1 号文件明确提出发挥多种形式适度规模经营的引领作用，同时加快形成培育新型农业经营主体的政策体系。2017 年中央 1 号文件提出大力发展草食畜牧业，重点支持适度规模的家庭牧场。随着国家和地方畜牧业标准化规模养殖相关扶持政策的持续推进，部分地区积极有序开展细毛羊草原畜牧业示范户、家庭牧场、规模养殖小区（场）、标准化示范场等建设活动，并取得了一定成效。

细毛羊产业是绒毛用羊产业的重要组成部分，标准化规模养殖是一个涉及多环节和多项养殖技术的综合技术体系。本章主要以西部地区的细毛羊产业为例，对绒毛用羊标准化规模养殖的基本概况进行分析。首先，对国外农业标准化的发展历程和经验进行归纳总结，梳理国内农业标准化发展的基本路径；其次，对中国绒毛用羊养殖的标准化程度进行分析，从制度变迁的视角梳理与绒毛用羊标准化养殖相关的国家标准、地方标准和行业标准，并从畜禽良种化、养殖设施化、生产规范化、防疫制度化、粪污无害化 5 个方面选取指标，对绒毛用羊的标准化程度进行定性评价和分析；最后，对中国绒毛用羊养殖的规模化程度进行分析。

第一节　国内外农业标准化发展历程与启示

农业标准化（Agricultural Standardization）是标准化理论体系中最为独特的一个分支，其独特性在于其研究对象——农业（包括种植业、林业、畜牧业、渔业、农用微生物业）是有其自身运动规律的活的有机体或生命体，标准化施行的结果存在不确定性和多样性，因此，标准化理论的内容、方法等不能一成不变地直接套用到农业领域。农业是利用动植物的生长发育规律，通过社会生产活动获取产品的产业。如果说标准化是为了谋求最佳秩序，则农业标准化则是在农业范围内获得最佳秩序，对实际或潜在的问题制定共同的和重复的规则的活动。目前中国对“农业标准化”并未形成明确统一的概念，结合农业、标准及标准化的定义，将农业标准化做如下界定：是运用“统一、简化、协调、优选”的原则，对农业生产的产前、产中、产后全过程，通过制定标准和实施标准，促进先进的农业成果和经验的迅速推广，确保农产品的质量和安全，促进农产品的流通，规范农产品市场秩序，指导生产，引导消费，从而取得良好的经济、社会和生态效益，以达到提高农业竞争力的目的（李鑫，张灵光，刘文，2005）。农业标准化与标准化没有十分清晰的边界，且二者的过程连接是平滑的。农业标准化是农业产业化、市场化、高效化和经济增收快速发展的基础，经济的全球化加速了农业参与国际产品、技术、信息交流或交换的深度和广度，标准化有利于降低交易成本，打破“技术壁垒”和“绿色壁垒”，参与国际竞争并获取比较利益，最终提高生产效率和收益。可以说，农业标准化是世界农业发展的潮流和趋势，是现代农业的重要标志（李建中，2007）。

一、国外农业标准化发展历程与启示

从20世纪70年代开始，以国际性组织、美国、欧盟以及日本为代表的相关组织和发达国家积极推进农业标准化建设，并建立了较为完善的支撑服务体系。

（一）国际性组织

FAO和WHO于1961年联合成立食品法典委员会（Codex Alimentarius Commission，CAC），主要是制定统一协调的国际食品标准、准则和行为守则，以保障消费者健康和确保食品贸易公平，1999年CAC通过并应用Hazard Analysis and Critical Control Point体系的指南，将其作为食品质量控制管理的有效方法，截至2013年CAC编撰的国际食品法典包括了314个标准，对

食品质量安全产生了巨大影响。ISO 有专门负责农产品标准化工作的技术委员会 ISO/TC34 和负责淀粉（包括衍生物和副产品）标准工作的技术委员会 ISO/TC93，截至 2002 年共制定 650 余项标准，成立了 ISO/TC34/WG8 "食品安全管理体系"，并制定了 ISO 22000 "食品质量安全管理体系—要求"。此外，OIE、IPPC、IFOAM、IDF、IWS、IWO 等也是具有一定影响力的农业标准化国际组织，每年通过公告形式发布标准信息，对世界农业的标准化起到重要推动作用。

（二）美国

美国从 1917 年开始制定农业标准，主要由美国农业部、卫生部和环境保护局负责制定农产品及其加工产品标准、技术标准和法律法规，相关技术标准以法律的形式出现，目前《联邦法规法典》中农业篇包括了 352 项农产品标准（含等级标准），商业实践篇中包括了 22 项安全方面的标准，环境保护篇中包括了污染、辐射等相关标准 608 项，基本能够满足美国农业生产、加工、流通、交易等领域的标准需求，同时通过食品安全检查署（FSIS）、食品药品管理局（FDA）和联邦谷物检验局（FGIS）负责安全标准监督（宋明顺，王晓军，2004）。此外，为保证农业标准的先进实用性，美国农业标准注重与国际标准和欧盟、日本、澳大利亚等国家先进标准接轨，且每 5 年复审修订一次。

（三）欧盟

欧盟统一和规范农产品市场的重要手段就是施行农产品和食品的质量技术标准，CE（Conformite Europeenne）标志是欧盟推行的一种强制性安全认证标志，农产品或食品只有符合《技术协调与标准化新方法》指令（涉及安全、健康、环境保护与消费者保护的农工业产品）的基本要求，才能获取 CE 标志，在欧盟市场上自由流通。欧盟共同农业政策（CAP）是欧盟对自身农业在生产和市场经济中实行的统一行为准则（张洪程，2004），同时推行原产地保护（PDO）、地域保护（PGI）和传统特产保护（ISG）三个质量标志，鼓励农民生产高质量的农产品。此外，欧盟成员严格执行 ISO 9001、ISO 22000、HACCP、BRC、EURPE/GAP 等与农产品相关的标准体系，并将其贯穿至生产、加工、流通全过程，标准覆盖率达到 98%～100%。

（四）日本

日本农林水产省根据《农林产品规格化与质量标示合理化》（简称 JAS 制

度）对农产品和食品进行集中管理，一般由农林水产省制定个别产品的规格标准，制造商按规格生产并交由第三方机构检验，检验合格后由检验机构颁发质量认证标志，农林水产省不定期进行质量抽检。此外，部分日本涉农协会和企业为了培养忠诚顾客群，倾向于制定并推广严格的私有标准。

综上，美国、日本、欧盟等发达国家和地区农产品生产加工方面的标准化体系较为完善，具体表现为：

（1）农业标准制定系统化。欧美、日本等国家和地区的农业标准化程度普遍较高，从生产、运输、仓储、加工、销售等环节均有系统的农业标准做到有标可依，各环节标准的制定虽然彼此关联但不存在相互矛盾，并且尽量避免交叉监管，基本能够满足各类市场主体对农业标准的需求，农产品标准的专业化程度较高。

（2）农业标准的操作性和可检验性较强。发达国家和地区农业标准的制定过程中，基本形成了以政府为主体，企业、产业协会/合作社、农户、消费者等共同参与的格局，在充分的市场考察和不同层面主体充分论证的基础上制定并实施农产品标准，农业标准中的相关技术指标量化为主，便于对不同质量的农产品进行分级归类，以满足不同生产者或消费者的需求，同时，实力较强的部分龙头企业或产业协会基于品牌建设和目标细分市场的差异化的需求，陆续开始制定高于国家标准的私有标准，从而使标准具有较强的可操作性和可检验性。此外，农业标准注重与国外先进标准的接轨，农业标准施行一段时间之后会在原有标准的基础上复审修订，以适应新的市场变化和需求。

（3）农业标准的制定和实施与法律法规密切结合。农业标准在国际也分为强制标准和非强制标准，其中强制标准一般以法律法规的形式颁布实施，既赋予了农业标准的法律内涵，也提供了相应的法律保障，做到有标可判，如美国农业部（USDA）的《联邦谷物标准法》和《联邦种子法》、日本的JAS质量标志标准制度和欧盟的CE安全认证标志制度。非强制性标准多为政府委托机构或协会制定的技术规程和管理规范，这类标准虽然没有强制约束力，但是受市场经济的影响显著，农产品按质量分级在提高交易效率的同时，又迎合了消费者对农产品的质量需求，消费市场的反作用致使相关主体仍然按农业标准规范生产行为。此外，发达国家技术性贸易壁垒多以法律法规颁布的农业标准形式出现，以技术标准约束农产品进口贸易，如美国要求获得HACCP认证资格的农产品才能进入美国市场。

二、国内农业标准化发展历程与启示

我国农业标准化发展主要经历了4个阶段。

（一）起步阶段（1949—1966年）

我国从1949年展开农业相关标准建设，初步进入法制化管理阶段，在畜牧业标准化工作方面，较早颁布的标准有《绵羊人工授精工作实施程序》《改良绵羊毛收购标准》《兽医生物药品制造规程》等，对畜牧业品种改良、饲养管理、疾病防控等生产环节起到较好的指导和规范作用，但是此时农业标准数量少且缺乏专门的管理机构。

（二）停滞阶段（1966—1976年）

1966年5月至1976年10月的“文化大革命”严重制约了农业标准化建设工作，出于农业生产实际需要，1974年原农林部科教局成立标准处负责农业标准化工作。

（三）恢复阶段（1976—1985年）

1978年国家标准局成立，农业标准化迅速恢复并向纵深发展，一方面农业作物种子、农业分析、绵山羊、肥料等领域成立了农业标准化技术委员会，制定并推广农业标准，截至1984年制定国家标准118项、专业标准362项、地方标准1 978项；另一方面积极参加ISO、TC、SC等国际标准组织，加强与国际标准接轨。

（四）快速发展阶段（1985年至今）

1989—1991年《中华人民共和国标准化法》《农业标准化管理办法》等相继颁布，意味着农业标准化逐渐走向法制化管理阶段，1996年将农业标准化纳入《中华人民共和国国民经济与社会发展第十个五年计划刚要》中，健全农业标准体系，采用国际标准创建农产品标准化生产示范基地，截至2017年8月国家标准委共公布8批次国家农业标准化示范区考核合格项目共计3 198项。2012年中央1号文件再次强调了农业标准化生产和示范县建设，同时健全农业标准化服务体系。此后每年的中央1号文件从农产品质量和食品安全、农产品生产基地、畜禽规模养殖、质量安全监管和追溯等方面发展农业标准化。“十二五”期间我国累计颁布5 121项农业行业标准、1.8万项地区农业生产技术规范、4 140 项农药残留标准、1 584 项兽药残留标准，基本覆盖我国常用农兽药品种和主要食用农产品。截至 2015 年年底，创建畜禽养殖标准化示范场 10 059 个、标准化示范县 185 个，全国有效期内的无公害、绿色、有机和地理标志产品数量 10.7 万个。

目前，我国已颁布的各类农业标准基本涵盖农业生产的各领域，初步形成了以国家标准（GB）、行业标准（NY）、地方标准（DB）、企业标准（QB）和配套的生产操作规程在内的农业标准体系，农业标准的数量和覆盖领域也在逐年递增。但是与同期发达国家的农业标准化相比，我国农业标准化发展还存在诸多问题，诸如农业标准化体系不健全、标准水平偏低、协调性较差、农业生产以农户小规模分散经营为主、农户教育程度普遍偏低且老龄化问题突出、标准化意识淡薄、农业生产加工领域随意性较大、推进农业标准化的成本和难度显著高于其他产业。中国农业标准化发展之路，政府是最大的标准制定者和推行者，各种类型的合作组织是农户和标准连接的桥梁，通过示范区、示范县、示范项目等方式引导农户开展标准化生产。

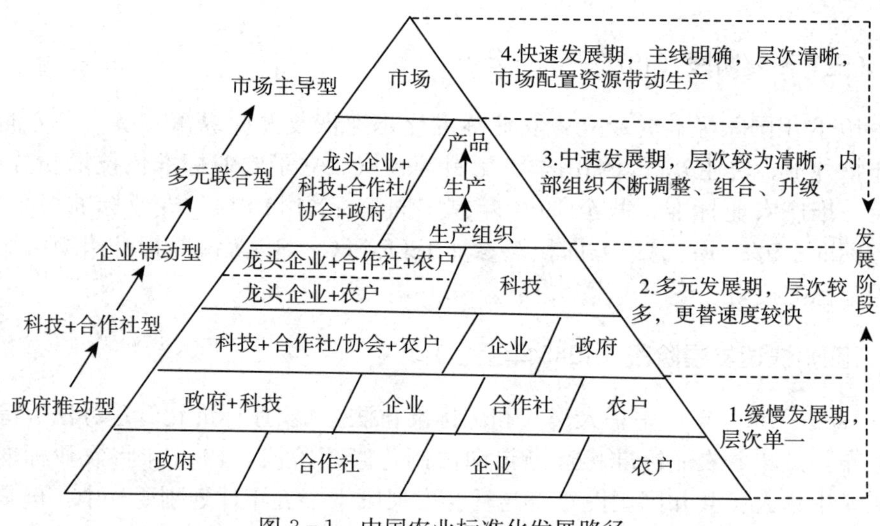

图 3－1　中国农业标准化发展路径

注：①图中同一层次上斜线所分割面积表示不同主体在该类型中所占比例与位次；②每层次加粗部分为该层次的主体。

图 3－1 展示不同阶段我国农业标准化发展的基本路径，中国农业标准化发展模式主要经历了缓慢发展期（1949—1976 年）、多元发展期（1977—1985 年）、中速发展期（1986—2000 年）和快速发展期（2001 年至今）4 个阶段。

第一阶段，在计划经济下，政府对农业标准的制定和推行占据绝对主导地位，农业标准化与市场需求脱钩，分散的小规模农户对标准化的学习、使用被动而缓慢；第二阶段，在市场经济初期，以家庭联产承包责任制下的农户开始接触逐步开放的市场环境，农户、企业为降低交易成本对农业标准化的需求增加，因此，政府开始制定农业标准及配套法律法规，协会、企业等主体逐步加入到标准制定和执行中，参与主体呈现多元化，但是涉农标准较为单一，以生产领域的农业标准为主；第三阶段，随着市场经济的逐步深化，农业标准的“量”和“质”均有所提升，涉及领域逐步从生产扩展到流通、加工、销售、消费和环境等方面，农业标准的重点侧重于推广和示范，此时，农业标准与市场需求密切相关，相关主体开始主动施行甚至参与制定标准以规范生产提高竞争力，满足特定目标市场的需求。第四阶段，我国加入世界贸易组织之后，农业标准作为技术壁垒严重制约了中国农产品进出口贸易，中国农业标准在与国际接轨过程中明显出现采用率低、可操作性差等问题，新变化驱使中国农业标准的制定和推行以市场为导向，同时加快与国际标准的接轨。与美国、欧盟、日本等发达国家相比，中国的农业标准化发展路径历时时间长，发展相对滞后，前期政府发挥了不可替代的主导作用，后期随着市场国际化的发展，农业标准化的数量、质量和覆盖面均显著提升，与市场需求紧密关联，未来在农业标准化路径上应首先推进新型农业经营主体和农业示范园（区）的标准化生产，通过“公司＋农户”“合作社＋农户”等方式向专业化、标准化和集约化方向发展。

第二节 与绒毛用羊产业相关的国内外标准

按照波兰的约·沃吉次基在 1960 年提出的标准的三要素所构成的三维空间，农业标准化的范畴具体包括对象（Object）、内容（Content）和级别（Level），农业标准化的发展过程可以看成是研究对象不断扩大、内容不断充实和级别不断提高的发展历程，不管从上述哪个维度，都可以将农业标准划分为不同的类别，图 3－2 即为农业标准化的三维空间。

根据图 3－2，畜牧业标准化的对象是指畜牧业相关领域内多次重复使用而需要标准化的实体，包括围绕着畜牧业的成果（如畜禽品种）、过程（如品种繁育、疾病防控等生产、加工、流通、管理环节的技术规程）、行为（如机械剪毛、分级打包等涉及人的行为和动作的生产技术操作规程和检验方法等）和条件因素（包括资源、设备、人员、环境等条件，如生产环境、圈舍、肥料、兽药、添加剂等建设标准和使用准则）。畜牧业标准化的内容是与农业标

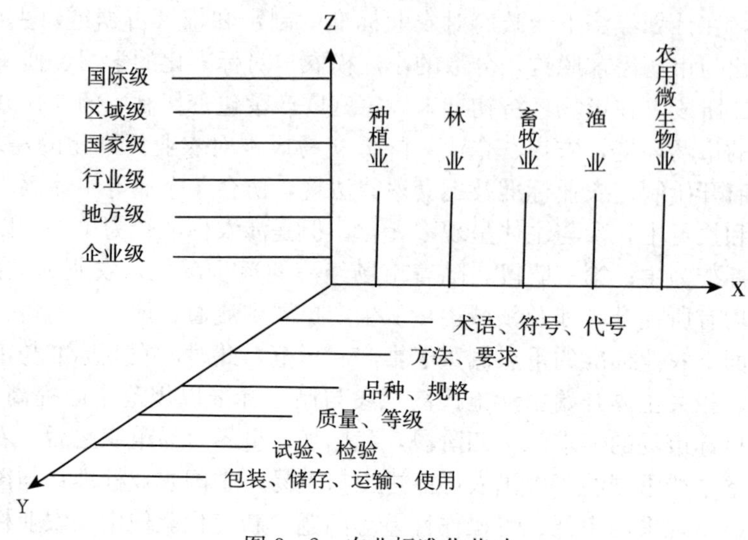

图 3－2　农业标准化范畴

注：X 维是对象，Y 维是内容，Z 维是级别。

准化内容相对应的畜牧业标准，并且都可以在 Y 轴上确定一个点，具体包括：①畜牧业术语、符号、代号；②畜牧业品种、规格、等级、类别；③畜牧业相关性能、功能、质量；④畜牧业相关产品包装、标志；⑤畜牧业环境条件、环保、卫生等；⑥畜牧业相关技术、作业、操作、方法、要求等；⑦畜牧业试验、检验、认证、认可等；⑧畜牧业农具、工具、仪器、设备、机械、条件等；⑨畜牧业相关管理规程、管理方法等。畜牧业标准化级别是指从事畜牧业标准化所涉及的地理、政治或经济范围，本研究中主要涉及国际标准、区域标准、国家标准、行业标准、地方标准和企业标准 6 类。标准是绒毛用羊产业向专业化、规范化发展的最基本要求，相关标准的制定可在一定程度上减少投入、简化流程、提高效率和科学管理，进而实现养殖效益最大化。下面主要从国际和国内两个层面来梳理与绒毛用羊产业相关的标准。

一、与绒毛用羊产业相关的国际和区域标准

2011 年中国正式成为世界贸易组织（WTO）成员国，根据在 1980 年生效的《Agreement on Technical Barriers to Trade》（即 GATT/TBT 协定，现在是 WTO/TBT 协定）规定，WTO 成员方在制定本国标准时，应以已颁布实施的国际标准为基础，把采用国际标准作为消除 TBT 的主要手段。目前被 WTO 认可的国际组织主要有国际标准化组织（ISO）、国际食品法典委员会

(CAC)、世界卫生组织（WHO)、国际兽疫局（OIE)、国际有机农业运动联盟（IFOAM)、国际羊毛局（IWS)、联合国粮农组织（UNFAO）等20多个，其中ISO是世界上最大、最权威的国际标准化专门机构，ISO批准和发布的绒毛用羊方面的标准是目前主要的国际标准。如Wool-Determination of fibre diameter-Projection microscope method（ISO 137 - 1975）、wool-Determination of fibre length（barbe and hauteur）using a comb sorter（ISO 920 - 1976）、Textiles-Quantitative Analysis Of Animals Fibres By Microscopy-Cashmere，Sheep's Wool，Speciality Fibres And Their Blends（ISO/DIS 17751）、Forage harvesters-Part 1：Vocabulary（ISO 8909 - 1 - 1994）、Forage harvesters-Part 2：Specification of characteristics and performance（ISO 8909 - 2 - 1994）、Forage harvesters-Part 3：Test methods（ISO 8909 - 3 - 1994）等。

区域标准是“由某一区域标准化或标准组织机构制定，并公开发布的标准”（ISO/IEC指南2），亚洲标准资讯委员会（ASAC）是亚洲地区最主要的区域标准化组织，它是联合国亚洲及太平洋经济社会委员会（ESCAP）的资讯机构，其主要职责之一就是制定农业区域标准，包括绒毛用羊产业相关标准制定，通过农业信息的交换，促进区域间农业国际贸易。

二、与绒毛用羊产业相关的国内标准

畜牧业的标准化是实现畜产品生产的基础工作，绒毛用羊产业推行标准化养殖的重点在于相关标准的制定、实施和推广，通过在选址布局、圈舍修建、养殖设备设施配备、良种选育、疾病防控、清洁消毒、粪污处理、规范管理等方面执行相关法律法规、管理规范和操作规程等，有利于合理利用草场、耕地、饲料等农业资源，带动绒毛用羊养殖向畜禽良种化、养殖设施化、生产规范化、防疫制度化和粪污无害化的“五化”方向发展，加强牲畜的精细化养殖和管理水平，提高绒毛产品产量、质量和市场竞争力，进而提高绒毛用羊养殖经济效益和有效供给。绒毛用羊相关标准的制定始于1951年，1951—1957年，农业部制定了种羊饲养标准，印发《绵羊人工授精工作实施程序》，1957年纺织工业部、农业部等联合制定《改良绵羊毛收购标准》。1960年之后开始制定饲草料营养、饲养管理、畜产品、养殖设备、兽医药品等方面的标准和规范。1980年起陆续发布《东北细毛羊》（GB/T 2416—1981)、《新疆细毛羊》(GB/T 2426—1981)、《辽宁绒山羊》(GB/T 4630—1984）等绒毛用羊育种和羊毛、羊皮收购规格标准，为加强兽药管理和疾病防控需要，1980—1984年相继发布《兽医生物药品制造规程》（为农牧渔业部的标准，由 114 个标准组成）、《兽药管理暂行条例》，并成立专门的兽医生物制品规程委员会，负责制定审议相关标准的使用规程。

（一）与绒毛用羊产业相关标准分类

1. 国家标准

根据《中华人民共和国标准化法》和《中华人民共和国标准化法实施条例》，我国的农业标准分为国家标准、行业标准、地方标准和企业标准 4 类，其中国家标准和行业标准划分为强制性标准和推荐性标准。首先，截至 2017 年年底，我国现行的与绒毛用羊养殖密切相关的国家标准共计 62 项（附录 10），标准范围主要包括生产环境、养殖设施建设、品种资源、养殖管理技术、饲草种植、疾病防控、兽医兽药管理、绒毛产品标准（质量、等级、规格、检验、包装、存贮等）、粪污无害化处理等相关标准和技术规范，此外国家还以公告方式发布绒毛用羊养殖规范管理的行政法规，主要包括养殖管理、疾病防控、添加剂和兽药使用等方面，如《畜禽标志和养殖档案管理办法》（农业部令第 67 号）、《饲料药物添加剂使用规范》（农业部公告第 168 号）、《禁止在饲料和动物饮水中使用的物质》（农业部公告第 1 519 号）、《牛羊常见疫病防控技术指导意见（试行）》（农业部 2014）等。

2. 行业标准

截至 2017 年年底，我国已经发布的农业行业标准（NY）共计 4 634 项、环保行业标准（HJ）1 012 项，除去已经废止的标准，我国现行发布的农业和环保行业标准共计 4 423 项，其中与绒毛用羊养殖密切相关的行业标准 87 项（附录 11）。

此外，为满足地方发展畜牧业生产的需要，新疆、内蒙古、甘肃、青海、四川等绒毛用羊主产区也发布了部分地方标准和企业标准，主要涉及养殖设备设施建设、饲草料加工配制和饲养管理方面。

（二）绒毛用羊产业标准化特征

将绒毛用羊产业所采纳各类标准进行归纳整理（表 3 - 1），我国绒毛用羊产业的标准化呈现如下特征：

1. 类型分布特征

绒毛用羊产业的行业标准略多于国家标准，其中疾病防控方面的技术标准最多，其次是养殖环境与生产设施，畜产品质量、等级，饲草种植与配制方面的技术规范，而品种资源、选育选配技术、生产管理和无害化处理等方面的标准则较为欠缺。

2. 时间跨度特征

2000年之后我国农业标准化进度显著加快，制定标准的数量和范围均不断扩大，各时期技术标准侧重略有不同，前期以疾病防控、饲养管理方面标准的制定和推广为主，后期逐渐侧重生产环境、产品质量等方面。说明畜牧业的标准化处于动态发展过程，标准的制定和更替与畜牧业专业化、规模化、标准化和集约化生产相适应，有利于绒毛用羊产品质量提供技术支撑和保障。虽然相关标准数量呈增长趋势，但是与农产品质量密切相关的兽药残留、添加剂检测的技术标准仍然较少，不能满足产品质量安全的实际需求。

从总体来看，绒毛用羊相关标准数量较少且质量偏低，缺乏系统性，所发布标准多集中于生产领域，加工、流通、销售等环节标准缺失，相关标准零散缺乏系统性，特别是缺乏全过程质量控制的技术标准体系。此外，从附录10和附录11可以看出，代号为GB、NY和HJ的强制性标准仅占标准总数的13.42%，标准的制定和实施缺乏法律内涵和保障，国家和行业发布的推荐性标准鼓励农牧户、规模场、家庭牧场、龙头企业等绒毛用羊养殖主体自愿采用标准，而所占比重最大的农户既缺乏标准采纳的主观意愿，也缺乏执行标准的经济、社会等客观条件，标准的实际执行缺乏严格的约束措施，影响了绒毛用羊相关标准的推广实施效果。

表3-1　绒毛用羊养殖相关标准类型与时间分布情况

单位：项

类　型	国家标准（GB）			行业标准（NY）			总计
	1991—2000年	2001—2010年	2011—2017年	1991—2000年	2001—2010年	2011—2017年	
1. 畜牧生产环境、选址布局、养殖设施等技术规范	0	5	2	2	11	5	25
2. 品种资源、良种培育、繁殖技术等技术规范	0	4	6	0	7	1	18
3. 饲养标准、生产管理等技术规范、使用准则	0	3	3	0	7	1	14
4. 畜牧产品质量、等级、规格、检验、包装、存贮等技术规范	0	3	5	0	10	7	25
5. 疾病防控、兽医兽药管理等技术规范	3	8	4	0	9	7	31

（续）

类　型	国家标准（GB）			行业标准（NY）			总计
	1991—2000 年	2001—2010 年	2011—2017 年	1991—2000 年	2001—2010 年	2011—2017 年	
6. 草原管理、病虫害防治、饲草料种植等技术规范	0	6	2	0	7	6	21
7. 粪便、污水、尸体无害化处理等技术规范	1	3	4	0	7	0	15
总计	4	32	26	2	58	27	149
	62			87			

第三节　中国绒毛用羊养殖标准化程度分析

为了系统分析中国绒毛用羊养殖的标准化程度，下面将以细毛羊为例，分别从标准化养殖技术和标准采用现状、制约技术采用的原因、不同类型和不同环节标准化养殖水平 4 个方面进行深入分析。

一、标准化养殖技术和标准采用现状分析

细毛羊标准化养殖所涉及的相关技术和标准主要有选址和棚圈设计、良种选育选配、人工授精、胚胎移植、饲料配制及添加剂使用、饲养管理、饲草种植、穿“羊衣”、机械剪毛、分级打包、疾病防控及兽药使用、粪便及污水处理、病死羊无害化处理等 13 项。根据表 3－2 和 3－3 显示，农牧户对上述 13 项标准化养殖技术的需求程度和采用情况存在显著差异，对 1～6 项技术的需求和采用比例均超过 70%，而对 7～13 项技术的需求和采用比例则明显偏低，以此将标准化发展阶段分为初级阶段和高级阶段，初级阶段的技术具有普适性，而高级阶段的技术专业性更强。目前，我国细毛羊主产区标准化养殖尚处于初级阶段，农牧户在现有的知识、经验基础上，掌握 1～6 项养殖技术就能够满足绒毛用羊养殖的基本生产管理需求，随着市场因素、资源环境因素对农牧户养殖行为的影响，农牧户需要通过标准化生产提高细毛羊产出和质量，进而逐步提高 7～13 项技术的需求意愿和采用率，而这类技术不仅需要专业技术人员的培训和指导，同时对农牧户的文化水平和认知能力提出更高要求。

表3-2　细毛羊标准化养殖技术需求程度

单位：户，%

名　称	需求户数					需求比例	排名
	不需要	不太需要	一般	比较需要	非常需要		
选址和棚圈设计	26	6	12	45	78	73.65	3
良种选育选配	7	3	1	44	112	93.41	2
人工授精技术	30	10	4	28	95	73.65	4
饲料配制及添加剂使用	20	13	13	41	80	72.46	6
饲养管理技术	14	11	19	46	77	73.65	5
疫病防控及兽药使用	6	2	6	42	111	91.62	1
胚胎移植技术	104	28	8	12	15	16.17	13
饲草种植技术	32	15	17	49	54	61.68	9
穿“羊衣”技术	50	10	20	32	55	52.10	10
机械剪毛技术	40	5	11	36	75	66.47	8
分级打包技术	33	5	13	43	73	69.46	7
粪便及污水处理	55	23	22	24	43	40.12	12
病死羊无害化处理	43	26	13	27	58	50.90	11

注：用选择“比较需求”和“非常需求”选项的农牧户的样本户数占样本总量的比例表示农牧户对某项标准化技术的需求程度。

数据来源：根据新疆、甘肃、内蒙古和青海的农牧户调研数据整理获得。

标准化技术和相关标准的使用是前后衔接彼此关联的，如果采用养殖技术的同时配套采纳相应的技术规范或操作规程，有助于养殖技术的科学规范操作，进而提升技术效益，采纳相关标准必然使用了该技术，反之则未必。因此，标准化养殖技术的采用比例一般高于或等于标准化养殖技术标准的采用比例。根据表3-3显示，农牧户标准化采用比例超过80%的标准化技术依次是疾病防控及兽药使用（99.40%）、良种选育选配（88.02%）、饲养管理技术（87.43%）、选址和棚圈设计（86.83%）4项，说明农牧户在防疫制度化、畜禽良种化、养殖设施化等标准化环节上达到标准化养殖的基本要求；农牧户技术采用比例在60%～80%的标准化技术依次是人工授精（77.25%）、饲草种植（65.27%）和饲料配制及添加剂使用（62.28%）3项，说明调研地区细毛羊品种改良虽然取得了一定成效，但是人工授精技术的普及仍较为困难，自然交配为主的繁育方式为优良生产性状的延续带来隐患，而饲料配制和饲草种植技术等采用率偏低，导致农牧户在生产规范化环节的标准化水平相对较低；农牧户技术采用比例在30%～60%的标准化技术是穿“羊衣”（56.89%）、分级打包（47.31%）、机械剪毛（38.32%）、病死羊无害化处理（56.29%）和粪便及污水处理（44.91%）5项，其中前3项技术的采用是为了提升羊毛品质和市场销售价格，后2项技术的采用则为了降低养殖规模无序扩张带来的环境和疾控隐患。农牧户技术采用比例最低的是胚胎移植技术，采用比例仅为0.60%。此外，技术标准的采用比例整体略低于养殖技术，但是亦表现出相同的分布特征，即标准化初级阶段相关标准的采用率显著高于高级阶段。

表3-3 细毛羊标准化养殖技术和标准采用比例

单位：户，%

标准化生产阶段	名称	养殖技术			相关标准		
		采用户数	采用比例	排名	采用户数	采用比例	排名
初级阶段	选址和棚圈设计	145	86.83	4	145	86.83	2
	良种选育选配	147	88.02	2	141	84.43	3
	人工授精技术	129	77.25	5	125	74.85	5
	饲料配制及添加剂使用	104	62.28	7	81	48.50	9
	饲养管理技术	146	87.43	3	126	75.45	4
	疫病防控及兽药使用	166	99.40	1	162	97.01	1
高级阶段	胚胎移植技术	1	0.60	13	1	0.60	13
	饲草种植技术	109	65.27	6	97	58.08	6
	穿“羊衣”技术	95	56.89	8	86	51.50	8
	机械剪毛技术	64	38.32	12	71	42.51	11
	分级打包技术	79	47.31	10	79	47.31	10
	粪便及污水处理	75	44.91	11	68	40.72	12
	病死羊无害化处理	94	56.29	9	88	52.69	7

数据来源：根据新疆、甘肃、内蒙古和青海的农牧户调研数据整理获得。

二、制约标准化养殖技术采用的原因分析

不同技术的采用对细毛羊养殖标准化水平的提升作用不同，调研问卷针对不同的标准化技术未采用的原因进行了描述性统计分析（表3-4）。总体来看，对技术缺乏了解和不能得到及时指导是影响技术采用的共同原因，不同标准化阶段技术采用的制约因素略有差异，操作成本高是制约初级阶段标准化技术采用的主要原因，操作难度大是制约高级阶段标准化技术采用的主要

原因。

（一）制约标准化生产初级阶段技术采用因素分析

对技术缺乏了解、不能得到及时指导和操作成本高是制约农牧户标准化初级阶段各项技术采用的主因，其他因素的影响亦不可忽视（表3-4）。

（1）选址和棚圈建设是细毛羊标准化养殖的物质基础，既能提高生产设施化水平，也能提高农牧户劳动效率。约13.17%的受访农牧户未采用该技术，位列前3项的主因分别是对技术缺乏了解、缺少资金和操作成本高，分别占比45.45%、27.27%和22.73%，农牧户棚圈一般参照政府提供的设计图纸，并交给专业的施工单位修建，圈舍修建成本在0.1万～50万元，户均修建成本5.9万元，棚圈建设技术门槛较高，以自筹资金投入为主，且养殖场地、圈舍、活畜及农机具等大多不能作为固定资产进行抵押贷款，不同程度影响了农牧户对选址和棚圈设计技术的采用。

（2）细毛羊生产力约20%取决于品种，通过科学的品质和亲缘选配，能加强遗传性状的稳定，把握变异方向，进而提高生产水平和效益。约11.98%的受访农牧户未采用该技术，主要原因是对技术缺乏了解和不能得到及时指导，分别占比45.00%和30.00%，由于牧区养殖户相对分散，道路和信息通联不便，影响了农牧户参与培训及技术普及。

（3）繁殖技术是影响绒毛用羊生产效率的关键因素，人工授精技术是目前应用最广泛、最成熟的畜牧繁殖技术，具有保持遗传性状、预防疾病传播等优势。约22.75%的受访农牧户未采用该技术，主要原因是不能得到及时指导和操作成本高，分别占比52.63%和34.21%，由于人工授精技术包括采精、精液检查、稀释、冷冻储存、输精等技术环节和操作规程，一般由农牧技术推广站、配种站及兽医站等专业技术人员操作完成，而部分养殖户还不能掌握和独立操作完成该技术。此外，其他原因中，农牧户表示配种站较远、无公共配种草场以及技术操作不当导致的空怀率偏高等原因也是影响了该技术的推广应用。

（4）细毛羊生产力40%～50%取决于科学的饲料配制及添加剂使用，与产量和质量密切相关。约37.72%的受访农牧户未采用该技术，主要原因是对技术缺乏了解和不能得到及时指导，分别占比65.08%和38.10%，农牧户大多知道细毛羊日常饲养至少需要3种以上饲草料，并搭配矿物质、维生素和添加剂类饲料，不使用违规添加剂，但是对于不同饲料的加工调制方式、配制比例、饲喂量、饲喂时间以及不同类型羊群的日营养需求量等均不甚了解。此外，在其他原因中，约38.71%的农牧户认为不需要学习该技术，说明部分农牧户尚未意识到饲草料科学配比在提高生产效率、节约养殖成本方面的重要性。

（5）饲养管理主要包括放牧、舍饲、分群饲养等环节，约12.57%的受访农牧户未采用该技术，其中对技术缺乏了解和不能得到及时指导是主要原因，分别占比95.24%和57.14%，由于草原牧区电路通信基础设施滞后，制约了基层畜牧技术人员的入户指导和培训。此外，操作难度大也是制约该技术采用的原因之一，秋冬舍饲期间不同类型羊群的圈舍布局、温湿度、饲喂标准等均有所差异，但是多数农牧户圈舍空间有限，认为分群增加饲养管理难度，并未将羊群分为种公羊、母羊、幼龄羊、羔羊等类型分别组群饲养。

（6）疾病防控及兽药使用是所有标准化养殖技术中采用率最高，仅0.60%的受访农牧户未采用该技术，原因在于目前国家已经建立了较为完善的县、乡、村三级动物防疫网络，没有掌握该技术的农牧户，畜牧技术人员也会按照防疫规程提供疫苗注射、消毒、驱虫等服务。

表3-4　细毛羊标准化养殖技术和标准未采用原因的选择比例

单位：%

标准化生产阶段	原　因	对技术缺乏了解	缺少资金	操作难度大	操作成本高	不能得到及时指导	监管不严	其他
初级阶段	选址和棚圈设计	45.45	27.27	9.09	22.73	13.64	0.00	9.09
	良种选育选配	45.00	15.00	15.00	10.00	30.00	5.00	20.00
	人工授精技术	23.68	13.16	18.42	34.21	52.63	0.00	31.58
	饲料配制及添加剂使用	65.08	7.94	6.35	9.52	38.10	3.17	49.21
	饲养管理技术	95.24	4.76	19.05	4.76	57.14	0.00	23.81
	疫病防控及兽药使用	0.00	0.00	0.00	0.00	0.00	0.00	100.00
高级阶段	胚胎移植技术	60.84	12.05	28.31	19.88	24.70	0.00	12.05
	饲草种植技术	25.86	1.72	5.17	3.45	18.97	0.00	56.90
	穿“羊衣”技术	20.83	9.72	8.33	8.33	20.83	0.00	62.50
	机械剪毛技术	39.81	22.33	31.07	22.33	34.95	0.00	13.59
	分级打包技术	46.59	26.14	36.36	26.14	40.91	0.00	15.91
	粪便及污水处理	40.22	15.22	10.87	17.39	17.39	5.43	41.30
	病死羊无害化处理	65.75	10.96	16.44	12.33	31.51	5.48	12.33

数据来源：根据新疆、甘肃、内蒙古和青海的农牧户调研数据整理获得。

（二）制约标准化生产高级阶段技术采用因素分析

对技术缺乏了解、得不到及时指导和操作难度大是制约农牧户标准化高级阶段各项技术采用的主因，其他方面原因针对不同技术各有差异。

（1）胚胎移植技术通过幼畜超数排卵、同期发情、体外授精、体外胚胎移植等程序，实现优良品种的快速扩繁。约99.40%的受访农牧户未采用该技术，主要原因是不能得到及时指导和操作难度大，分别占比60.84%和28.31%，该技术是畜牧业繁殖领域的一项高新生物技术，目前只有部分高校、科研院所和生物研发机构能够掌握并实施，处于小规模试验和初步市场应用阶段，器械、药品等技术成本较高，受众以有育种和品种改良需求的种羊场、国有牧场、大型规模养殖场为主，以此实现优良种畜的快速扩群，受供体、激素处理方案、卵母细胞发育情况等试验因素影响，技术经济效益波动性较大，影响了该技术的采用率。

（2）饲草种植是缓解饲草料短缺的重要方式。约34.73%的受访农牧户未采用该技术，主要原因是对饲草种植技术缺乏了解，特别播种时期、播种方法、饲草类型选择和加工制作技术等方面，占比是25.86%，选择其他原因的农牧户比例约为56.90%，具体原因包括饲草料用地缺乏、农业用水供应不足、家庭劳动力不足以及现有草场资源较为丰富暂不需要等。

（3）穿“羊衣”可以保护毛被，减少紫外线、风沙和灌丛对羊毛的污染和损害，提高羊毛纤维强度和净毛率，进而提高养殖效益。约43.11%的受访农牧户未采用该技术，主要原因是对技术缺乏了解和不能得到及时指导，占比均是20.83%，此外，部分农牧户表示受草场环境、羊衣质量和羊衣价格等因素影响，草场放牧出现部分死伤，采用技术的经济效益不明显，农牧民技术采用积极性普遍不高。

（4）机械剪毛可以提高羊毛平均长度和套毛整齐度，剪毛劳动效率、羊毛质量和单产水平均有所提升。但是调研显示，高达61.68%的受访农牧户未采用该技术，主要原因是对技术缺乏了解、不能得到及时指导和操作难度大，分别占比39.81%、34.95%和31.07%，缺乏资金和操作成本高也同样影响技术采用，占比均为22.33%。此外，农牧户机械剪毛一般采用社会化服务的方式，但是受农村配电变压器容量不足、农牧户居住分散等因素影响，专业机械剪毛队的服务范围有限，牧区普及率显著低于农区。

（5）按照羊毛分级整理操作规程进行套毛除边和细度支数分级，统一包装后进入流通环节，既可提升羊毛销售价格实现优毛优价，又可降低加工环节运作成本实现优毛优用。约52.69%的受访农牧户未采用该技术，主要原因是对技术缺乏了解、不能得到及时指导和操作难度大，占比超过1/3，机械剪毛队一般不提供分级整理服务，羊毛分级技术人员匮乏，羊毛收购及生产并未严格规范收购标准，因此农牧户混等混级现象较为普遍，只有少数采用工牧直交或拍卖方式销售羊毛的种羊场、国有牧场、规模养殖场及乡镇进行统一分级和销售。

（6）粪污和病死羊无害化处理有利于防止细菌滋生净化养殖环境，降低疾病发生和扩散的潜在危害，同时实现资源再利用。约55.09%和43.71%的受访农牧户未采用上述2项技术，最主要的原因是农牧户对技术缺乏了解，分别占比40.22%和65.75%，而操作成本较高也是导致农牧户未采用该技术的原因，沼气池、无害化处理池等设施投资成本较高，而个体农牧户使用频率偏低，农牧户大多认为无需以户为单位修建该类设施，通过病死畜深埋和堆粪发酵等方式不会产生严重的环境污染，而畜牧主管部门亦存在监管不严问题，导致粪污无害化环节的标准化程度显著偏低。

三、不同类型农牧户标准化养殖水平比较分析

运用模糊数学法，对细毛羊标准化养殖涉及的畜禽良种化、养殖设施化、生产规范化、防疫制度化和粪污无害化5个环节的标准化程度进行综合加权赋分，分别从年龄、受教育程度、养殖规模、组织化程度和兼业化程度5个维度对农牧户标准化养殖水平进行分析。根据表3-5显示，从评价层综合赋分结果来看，细毛羊标准化养殖5个环节的赋分结果分别为7.37、7.44、6.15、7.11和3.81，其中畜禽良种、养殖设施和疾病防控3个环节的标准化水平较高，生产管理的规范化程度次之，而粪污无害化水平最低。说明我国绒毛用羊的标准化养殖程度处于整体偏上水平，但是部分现代饲养管理技术繁复难以掌握，并且缺乏强制性的技术标准约束，导致农牧户在生产环节主动学习和采纳畜牧业相关生产标准的积极性较低，特别是细毛羊主产区多为经济发展相对落后的草原牧区，环境外部性问题并未得到重视，因此粪污无害化成为绒毛用羊标准化养殖的短板。

（一）不同年龄农牧户标准化养殖水平

按照家庭主要决策者年龄，将农牧户划分为低年龄组（<30岁）、中年龄组（30～49岁）和高年龄组（≥50岁）3类。对不同年龄组综合赋分比较可知，年龄对不同环节的细毛羊标准化养殖的影响程度各有差异，其中低年龄组

农牧户的畜禽良种化和养殖设施化水平最高，分别是 7.61 和 8.47，中年龄组的防疫制度化和粪污无害化水平最高，分别是 7.24 和 4.04，而高年龄组的生产规范化水平最高，赋分为 6.19。

（二）不同教育程度农牧户标准化养殖水平

按照家庭主要决策者的受教育程度，将农牧户划分为低文化水平组（小学及以下）、中文化水平组（初中）和高文化水平组（高中/中专/职高/技校及以上）3 类。对不同文化水平组综合赋分比较可知，受教育程度越高，农牧户各环节标准化水平越高，其中高文化水平组 5 个环节的综合赋分值分别是 7.72、7.96、6.47、7.40 和 4.35。

表 3－5　不同类型农牧户标准化养殖水平综合赋分情况

农牧户类型		畜禽良种化	养殖设施化	生产规范化	防疫制度化	粪污无害化
全部样本		7.37	7.44	6.15	7.11	3.81
年龄	低年龄组	7.61	8.47	5.49	6.28	3.16
	中年龄组	7.24	7.35	6.17	7.24	4.04
	高年龄组	7.57	7.52	6.19	6.93	3.45
受教育程度	低文化水平组	6.81	6.66	5.70	6.81	3.20
	中文化水平组	7.64	7.81	6.35	7.15	3.98
	高文化水平组	7.72	7.96	6.47	7.40	4.35
养殖规模	散养户	7.17	6.84	5.48	6.34	2.59
	标准化规模养殖户	7.39	7.52	6.24	7.21	3.97
组织化程度	已加入合作社	7.67	7.53	6.17	6.99	4.42
	未加入合作社	7.07	7.36	6.14	7.22	3.24
兼业化程度	低兼业水平	7.61	7.72	6.41	7.44	4.79
	中兼业水平	6.97	7.01	5.60	6.60	2.15
	高兼业水平	6.95	6.98	6.12	6.48	2.50

数据来源：根据农牧户标准化养殖环节权重赋分资料整理获得，赋分区间为［0，10］，分值越高，说明标准化养殖水平越高。

（三）不同养殖规模农牧户标准化养殖水平

按照农牧户养殖的品种优良能繁母羊的存栏数量，将农牧户划分为散养户（能繁母羊 1～99 只）和标准化规模养殖户（能繁母羊≥100 只）。对不同养殖规模组综合赋分比较可知，标准化规模养殖户的标准化水平显著高于散养户。

说明，一方面，规模化养殖更能体现出采纳技术标准的经济效益，标准化规模养殖户一般经营规模较大且受教育程度较高，采纳生产标准的主观意愿更强烈；另一方面，现行畜牧标准化推广主要通过养殖小区、规模养殖场、养殖合作社和养殖大户的示范带动作用，引导普通农牧户开展标准化生产，而标准化规模养殖户无疑是畜牧主管部门推行标准的主要对象。此外，5 个标准化环节中，标准化规模养殖户比散养户的赋分结果分别高 0.22、0.68、0.76、0.87 和 1.38，其中粪污无害化水平差值最大，而畜禽良种化水平差值最小。

（四）不同组织化程度农牧户标准化养殖水平

根据是否加入畜牧养殖专业合作社，将农牧户划分为两类，对不同组织化程度组综合赋分比较可知，组织化程度对标准化养殖各环节的影响程度略有差异，加入合作社的农牧户在畜禽良种化、养殖设施化、生产规范化和粪污无害化 4 个环节的综合赋分值高于未加入合作社的农牧户，而防疫制度化水平则略低于未加入合作社农牧户。

（五）不同兼业化程度农牧户标准化养殖水平

根据农牧户牧业收入占家庭总收入的比重，将农牧户划分为低兼业水平（牧业收入比重≥70%）、中兼业水平组合（40%～69%）和高兼业水平组（<40%）。对不同兼业程度组综合赋分比较可知，兼业化程度越低，农牧户各环节标准化水平越高，其中低兼业水平组 5 个环节的综合赋分值分别是 7.61、7.72、6.41、7.44 和 4.79。

四、不同环节标准化养殖水平比较分析

下面将从 5 个方面对细毛羊标准化养殖水平进行分析，首先按照养殖规模对各环节因子层综合赋分结果进行比较分析（表 3－6），然后选择因子层下的具体评价指标对标准化生产环节的达标程度进行分析。

表 3－6　因子层标准化养殖水平综合赋分情况

评价层	因子层	全部样本	散养户（能繁母羊 1～99 只）	标准化规模养殖户（能繁母羊≥100 只）
畜禽良种化	品种产毛性能	8.65	9.42	8.39
	品种繁殖性能	7.14	6.47	7.21
	品种产肉性能	4.30	3.52	4.65
	品种繁育改良设施保障	9.20	9.16	9.20

（续）

评价层	因子层	全部样本	散养户（能繁母羊1～99只）	标准化规模养殖户（能繁母羊≥100只）
养殖设施化	选址布局科学合理性	8.01	7.14	8.12
	供水供电设施完备性	8.47	9.21	8.38
	排污排水设施完备性	4.49	2.63	4.73
	棚圈饲喂设施完备性	8.22	7.68	8.29
	养殖机械设备完备性	7.92	7.42	7.99
生产规范化	养殖档案及谱系记载完整	3.62	2.26	3.80
	饲养管理制度完善，执行情况良好	6.44	5.61	6.54
	饲料添加剂及兽药使用管理科学规范	7.19	7.37	7.16
	饲养管理人员配备齐全，结构合理	7.36	6.63	7.45
防疫制度化	防疫设施完善，防疫制度健全	4.43	3.68	4.53
	疾病防控措施有效，死亡率低	7.18	5.88	7.34
	对病死畜禽实施无害化处理	9.83	9.58	9.86
粪污无害化	设备设施完善，制度健全	4.40	2.89	4.59
	无害化处理措施有效，不污染周边环境	3.21	2.28	3.33

数据来源：根据农牧户标准化养殖环节权重赋分资料整理获得，赋分区间为［0，10］，分值越高，说明标准化养殖水平越高。

（一）良种繁育标准化发展水平分析

品种选育和改良是标准化养殖的重要环节，有助于绒毛用羊优良生产性的提高和遗传稳定性。将畜禽良种化评价层细分为4类因子，分别从产毛性能、繁殖性能、产肉性能和设施保障方面对良种化程度进行赋分，样本总体赋分值分别是8.65、7.14、4.30和9.20，除产毛性能外，标准化规模养殖户其他3项因子的综合赋分值均高于散养户。下面具体从畜禽良种化标准建设、品种及生产性能、扶持政策和技术支撑方面对畜禽良种化发展水平进行分析。

1. 畜禽良种化标准建设

在畜禽良种管理制度和标准建设方面，各调研地区为加强细毛羊品种的改良工作，出台并严格执行一系列管理制度和操作规程，如《细毛羊种羊评定》（DB65/T 2015—2003）、《绵羊人工授精操作规程》（DB65/T 2016—2003）、《新疆维吾尔自治区种畜禽管理条例》、《甘肃高山细毛羊》（GB/T 25243—2010）、《甘肃高山细毛羊种羊评定》（DB62/T 1771—2009）、《甘肃高山细毛羊人工授精操作规程》（DB62/T 1772—2009）、《甘肃省种畜禽管理办法》、《内蒙古自治区种畜禽管理条例》、《青海毛肉兼用细毛羊》（DB63/T 1036—2011）等，为各地方细毛羊品种鉴定、改良和等级评定等环节给予指导，为农牧户标准化规模养殖行为提供技术支撑。

2. 品种及生产性能

品种选育和改良是标准化养殖的一个重要环节，没有优良品种，不进行品种改良和选育，细毛羊的主要生产性能就不可能提高，也难以保持稳定。目前调研地区细毛羊养殖品种各具特色，既能适应当地气候环境又具备良好的生产性能，良种化程度普遍较高（表 3-7 和表 3-8）。

（1）甘肃高山细毛羊。为甘肃省肃南县和天祝县农牧户养殖的主要品种，该品种以新疆细毛羊和高加索细毛羊为父本，以当地藏羊和蒙古羊为母本，经过杂交改良、横交固定和选育提高培育，于 1980 年通过国家畜禽遗传资源委员会新品种审定，并正式命名为甘肃高山细毛羊。甘肃高山细毛羊既对高寒草地具有适应性，又具备良好的综合生产能力，该品种套毛结构紧密，毛丛弯曲整齐、匀称、清晰，同质性好。

表 3-7　调研地区细毛羊品种及其产毛性能指标

调研地区	品　种	剪毛量（千克）		毛长（厘米）		净毛率（%）	细度（支数）
		成年公羊	成年母羊	成年公羊	成年母羊		
新源县	中国美利奴羊（新疆型）	8.0～16.0	4.0～8.0	10.0～14.0	9.0～12.0	60.0～65.0	64～80
巩留县	中国美利奴羊（新疆型）	8.0～10.0	4.3	9.0～10.0	8.0	45.0～48.0	64～66
肃南县	甘肃高山细毛羊	7.2	3.5～4.5	10.0	9.0	48.0～58.0	64～66
天祝县	甘肃高山细毛羊	9.5	5.2	9.8	9.0	54.0	64～66
乌审旗	鄂尔多斯细毛羊	10.0	4.5	12.0	11.0	45.0～55.0	66～70
三角城种羊场	青海细毛羊	10.0	4.0	8.0～9.0	8.0～9.0	56.0	64～70

数据来源：调研地区农牧局统计资料、访谈记录和农牧户调查问卷资料。

（2）中国美利奴羊（新疆型）。为新疆新源县和巩留县农牧户养殖的主要品种，该品种以澳洲美利奴羊为父本，以新疆细毛羊、波尔华斯羊、波新杂交羊等为母本进行杂交，1985 年通过国家经委验收并正式命名为中国美利奴羊（新疆型）。中国美利奴羊（新疆型）体质结实，适应放牧饲养，具有毛丛结构好、羊毛长而明显弯曲、油汗含量适中和净毛率高的特点。

（3）鄂尔多斯细毛羊。为内蒙古乌审旗农牧户养殖的主要品种，该品种以新疆细毛羊为父本，以当地蒙古羊为母本，导入少量的苏联美利奴、茨盖羊和波尔华斯羊的血液，经过横交固定和选育提高，于1985年正式命名为鄂尔多斯细毛羊。鄂尔多斯细毛羊体质结实，结构匀称，全身被毛呈白色，正常弯度，油汗适中，具有耐粗放饲料管理、耐干旱、抓膘复壮快等特点。

表3-8　调研地区细毛羊繁殖性能和产肉性能指标

调研地区	配种率（%）	繁殖率（%）	产羔率（%）	羔羊成活率（%）	屠宰率（%）	出栏周期（月）
新源县	95.0	95.0	110.0～125.0	85.0	48.0～52.0	7～10
巩留县	85.0	90.0	103.0	90.0	47.0～48.0	6～8
肃南县	90.0～95.0	95.0～100	110.0	96.5	44.0～50.0	6～8月
天祝县	92.0	95.0～100	110.0	94.0	48.0	6～8
乌审旗	100.0	100.0	110.0	95.0	49.0	6～8
三角城种羊场	100.0	95.0	99.0	92.0	44.0～46.0	6～8

数据来源：调研地区农牧局统计资料、访谈记录和农牧户调查问卷资料。

（4）三角城种羊场养殖的主要品种是青海细毛羊，该品种以新疆细毛羊、高加索细毛羊、萨尔细毛羊为父本，以当地藏羊为母本进行复杂育成杂交和横交固定，于1976年正式命名为青海毛肉兼用细毛羊。该品种体质结实，忍耐力和抗病力强，善于登山远牧，耐粗放管理，在高海拔、气候寒冷、终年放牧和冬春少量补饲的情况下，表现出良好的适应性和生产性能。

（5）高山美利奴羊。该品种以超细型澳洲美利奴羊为父本，以甘肃高山细毛羊为母本进行杂交育种、横交固定和选育提高，于2015年12月经国家畜禽遗传资源委员会羊专业委员会审定通过，并正式命名为高山美利奴羊。该品种是体型外貌基本一致、抗逆性强、产毛性能良好、遗传性能稳定的超细毛羊新品种，羊毛纤维直径以19.1～21.5微米为主体，综合品质达到或超过澳洲美利奴羊，目前育种核心区位于甘肃省绵羊繁育技术推广站，肃南县、金昌市等地区农牧户开始逐渐引入并养殖。

（6）苏博美利奴羊。该品种以澳洲美利奴超细型公羊为父本，以中国美利奴羊、新吉细毛羊和敖汉细毛羊为母本，采用核心群、育种群和改良群三级开放式联合育种方案，历经级进、横交和纯繁三个阶段系统选育而成的羊毛纤维直径达到17.0～19.0微米为主的精纺用超细毛羊新品种，于2014年经国家畜禽遗传资源委员会鉴定、评审通过，正式命名为苏博美利奴羊。该品种具有产毛量高、羊毛品质好、繁殖成活率高、抗逆性强、抗病性强、适应性好等特点，能够适应西北、东北地区不同海拔高度、寒冷干旱的气候条件和四季放牧、长途转场的饲养条件，目前调研地区的巩乃斯种羊场及周边区域的农牧户开始引入并养殖。

3. 畜禽良种化扶持政策

各调研县对畜禽良种化方面的扶持政策存在一定差异。具体来看，新源县巩乃斯种羊场在本场范围内制定并实施《种畜群管理细则》《产羔操作规程》等，严格按照技术操作规程和种畜群管理制度进行良种选育，对选留种公羊进行严格筛查和后裔检测，以品系群为基础对种母羊进行同质选配，对羔羊进行早期选种和严格的淘汰制。种羊场从 1953 年就开始采用人工授精技术进行常规选种选配，1954 年开始建立育种档案，目前全场建有 3 个冬羔配种站、2 个春羔配种站，细毛羊养殖户均可获得免费统一配种服务，人工授精普及率高达 100%，良种化率亦达到 100%。

巩留县细毛羊品种改良以自繁自育为主、引进为辅的原则，通过政策引导、良种繁育、基地示范等措施保护细毛羊种群，加强品种改良。同时制定并落实人工授精补助、引进种公羊、生产母羊补助等地方政策，不断引入优质种羊，2014 年引进优质细毛羊种公羊 45 只，2015 年引进优质后备母羊 3 000 只、种公羊 30 只，并将种畜分配到配种站或农牧户手中进行品种改良。目前，巩留县建有配种站 35 个，其中绵羊配种站 3 个，农牧户良种化率达到 78%。

肃南县根据气候条件、草场类型和绒毛用羊改良现状，在县域范围内划分细毛羊优势区和发展区，在优势区坚持甘肃高山细毛羊品种选育、导血改良的发展方向，在发展区坚持良种引进、杂交改良的发展方向，并在品种选育和引进方面给予政策扶持。县财政每年投入 200 万元资金发展细毛羊产业，其中安排 20 万元扶持资金用于种公羊引进，配种期间由各绵羊人工授精配种站统一使用，安排 30 万元扶持资金选育优质种公羊 300 只，以成本价调配良种供养殖户使用，同时采用“集中采精、大倍稀释、恒温保存、短途运输、分散输精”的方式提高良种利用率。目前，全县建有绵羊人工授精配种站 160 个，其中甘肃高山细毛羊配种站 48 个，甘肃高山细毛羊养殖户人工授精普及率在 90%以上，良种化率达到 95%以上。

天祝县建有细毛羊配种站 129 个，2016 年出资 60 万元引入 300 只优质种公羊进行品种改良，每个配种站由专人负责，配备相应的基础设施和设备，平均每个配种站建设补助 3 万元，补贴设备配套资金 0.3 万元，同时分配 2～3 只种公羊由配种人员负责饲养，为养殖户的细毛羊提供人工授精服务。当地政府为鼓励农牧户进行品种改良实施人工授精补助政策，对参与人工授精的羊给予 1 元/只的补贴，同时给予各级配种员 1 元/只的奖励。目前，上述措施对当地细毛羊品种的保护和改良发挥了重要作用，农牧户人工授精普及率在 90%以上，良种化率达到 80%以上。

三角城种羊场建有配种站 9 个，每年可配种母羊 1.5 万只，全部采用人工授精方式配种，农牧户细毛羊良种化率达到 100%。2016 年种羊场通过青海细毛羊扩繁基地建设项目与规模养殖场合作建设“种羊场＋养殖场”的统一配种、统一鉴定、统一剪毛、统一防疫、统一产品销售的五统一模式，集中推广细毛羊品种良种。目前种羊场已经累计向社会提供优质种羊近 7 万只，改良地方品种 210 余万只。

乌审旗建有细毛羊中心配种站 260 个，下设输精点 1 150 个，每个中心配种站每年完成 1 500～3 000 只，农牧户人工授精普及率达到 85%以上，良种化率为 100%。

4. 畜禽良种化技术培训

各调研县（旗）均强化县乡村三级专业技术人员培训，向农牧户推广普及品种改良方面的实用技术。具体来看，巩乃斯种羊场每年在冬季对农牧户进行集中培训，在接羔、鉴定、剪毛、转场时期对农牧户进行小范围入户或现场培训，培训内容包括疾控、病检、配种、产羔、育幼、鉴定、复查、剪毛、打包以及育种资料收集整理统计和育种规划制定实施等育种相关的诸多环节，有效推动了品种改良工作。巩留县每年通过“科技之冬”、“科技之夏”、技术指导、集中授课等形式完成对农牧户养殖技术培训 9 000～10 000 人次，举办防疫员培训、畜牧业执法培训班以及外出参加培训等 400 余人次，培训内容包括品种改良、选育选配、疾病防控、饲养管理等。肃南县畜牧主管部门每年在配种、产羔、剪毛等农牧户相对较为集中的时间，采取实训、集中讲授或入户的方式进行品种改良方面的培训。天祝县 2016 年举办以设施畜牧业、特色养殖业和草原畜牧业为重点的畜牧业实用养殖技术和技能培训 88 场次，培训农牧民 4 905 人次，发放技术手册等资料 5 000 余份，培训内容以选育选配、人工授精、接羔育幼、冬春补饲、疾病防控等为主，普通农牧户的养殖技术得到一定程度的提升。三角城种羊场不仅定期给本场农牧户进行品种改良方面的技术培训和指导，还通过集中培训、发放资料等方式对周边扩繁基地、合作社以及农牧户给予品种选育选配技术方面的指导。乌审旗每年在 1—2 月和 8—9 月对农牧户进行集中培训，以鄂尔多斯细毛羊高效生产综合配套技术为主，农牧户普遍反映培训效果较好。

（二）养殖设施标准化发展水平分析

棚圈选址和设计、饲养和环境控制等生产设备设施是细毛羊标准化养殖的物质基础，既能提高生产设施化水平，也能提高农牧户劳动效率。将养殖设施化评价层细分为5类因子，分别从选址布局、供水供电、排污排水、饲喂设施和养殖机械等方面对养殖设施化程度进行综合赋分，样本总体赋分值分别是8.01、8.47、4.49、8.22和7.92，除排污排水设施赋分较低，其他4项因子的赋分均高于7，此外，除供水供电设施外，标准化规模养殖户其他4项因子的赋分均高于散养户。下面分别从养殖设施化标准建设、相关政策扶持情况、养殖设施使用情况和养殖设施达标情况4方面对养殖设施化发展水平进行分析。

1. 养殖设施化标准建设情况

各调研县（旗）结合地区实际情况，颁布并实施了一系列圈舍建设技术规范和管理办法，如《羊舍设计规范》（DB65/T 2023—2003）、《细毛羊饲草料基地建设规范》（DB65/T 2021—2003）、《配种站设计规范》（DB65/T 2022—2003）、《剪毛场（站）设计规范》（DB65/T 2024—2003）、《新疆维吾尔自治区畜禽养殖场、养殖小区备案管理办法》、《甘肃高山配种站建设规范》（DB62/T 1773—2009）、《甘肃高山细毛羊羊舍设计规范》（DB62/T 1774—2009）、《甘肃高山细毛羊剪毛场设计规范》（DB62/T 1775—2009）、《甘肃高山细毛羊放牧草地和饲草料基地建设规范》（DB62/T 1782—2009）、《甘肃省畜禽养殖场养殖小区建设规范暨备案管理办法》、《天祝县规模养殖场修建与管理技术》、《内蒙古自治区规模化畜禽养殖场沼气工程标准图集》（DB15/T 1009—2016）、《青海省畜禽规模养殖场（小区）认定管理办法》等，对农牧户在场址选择、空间布局、羊舍建筑、配套工程及周边环境等方面提供技术规范。部分调研地区虽然没有出台规范性文件，但是统一由招投标公司设计暖棚羊舍或给农牧户提供统一的设计图纸，为农牧户细毛羊标准化养殖设施的修建提供技术指导。上述措施为细毛羊标准化养殖提出了制度性规范，有助于生产设施满足标准化生产需要，实现养殖设施化。

2. 养殖设施化扶持政策

调研地区采取补贴奖励、项目带动、单位帮扶、群众自筹、贷款支持等多种政策扶持方式，大力发展细毛羊标准化养殖设施建设，推进养殖方式的转变。

新源县巩乃斯种羊场每年整合牧民定居工程、国有牧场危房改造工程及自治区财政专项资金等，统一修建标准化圈舍，并配有专门的储草棚、饲料棚、饲草料地、青贮窖、饲喂设施及水电路设施，有偿提供给农牧民使用，截至2016年年底，已修建标准化圈舍76座，农牧户养殖细毛羊的标准化圈舍覆盖率为100%。

巩留县从2012年开始依托中央现代农业生产发展、畜禽良种繁育基地改扩建、草原畜牧业转型示范等项目资金重点修建标准化养殖小区和圈舍，该县的标准化养殖以家庭牧场为主，农牧民的牧民定居或富民安居工程住房一般配有棚圈、青贮窖等养殖设施，县财政对达到一定规模的家庭牧场和标准化养殖小区给予数额不等的棚圈建设补贴，截至2016年年底，巩留县已达到标准化的绒毛用羊养殖圈舍210座。

肃南县依托中央财政农业发展资金牛羊产业建设项目、转变草原畜牧业发展方式项目、加快绿色畜牧业发展县级支持资金以及县级生态家庭牧场创建项目等进一步推动草原畜牧业标准化规模发展，在牧区适宜地区建设舍饲棚圈、人工饲草料基地和相关配套设施。截至2015年年底，全县建成70万只甘肃高山细毛羊生产基地，累计建成养殖小区55个、暖棚羊舍9 318座、药浴池134座、剪毛棚32座、储草棚776座、大小青贮氨化池224个、高标准细毛羊育种棚24座、高标准羊毛存贮棚6座、加工和储存为一体的饲草料点16处、人工草地17万亩，95%的甘肃高山细毛羊养殖户拥有暖棚羊舍，舍饲养殖率达到70%以上。

天祝县从2012年开始实施《全县农业特色产业发展扶持办法》，对新建入住10户养殖户以上的养殖小区或规模场，暖棚面积70平方米以上的，每平方米补助90元；对新建的散户暖棚，每棚面积70平方米以上的，每平方米补助60元。天祝县农牧户购置畜牧养殖机械时，在中央财政30%的补贴基础上，县财政再补贴13%。此外，天祝县积极争取并落实退牧还草、中央现代农业生产发展、转变草原畜牧业发展方式等项目资金用于畜牧业养殖设施建设，2015年申请获批12个项目，累计争取国家投资12 011.22万元，当年建成养殖棚圈3 675座11 859.73亩，新建规模养殖场（小区）60个，创建各级标准化示范场39个。全县养殖暖棚总量达到5.23万座11.21万亩，规模养殖场（小区）达到1 116个，各级标准化示范场133个。上述政策的实施，使农牧户养殖细毛羊的设施条件得到了极大改善，全县农牧户养殖棚圈拥有率达到100%，户均拥有3个棚圈，平均圈舍面积达到200平方米。

乌审旗是鄂尔多斯细毛羊养殖标准化示范区，截至2016年年底，累计建设鄂尔多斯细毛羊标准化养殖圈舍1 580处57万平方米、贮草棚856处24万平方米。乌审旗重点推进现代草原畜牧业示范户建设项目，目前达到“十有标准”① 的鄂尔多斯细毛羊养殖户共计 1 500 户，每户牲畜头数达 600 只以上（其中基础母畜达 400 只）、饲草料基地 100 亩以上、贮草棚 300 平方米、畜棚 400 平方米、饲草料加工房 80 平方米、青贮窖 90 立方米。

此外，三角城种羊场每年依托原种场建设项目对本场农牧户修建标准化羊舍给予 8 000 元/户补贴，目前已建成暖棚圈舍 156 座②。

3. 养殖设施使用情况

调研地区多数农牧户在当地政府扶持下修建了专门用于细毛羊养殖的暖棚圈舍，少数农牧户还修建了标准化圈舍。设置题项系统考察农牧户养殖设施方面的使用情况（表 3－9）。

表 3－9　调研地区农牧户畜牧业养殖设施使用情况

单位：户，%

名　　称	使用户数	使用比例	排名
1. 圈舍	127	100.00	1
2. 青贮窖	37	29.13	7
3. 药浴设施	14	11.02	11
4. 食槽、盐槽等养殖设施	94	74.02	2
5. 机械剪毛机（电动/气动等）	30	23.62	8
6. 羊毛打包机	2	1.57	16
7. 剪毛房/棚	6	4.72	12
8. 剪毛台	2	1.57	16
9. 盛毛袋（高密度聚乙烯编织袋/尼龙袋等）	42	33.07	6
10. 铡草机	52	40.94	5
11. 饲料粉碎机	62	48.82	4
12. 拖拉机	83	65.35	3
13. 收割机/打捆机/搂草机	18	14.17	9
14. 搅拌机	5	3.94	13
15. 颗粒机	3	2.36	15

① 有一定的饲养规模、有优质种源资源、有标准化棚圈、有贮草棚和草料房、有青贮窖、有饲草料加工机具、有优质牧草和青贮玉米种植地、有“标准化饲养管理技术规程”、有配种站、有标准的防疫体系。

② 设计标准包括南北走向，通风向阳，圈舍羊只占舍面积 1.5 平方米/只，后备羊 1 平方米/只，羊舍 240 平方米，配有运动场 210 平方米等，暖棚造价为 12 万元/座。

（续）

名　称	使用户数	使用比例	排名
16. 自动喂料机	2	1.57	16
17. 多用途活动栏	4	3.15	14
18. 电动风机	3	2.36	15
19. 水井/水窖	17	13.39	10

数据来源：调研地区农牧户调查问卷资料。

（1）畜牧饲养和饲草料加工机械普及率相对较高。一是养殖棚圈使用率最高。调研地区农牧户均建有面积不等的养殖棚圈，部分农牧户依托项目资金修建有养殖设施较完备的高标准彩钢暖棚，而部分农牧户的圈舍则较为简陋，以土木结构为主且占地面积较小。二是农牧户一般通过购置、自制等途径配备有食槽、水槽、盐槽等基本养殖设施，饲喂设施、小型拖拉机、饲料粉碎机、铡草机等基本养殖设施的使用率较高，占比分别是74.02%、65.35%、48.82%和40.94%。

（2）畜产品采集加工机械设备普及率相对较低。机械剪毛机、打包机、剪毛房/棚、剪毛台、盛毛袋等畜产品采集加工设备设施的普及率相对较低，上述设施的使用率分别为23.62%、1.57%、4.72%、1.57%和33.07%。

（3）具有一定公共属性或使用频率较低的设备普及率偏低。受访农牧户的青贮窖和药浴设施的普及率偏低，占样本总量的比例分别为29.13%和11.02%，原因是青贮窖和药浴池等设施建设成本较高，但利用率偏低，农牧户一般不会自行修建使用，而是通过外购方式获得青贮饲料。部分调研地区乡镇修建有统一的药浴池，农牧户按羊只数量交纳使用费即可获取该项服务。少数资金实力较强的养殖大户购置了收割机、TMR饲料搅拌机、颗粒机、自动喂料机、电动风机等机械设备，普通农牧户对上述机械的使用以租赁为主，因此部分调研地区开始出现大型农机合作社等社会化服务组织和农机维修点配套建设。此外，13.39%的农牧户修建有机井，说明草原牧区人畜饮水困难问题仍然较为严重。

4. 养殖设施达标情况

设置了相关调研问卷题项，考察农牧户养殖设施达标情况（表3-10）。调研地区棚圈合规建设、选址两项指标，超过90%以上的农牧户已经达到标准化养殖设施的基本要求，说明各调研县（旗）大多已经建立规范的审查备案制度，当地畜牧兽医局及县乡政府技术人员对畜牧棚圈建设用地现场审查，确定其是否符合当地土地利用规划和养殖业布局规划，符合选址条件的农牧户才能对养殖棚圈进行规范设计和修建。对于饲草料供给、水源供给、电力供给、平均圈舍面积和内部功能分区4项指标，超过80%的农牧户已经达到了养殖设施化的基本要求，说明受访农牧户大多拥有一定面积的天然草场或饲草料地，饲草料供给较为充足或交通较为便利，便于区域范围内饲草料调运，棚圈、水、电、路等设施条件相对健全，圈舍内空间布局相对合理，能够满足农牧户养殖的基本需求。但是有25.75%的受访农牧户场址靠近住宅区或干道，为疾病传播带来隐患。仅有64.07%的受访农牧户养殖场区配套建有饲草料存储、加工等场所，配套设施不全可能降低饲草料利用率、增加养殖成本。此外，55.09%的受访农牧户排污排水设施不完善，并且管理区、生产区和粪污处理区没有做到有效隔离。

表3-10　调研地区农牧户养殖设施化达标情况

单位：户，%

项　　目	达标户数	达标比例	排名
1. 场址用地是否符合当地村镇发展规划、土地利用规划要求	159	95.21	1
2. 场址是否地势较高、通风干燥、背风向阳、排水良好、易于组织防疫	154	92.22	2
3. 场址是否距离干线公路、村镇居民区、公共场所500～1 000米	124	74.25	8
4. 场区周边是否有较丰富的饲草、饲料资源	140	83.83	5
5. 场区是否水源稳定，水质良好	147	88.02	3
6. 场区是否电力充足	136	81.44	7
7. 场区排水排污设施是否完善	75	44.91	10
8. 场区总体布局是否合理，管理区、生产区、粪污处理区相隔离	75	44.91	10
9. 种公羊、基础母羊、育成羊、羔羊是否分群饲养	145	86.83	4
10. 场区是否有干草棚、饲料库、饲料加工间、晾晒场等	107	64.07	9
11. 圈舍羊只平均占舍面积不低于1平方米	139	83.23	6

数据来源：调研地区农牧户调查问卷资料。

（三）生产管理标准化发展水平分析

饲养管理水平对细毛羊的生长发育非常重要，生产环节的规范化管理可以为科学养殖提供有效保障。将生产规范化评价层细分为4类因子，分别从养殖档案及谱系记载、管理制度、饲料添加剂及兽药使用、饲养管理人员配备方面选择相应的指标对生产规范化程度进行综合赋分，样本总体赋分值分别是3.62、6.44、7.19和7.36，除养殖档案及谱系记载的赋分较低，其他3项因子的赋分值均高于6，此外，除饲料添加剂和兽药使用外，标准化规模养殖户其他3项因子的赋分均高于散养户。下面分别从生产规范化标准建设、养殖规范达标情况进行分析。

1. 生产规范化标准建设情况

在规范农牧户养殖行为的管理措施方面，各调研县（旗）出台相关规程和管理办法，如《细毛羊饲养标准》（DB65/T 2017—2003）、《细毛羊管理规程》（DB65/T 2018—2003）、《羊衣制作及使用规范》（DB65/T 2020—2003）、《机械剪毛技术规范》（DB65/T 2025—2003）、《细羊毛分级整理操作规程》（DB65/T 2026—2003）、《萨帕乐新疆优质细羊毛》（Q/SPL 01—2001）、《绵羊毛包装》（DB65/040—2000）、《甘肃高山细毛羊饲养规范》（DB62/T 1779—2009）、《甘肃高山细毛羊饲养管理规程》（DB62/T 1780—2009）、《甘肃高山细毛羊羊衣制作及使用规范》（DB62/T 1776—2009）、《甘肃高山细毛羊机械剪毛技术规范》（DB62/T 1777—2009）、《甘肃高山细毛羊分级整理操作规程》（DB62/T 1778—2009）、《甘肃省畜禽标识和养殖档案管理办法》、《天祝县绵羊综合养殖技术》、《青海毛肉兼用细毛羊精料补充料规范》（DB63/T 1040—2011）、《青海毛肉兼用细毛羊羊毛机械剪毛操作规程》（DB63/T 1038—2011）、《青海毛肉兼用型细毛羊羊衣制作及使用标准》（DB63/T 1037—2011）等，对农牧户进行培训和技术指导，有助于农牧户在关键的生产环节规范养殖行为，实现生产规范化。

2. 养殖规范达标情况

调研地区细毛羊养殖以放牧＋舍饲方式为主，根据季节变化在冬牧场、夏牧场和春秋牧场进行转场轮牧，冬春枯草期一般进行适当补饲以保证营养。在畜牧主管部门的指导和培训下，部分农牧户能够在饲草料配比、冬春补饲、分群管理、穿羊衣、剪毛分级等生产环节做到标准化的饲养管理，养殖大户、养殖场、合作社等主体可以做到小范围内统一饲养管理和操作规程。虽然不同主体之间存在一定差异，但是农牧户细毛羊养殖的生产规范化水平在逐渐提升。

（1）养殖档案方面。43.71％的受访农牧户都建有养殖档案和谱系记载，除少数建场时间较早的大型养殖场或种羊场外，多数农牧户建档时间为3～8年。81.51％的受访农牧户对饲养的基础母羊、种公羊和出生羔羊佩戴耳标，戴耳标细毛羊占养殖规模的66.74％。

（2）饲草料配比方面。调研地区饲草料以天然牧草、农牧户自产或购买的玉米、青贮、秸秆、干草等为主，基本知道或部分知道养殖饲料配比及营养标准的受访农牧户比例分别为30.14％和44.52％，对饲料配比完全不知道的农牧户所占比例仅为 21.92%，说明农牧户已经意识到饲草料科学配比在饲养过程中的重要性，一般选择当地正规饲料加工企业或零售店购买包括粗饲料、精饲料及饲料添加剂等成分的颗粒型全价配合饲料、羔羊颗粒饲料等，需单独使用的饲料添加剂大多参照说明或咨询兽医后再操作。

（3）冬春补饲方面。调研地区部分农牧户会根据种公羊、妊娠母羊、哺乳母羊、羔羊等的日常营养需求，按照日粮配方、精料配方和补饲配方等进行饲喂，基本能够熟练掌握冬春补饲、妊娠母羊补饲、哺乳母羊补饲等饲喂技术。

（4）饲养管理人员配备方面。一般规模较小的农牧户，参与养殖的人员约在 2～4 人之间，养殖人员同时兼顾放牧、技术和管理等多项职责，而养殖规模较大的种羊场、国营牧场、规模养殖场及养殖大户等，放牧、技术、管理等均有专人负责，学历层次较普通农牧户更高。

（四）疾病防控标准化发展水平分析

细毛羊标准化养殖可能提高棚圈养殖密度，使疾病爆发和扩散的潜在危害增大，农牧户进行定期防疫并形成防疫制度化，能够在很大程度上降低死亡率并确保细毛羊产品质量。将防疫制度化评价层细分为 3 类因子，分别从防疫设施和制度、防控措施效果和无害化处理方面选择相应的指标对防疫制度化程度进行综合赋分，样本总体赋分值分别是 4.43、7.18 和 9.83，其中防疫制度和设施不够完善，标准化规模养殖户的防疫制度化水平显著高于散养户。下面分别从绒毛用羊防疫制度相关标准建设情况、政策扶持情况和防疫制度化达标情况 3 方面进行分析。

1. 防疫制度化相关标准建设情况

调研资料显示，调研地区制定了一系列疾病防控方面的管理规范和操作规程，如《新疆维吾尔自治区动物防疫条例》、《新疆维吾尔自治区动物疫病免疫工作实施方案》、《新疆维吾尔自治区布病、包虫病免疫及犬驱虫实施方案（试行）》、《伊犁州直防治重大动物疫病应急预案》、《细毛羊疫病综合防治规范》（DB65/T 2019—2003）、《巩留县畜间布病监测与流行病学调查工作方案》、《巩留县重大动物疾病防控应急预案》、《巩乃斯种羊场兽医防疫工作规程》、《甘肃高山细毛羊疫病综合防治规范》（DB62/T 1781—2009）、《甘肃省畜禽规模养殖防疫管理办法》、《内蒙古自治区动物防疫条例》、《内蒙古自治区兽医工作要点》、《青海省动物防疫条例》、《青海毛肉兼用细毛羊疫病综合防治技术规程》（DB63/T 1039—2011）、《重大动物疫病免疫抗体监测技术规范》（DB63/T 1051—2011）、《羊梭菌病防治技术规范》（DB63/T 1053—2011）等，对农牧户细毛羊养殖过程中的疾病防治、定期防疫、消毒驱虫等给予指导和帮助。

2. 防疫制度化政策扶持情况

各调研县防疫制度化扶持政策略有差异，具体来看，新源县巩乃斯种羊场在本场范围内实行统一防疫，一年常规防疫6次、药浴2次、驱虫3次，每年转场都实行严格的检疫、驱虫、药浴、疫苗注射工作，形成严格的日常管理制度使农牧户自觉遵守，2000年以来布病监测均为阴性，连续多年未爆发疫病。巩留县已建成县、乡、村三级动物防疫网络，全县报检点10个，产地检疫率80%以上，一年常规防疫6次、药浴2次、驱虫2次，农牧户强制免疫疫苗免费，一般在产羔、舍饲、转场阶段对圈舍定期消毒。肃南县农牧户一年定期防疫4次、药浴1次、驱虫2次，口蹄疫、小反刍兽疫等重大动物疫病强制免疫密度达到95%以上，抗体合格率达到70%以上，羊体内外寄生虫病投药率和驱治率达到90%，对检测出布病和炭疽疫情的细毛羊均实行了强制扑杀和无害化处理。天祝县重大动物疫病强制免疫群体密度达到98%以上，规模养殖场（小区）免疫密度达到100%，重大动物疫病免疫效果评价抗体合格率为85.34%，农牧户养殖细毛羊全年各类疾病防控5次，其中防疫2次、驱虫2次、药浴1次，小反刍兽疫、口蹄疫、布病等疫病防治疫苗全部免费，其他疾病防治所需费用由农牧户自行承担。此外，畜牧兽医局实行“专人、专库、专账”应急储备物资管理机制，储备防护服、消毒喷雾器、注射器药品等应急物资，为突发重大动物疫情防控提供物资保障。

3. 防疫制度化达标情况

设置了相关调研问卷题项，考察农牧户防疫制度化达标情况（表3-11）。具体来看，99.40%的受访农牧户都进行了春秋定期防疫，每年在转场、产羔、舍饲、剪毛等阶段，均进行检疫、驱虫、药浴、疫苗注射、消毒等工作以确保牲畜健康；约65.87%的受访农牧户建立了防疫档案，75.45%的农牧户在2000年之后建档建；农牧户一年平均防疫3次、驱虫2次、药浴1次，防疫疾病以口蹄疫、小反刍兽疫、羊痘、炭疽、三联四防、寄生虫病和感冒等为主，细毛羊常见疾病主要是痢疾、肺炎、包虫病、感冒、肠胃疾病及难产等；仅有5户受访农牧户家庭成员有过人畜共患病经历，66.28%的受访农牧户养殖过程中没有发生任何疾病，33.72%的农牧户养殖过程中发生过轻微疾病，但是均未发生重大疫病，在发生疾病时，农牧户一般请畜牧兽医站技术人员给予指导，轻微的疾病农牧户一般自行购买兽药治疗；在购买种羊时，78.44%的农牧户都会按照当地畜牧管理部门的要求索要动物检疫合格证明，在销售活羊时，86.82%农牧户会开具动物检疫合格证明；农牧户非常重视外来疾病的控制，67.66%的受访农牧户建有隔离圈舍并将羊和其他畜群分开饲养，71.26%的受访农牧户对养殖圈舍、饲喂设施、道路等进行定期消毒，一般在转场、接羔等时期采用撒石灰、喷雾等方式消毒，约24.55%的受访农牧户建有消毒池、紫外消毒间等设施，极少数农牧户逐步采用臭氧、紫外线等更先进的技术清洁消毒，而对进出圈舍的人员/车辆进行消毒的比例则偏低，仅占所有受访农牧户的32.34%。在病死羊无害化处理方面，疾病死亡率为3%～5%，死亡之后的处理方式以焚烧和深埋为主，部分规模场修建有无害化处理池。

表3-11　调研地区农牧户防疫制度化达标情况

单位：%

项　目	达标户数	达标比例	排名
1. 是否春秋进行定期防疫	166	99.40	1
2. 是否建立防疫档案	110	65.87	6
3. 是否索要动物检疫合格证明（购买活羊）	131	78.44	3
4. 是否开具动物检疫合格证明（销售活羊）	145	86.82	2
5. 是否有消毒池、紫外消毒间等设施	41	24.55	8
6. 是否对羊舍、饲喂设施、道路等进行定期消毒（1～2周消毒1次）	119	71.26	4
7. 是否对进出圈舍的人员/车辆进行消毒	54	32.34	7
8. 圈舍是否还养殖猪/牛/马等其他畜禽	54	32.34	7
9. 是否有隔离圈舍	113	67.66	5

数据来源：调研地区农牧户调查问卷资料。

（五）粪污处理标准化发展水平分析

目前，畜禽养殖业环境保护滞后，粪便、废水等废弃物如果处置不当可能导致疫病传播，危害人畜健康和生产安全，给农牧户造成经济损失。将粪污无害化评价层细分为两类因子，选取相应指标对粪污无害化程度进行综合赋分，样本总体赋分值分别是4.40和3.21，分值均偏低，其中标准化规模养殖户的防疫制度化水平均略高于散养户。下面分别从粪污无害化相关标准建设情况和粪污无害化达标情况两方面进行分析。

1. 粪污无害化相关标准建设情况

为了解决畜禽养殖业的环境污染问题，国家相继出台《畜禽养殖业污染防治技术规范》（HJ/T 81—2001）、《畜禽养殖业污染物排放标准》（GB 18596—

2001)、《畜禽场环境污染控制技术规范》(NY/T 1169—2006)、《畜禽场环境质量及卫生控制规范》(NY/T 1167—2006)、《畜禽粪便无害化处理技术规范》(NY/T 1168—2006)、《畜禽粪便安全使用准则》(NY/T 1334—2007)、《畜禽粪便贮存设施设计要求》(GB/T 27622—2011)、《畜禽养殖粪便堆肥处理与利用设备》(GB/T 28740—2012)、《病死及病害动物无害化处理技术规范》、《畜禽规模养殖污染防治条例》等管理规范。调研地区在严格执行上述规范的基础上，还在县域范围内出台畜禽粪污防治和无害化处理的实施方案，整合项目资金建设与当地细毛羊养殖规模相适应的畜禽粪便、污水与雨水分流、储存设施和污水处理等综合利用和无害化处理设施，加强畜禽养殖污染防治，同时采取召开会议、印发资料和入户宣传等方式，提高养殖户对畜禽养殖污染防治的自觉性和积极性，上述措施使调研地区养殖户的粪污无害化水平有所提升（表3-12）。

表3-12　调研地区农牧户粪污无害化达标情况

单位：%

项　　目	达标户数	达标比例	排名
1. 净道与污道是否分开，没有交叉	63	37.72	3
2. 羊舍、运动场是否每日清扫，并及时送到粪便处理场	84	50.30	2
3. 是否为干清粪，没有与冲洗污水混合	103	61.68	1
4. 棚圈空旷地区是否建有绿化带	53	31.74	4
5. 圈舍空气、水质、土壤等是否定期监测	5	2.99	5

数据来源：调研地区农牧户调查问卷资料。

2. 粪污无害化达标情况

设置了相关调研问卷题项，考察农牧户粪污无害化达标情况（表3-12）。在粪便及污水处理方面，44.91%的受访农牧户采用了粪便及污水处理技术，37.72%的受访农牧户棚圈内设有运输粪便和病死羊只的专用道路，50.30%的农牧户能够对圈舍进行定期清扫，粪便的处理方式以干清粪为主，通过人工或机械运至粪便处理场，便于后期生物发酵消毒，有利于提高粪污无害化水平。不管是自用还是卖给其他种植户，自然堆肥腐熟后的羊粪100%还田利用，提高了养殖废弃物的资源化利用水平。在养殖境方面，仅有31.74%的农牧户养殖棚圈周边有绿化设施，当地环境保护部门对绒毛用羊养殖较为集中的区域的空气、水质、土壤等尚不能实现有效的定期监测。

第四节　中国绒毛用羊养殖规模化程度分析

根据我国各地区绒毛用羊规模饲养情况和规模示范场建设方面的宏观统计数据，选取场（户）数、年出栏数量和畜禽示范场数量3个指标对我国绒毛用羊规模化养殖的特征和趋势进行分析。在统计数据方面，将养殖场（户）和出栏数量分为1～29只、30～99只、100～499只、500～999只和1 000只及以上5类。综合考虑主产区农牧户养殖情况和养殖品种的生产性能，将出栏数量1～99只的归为散养，出栏数量在100只及以上的归为规模养殖。目前中国绒毛用羊规模化养殖呈现如下特征。

一、规模化养殖有长足发展，小规模散养仍占据绝对优势

（一）绒毛用羊散养场（户）数减少，规模养殖场（户）数大幅增加

我国养殖场（户）数量从2003年的2 860.38万个减少到2015年的1 665.59万个，减少1 194.79个，下降41.77%，但是散养与规模养殖呈反向变化趋势，其中散养场（户）数呈下降趋势，从2003年的2 843.19万个减少到2015年的1 615.95万个，减少1 227.24万个，下降43.16%，年平均下降率为4.60%。

表3-13　中国绒毛用羊散养与规模养殖场（户）数量及比重的变化趋势

年份	不同规模场（户）数量（个）	散养（年出栏数1～99只）		规模养殖（年出栏数100只及以上）	
		场（户）数量（个）	比例（%）	场（户）数量（个）	比例（%）
2003	28 603 801	28 431 943	99.40	171 858	0.60
2004	27 853 192	27 659 279	99.30	193 913	0.70
2005	27 244 736	27 007 755	99.13	236 981	0.87
2006	26 631 280	26 332 508	98.88	298 772	1.12
2007	25 786 796	25 534 008	99.02	252 788	0.98
2008	22 976 321	22 722 891	98.90	253 430	1.10
2009	21 630 614	21 370 349	98.80	260 265	1.20
2010	21 664 585	21 397 236	98.77	267 349	1.23
2011	20 809 308	20 523 293	98.63	286 015	1.37

（续）

年份	不同规模场（户）数量（个）	散养（年出栏数1～99只）		规模养殖（年出栏数100只及以上）	
		场（户）数量（个）	比例（%）	场（户）数量（个）	比例（%）
2012	19 579 834	19 265 381	98.39	314 453	1.61
2013	18 293 229	17 938 320	98.06	354 909	1.94
2014	17 269 806	16 882 369	97.76	387 437	2.24
2015	16 655 914	16 159 510	97.02	496 404	2.98

数据来源：《中国畜牧业年鉴》（2004—2016），对全国各地区羊饲养规模场（户）数的统计始于2002年，但是2002年场（户）数的分组分别是1～4只、5～49只、50～199只、200～499只、500～999只和1 000只及以上，从2003年开始统计分组调整为1～29只、30～99只、100～499只、500～999只和1 000只及以上，统计指标前后差异较大，为保持统计数据的一致性和可比性，选取2003—2015年的场（户）数其比重来分析绒毛用羊规模养殖情况。

规模养殖场（户）数则呈大幅增加的趋势，从2003年的17.19万个增加到2015年的49.64万个，增加32.45万个，上升188.85%，年平均增长率为9.24%；散养场（户）数所占比重虽然呈下降趋势，但是降幅较小，从2003年的99.40%下降到2015年的97.02%，仅下降2.38%，亦即规模养殖场（户）数所占比重仅增长2.38%。综上所述，近十多年来，规模化养殖有长足的发展，规模较小的养殖户不断退出生产环节，但是散养占据绝对优势（表3-13）。

不同规模场（户）数的变化趋势略有差异（表3-14），年出栏100～499、500～999和1 000只及以上的规模场（户）数和比重均呈上升趋势。除2010年外，其余年份的养殖场（户）数均呈下降趋势，且2008年的下降幅度高达10.90%，整体数量的下降主要是归因于年出栏1～29只场（户）数的大幅下降。

表3-14 中国绒毛用羊不同规模场（户）数量及其所占比重

年份	不同规模场（户）数（个）					合计（同比变化V%）
	1～29只	30～99只	100～499只	500～999只	1 000只及以上	
2003	26 806 414	1 625 529	158 662	11 404	1 792	28 603 801
2004	26 088 413	1 570 866	184 492	8 218	1 203	27 853192（−2.62）
2005	25 370 412	1 637 343	221 071	13 655	2 255	27 244736（−2.18）
2006	24 652 411	1 680 097	270 973	25 437	2 362	26 631280（−2.25）
2007	23 934 411	1 599 597	233 473	16 847	2 468	25 786796（−3.17）
2008	21 195 332	1 527 559	237 306	13 692	2 432	22 976321（−10.90）

（续）

年份	不同规模场（户）数（个）					合计（同比变化 V%）
	1～29 只	30～99 只	100～499 只	500～999 只	1 000 只及以上	
2009	19 707 146	1 663 203	242 517	14 949	2 799	21 630614（−5.86）
2010	19 795 206	1 602 030	246 336	17 358	3 655	21 664585（0.16）
2011	18 878 348	1 644 945	259 262	21 993	4 760	20 809308（−3.95）
2012	17 558 328	1 707 053	284 351	24 108	5 994	19 579834（−5.91）
2013	16 236 523	1 701 797	317 495	29 275	8 139	18 293229（−6.57）
2014	15 186 912	1 695 457	342 889	34 900	9 648	17 269806（−5.59）
2015	14 534 918	1 624 592	449 446	35 658	11 300	16 655914（−3.55）

年份	不同规模场（户）数比重（%）					合计（%）
	1～29 只	30～99 只	100～499 只	500～999 只	1 000 只及以上	
2003	93.72	5.68	0.55	0.04	0.01	100
2004	93.66	5.64	0.66	0.03	0.00	100
2005	93.12	6.01	0.81	0.05	0.01	100
2006	92.57	6.31	1.02	0.10	0.01	100
2007	92.82	6.20	0.91	0.07	0.01	100
2008	92.25	6.65	1.03	0.06	0.01	100
2009	91.11	7.69	1.12	0.07	0.01	100
2010	91.37	7.39	1.14	0.08	0.02	100
2011	90.72	7.90	1.25	0.11	0.02	100
2012	89.68	8.72	1.45	0.12	0.03	100
2013	88.76	9.30	1.74	0.16	0.04	100
2014	87.94	9.82	1.99	0.20	0.06	100
2015	87.27	9.75	2.70	0.21	0.07	100

数据来源：《中国畜牧业年鉴》（2004—2016）统计数据整理获得。

具体来看，年出栏 1～29 只场（户）数从 2003 年的 2 680.64 万个减少到 2015 年的 1 453.49 万个，下降幅度高达 45.78%；年出栏 30～99 只场（户）数有微幅减少，下降幅度为 0.05%；而年出栏 100～499、500～999 和 1 000 只及以上的场（户）数均有显著增加，分别增长了 183.27%、212.68%和 530.58%，年均增长率分别为 5.18%、6.49%和 14.92%，尤其是年出栏 1 000 只以上的场（户）数量增长速度最快。从不同规模场（户）所占比重来看，年出栏 1～29 只场（户）数所占比重从 2003 年的 93.72%下降到 2015 年的 87.27%，减少 6.45%，而其他四类均呈上升趋势。但是年出栏 500～999 和 1 000 只及以上的场（户）数分别增加 0.17%和 0.06%，虽然规模养殖场

（户）数显著增加，但是中国散养农牧户基数庞大，导致整体规模化水平偏低。

（二）绒毛用羊散养和规模养殖出栏量均呈上升趋势，规模养殖出栏量比重显著增加

中国绒毛用羊年出栏数量总体呈波动性上升趋势，但是整体变化幅度小于养殖场（户）数变化，从 2003 年的 29 197.00 万只增加到 2010 年的 34 601.70 万只，增加 5 404.70 万只，上升 18.51%，场（户）平均出栏数量从 10.21 只增加到 2010 年的 20.77 只。散养和规模养殖出栏数量均成上升趋势，但是增长幅度差异较大，且年出栏数量所占比重呈反向变化趋势。其中散养出栏数从 2003 年的 24 661.23 万只增加到 2010 年的 26 678.40 万只，增长 8.18%，场（户）平均出栏数量从 8.67 只增加到 12.47 只，但是散养出栏数量所占比重从 84.46%下降到 77.10%；规模养殖出栏数从 2003 年的 4 535.77 万只增加到 2010 年的 7 923.30 万只，增长 74.68%，场（户）平均出栏数量超过 150 只，年出栏数量所占比重从 15.54%增加到 22.90%。从整体来看，2003 年以来我国绒毛用羊养殖规模显著扩大（表 3 - 15）。

表 3 - 15 中国绒毛用羊散养和规模养殖年出栏数及其比重的变化趋势

年份	年出栏总数	散养（年出栏 100 只以下场户数）		规模养殖（年出栏 100 只及以上场户数）	
		年出栏数（万只）	比例（%）	年出栏数（万只）	比例（%）
2003	29 197.00	24 661.23	84.46	4 535.77	15.54
2004	30 054.63	25 521.43	84.92	4 533.20	15.08
2005	32 993.63	27 525.93	83.43	5 467.70	16.57
2006	34 241.90	28 079.95	82.00	6 161.95	18.00
2007	35 624.63	29 477.12	82.74	6 147.51	17.26
2008	33 200.23	26 801.99	80.73	6 398.24	19.27
2009	33 414.18	26 392.30	78.99	7 021.88	21.01
2010	34 601.70	26 678.40	77.10	7 923.30	22.90

数据来源：《中国畜牧业年鉴》（2004—2011），对全国各地区羊不同规模出栏数的统计时间段为 2002—2010 年，但是 2002 年出栏数分组与之后年份差异较大，因此剔除 2002 年数据，采用 2003—2010 年出栏数及其比重，分析绒毛用羊规模养殖情况。

不同规模的年出栏数量均呈波动性上升趋势，除 2006 年、2007 年外，其他年份的出栏数量均增长，但是增长速度不同，导致各规模占总出栏数的比重呈现不同变化（表 3 - 16）。其中规模为 1～29 只、30～99 只的年出栏数，2010 年较 2003 年分别增加了 7.76%和 9.01%，呈小幅增长趋势；规模为 100～499 只、500～999 只和 1 000 只及以上的年出栏数，2010 年较 2003 年分

别增加了63.87%、65.02%和220.92%，均呈逐年增加趋势，且随规模扩大增长幅度越大。不同规模出栏数所占比重反映了中国绒毛用羊养殖的规模结构，散养出栏比重呈波动性下降趋势，1～29只、30～99只规模的出栏数，2010年较2003年分别下降5.11%和2.26%，其中规模为1～29只年出栏数所占比重在2007年达到最大值，此后下降到2010年的51.19%，30～99只年出栏数所占比重在2007年降到最低，此后缓慢上升至2010年的25.91%。规模养殖出栏数所占比重呈波动性上升趋势，100～499只、500～999只和1 000只及以上规模的出栏数，2010年较2003年分别增加4.58%、0.98%和1.80%，其中规模为100～499只年出栏数所占比重在2006年降到最低，同年500～999只所占比重达到最高值，1 000只及以上所占比重在2004年降到最低，此后逐年上升。总体来看，虽然规模化养殖比重在逐年上升，但是小规模散养仍然占主导位置，特别是1～29只出栏数占据整体的半壁江山，绒毛用羊规模化养殖程度仍然较低。

表3-16　中国绒毛用羊不同规模年出栏数及其所占比重

年份	年出栏数量（万只）					合计（同比变化V%）
	1～29只	30～99只	100～499只	500～999只	1 000只及以上	
2003	16 437.18	8 224.05	3 497.03	731.75	306.99	29 197.00
2004	17 558.77	7 962.66	3 739.24	546.35	247.61	30 054.63（2.94）
2005	18 680.36	8 845.57	4 323.19	815.21	329.30	32 993.63（9.78）
2006	19 801.94	8 278.01	4 203.95	1 587.80	370.20	34 241.90（3.78）
2007	20 923.53	8 553.59	4 480.01	1 256.40	411.10	35 624.63（4.04）
2008	18 390.26	8 411.73	5 049.66	892.67	455.91	33 200.23（−6.81）
2009	17 277.32	9 114.98	5 287.62	1 049.55	684.71	33 414.18（0.64）
2010	17 713.20	8 965.20	5 730.60	1 207.50	985.20	34 601.70（3.55）
年份	不同规模出栏数量比重（%）					合计（%）
	1～29只	30～99只	100～499只	500～999只	1 000只及以上	
2003	56.30	28.17	11.98	2.51	1.05	100
2004	58.42	26.49	12.44	1.82	0.82	100
2005	56.62	26.81	13.10	2.47	1.00	100
2006	57.83	24.18	12.28	4.64	1.08	100
2007	58.73	24.01	12.58	3.53	1.15	100
2008	55.39	25.34	15.21	2.69	1.37	100
2009	51.71	27.28	15.82	3.14	2.05	100
2010	51.19	25.91	16.56	3.49	2.85	100

数据来源：《中国畜牧业年鉴》（2004—2011）统计数据整理获得。

二、中国绒毛用羊畜禽标准化示范场数量和比重均呈上升趋势

标准化规模养殖是促进传统畜牧业向现代畜牧业转型的根本途径，中央财政每年安排一定的补助资金，采取“以奖代补”方式支持达到一定规模的养殖场按照“畜禽良种化、养殖设施化、生产规范化、防疫制度化、粪污无害化”的要求实施标准化改造，通过标准化提升规模化生产水平，加快畜牧业生产方式的转变。农业部每年发布年度畜禽养殖标准化示范创建活动工作方案，在全国 27 个省（自治区）、4 个直辖市以及新疆生产建设兵团、黑龙江农垦和广东农垦推动畜牧业规模化养殖。截至 2017 年年底，农业部公布 10 批次畜禽标准化示范场名单共计 5 389 个，主要包括猪、牛、羊、鸡、鸭、鹅、兔、马、蜜蜂等畜禽品种。其中国家级规模化羊场从 2010 年的 58 个增加到 2017 年的 539 个，在所有畜禽示范场建设数量中所占比例从 2010 年的 3.73%增加到 2017 年的 11.52%，与同期生猪的规模场 40.49%的比重仍然存在较大差异，整体排名位居第 4 位。

从整体来看，我国畜禽规模化养殖政策更侧重于生猪、奶牛、蛋鸡、肉鸡等产业，对于绒毛用羊产业的规模化发展的政策扶持力度较小，从细毛羊主产区的调研情况亦可知，在养殖过程中只有少数规模场、家庭牧场等获得了 30 万～70 万元数额不等的奖励资金，而对棚圈建设奖补政策的需求度高达 71.15%，补贴名额与现实需求存在巨大缺口。总体来看，各调研县（旗）已经建立了一批细毛羊标准化示范场（区），农牧户养殖数量达到一定规模才能入驻养殖场（区），同时在品种改良、饲养管理、技术服务、疾病防控、产品销售等环节进行统一管理，规范规模养殖户生产经营行为，在一定程度上发挥了示范带动作用，但是该政策补贴名额少、补贴标准偏低、受益主体参与资格门槛较高，无法有效提高绒毛用羊养殖的规模化程度（表 3-17）。

表 3-17　2010—2017 年畜禽标准化示范场数量及比例变化

年份	标准化羊场数量（个）	标准化羊场累计数量（个）	畜禽标准化示范场数量（个）	畜禽标准化示范场累计数量（个）	年度比例（%）	累计比例（%）
2010	58	58	1 555	1 555	3.73	3.73
2011	52	110	554	2 109	9.39	5.22
2012	121	231	1 069	3 178	11.32	7.27
2013	39	270	338	3 516	11.54	7.68
2014	50	320	347	3 863	14.41	8.28

（续）

年份	标准化羊场数量（个）	标准化羊场累计数量（个）	畜禽标准化示范场数量（个）	畜禽标准化示范场累计数量（个）	年度比例（%）	累计比例（%）
2015	68	388	410	4 273	16.59	9.08
2016	86	474	552	4 825	15.58	9.82
2017	65	539	564	5 389	11.52	10.00

数据来源：根据农业部网站 http：//www.moa.gov.cn/公布的历年畜禽标准化示范场名单整理获得。

三、中国绒毛用羊养殖规模化程度区域差异明显，华北、东北、西北地区显著高于其他地区

由于我国各地区草原类型、养殖品种、气候环境以及传统习惯等差异，各地区绒毛用羊规模化养殖也呈现出显著的区域差异特征（表 3－18、表 3－19）。

表 3－18　中国绒毛用羊不同区域养殖场（户）数量及其所占比重

地区	散养场（户）数（年出栏数 1～99 只）				规模养殖场（户）数（年出栏数≥100 只）			
	2004—2009 年		2010—2015 年		2004—2009 年		2010—2015 年	
	均值（个）	比例（%）	均值（个）	比例（%）	均值（个）	比例（%）	均值（个）	比例（%）
华北地区	637 385	94.67	433 640	92.56	20 868	5.33	27 045	7.44
东北地区	208 748	96.47	197 222	94.48	7 260	3.53	10 818	5.52
华东地区	825 463	99.48	613 267	98.97	3 815	0.52	6 737	1.04
中南地区	949 637	99.34	586 677	98.79	3 958	0.66	5 197	1.22
西南地区	1 099 042	99.60	901 690	99.60	2 195	0.41	3 566	0.40
西北地区	713 515	98.21	722 622	97.49	12 382	1.79	17 416	2.51

数据来源：《中国畜牧业年鉴》（2005—2016）统计数据整理获得，按照中国行政区划，北京、天津、河北、山西和内蒙古为华北地区，辽宁、吉林和黑龙江为东北地区，上海、江苏、浙江、安徽、福建、江西和山东为华东地区，河南、湖北、湖南、广东、广西和海南为中南地区，重庆、四川、贵州、云南和西藏为西南地区，陕西、甘肃、青海、宁夏和新疆为西北地区。

首先，从不同区域养殖场（户）数量及比重来看，西南地区、中南地区和华东地区散养规模最大，其所占比重虽然有所下降，但是在 2010—2015 年散养场（户）数所占比重分别为 99.60%、98.79%和 98.97%，略高于同期其他 3 个地区，区域整体规模化程度较低；华北地区、东北地区和西北地区的规模化养殖程度略高于其他地区，且所占比重有小幅上升。华北地区绒毛用羊规模

养殖场（户）数比重从5.33%增加到7.44%，是最主要的养殖优势区，该区域小麦、玉米等粮食作物及秸秆可为畜牧业提供丰富饲草资源，适合发展种养结合的粮草兼顾型农业，且交通便利，距离消费市场较近，便于产销结合减少流通环节；东北地区绒毛用羊规模养殖场（户）数比重从3.53%增加到5.52%，仅次于华北地区排名第二，该区域既有丰富的饲草资源，又是玉米、大豆等作物主产区，可以同时兼顾农业和畜牧业的发展。西北地区绒毛用羊规模养殖场（户）数比重从1.79%增加到2.51%，该区域天然饲草资源丰富，地方产业政策推动、技术推广、养殖习惯等因素共同作用有效提高了规模化养殖程度，排名第三。

其次，从不同区域规模养殖出栏数量及比重来看，不同区域的规模养殖出栏数量均呈递增趋势，从高到低依次是华北、西北、东北、华东、中南和西南地区；不同区域的规模养殖比重从高到低依次是华北、东北、西北、中南、华东和西南地区，其中华北、华东、西南地区呈波动性上升趋势，规模养殖比重分别从2003—2004年的31.77%、10.41%和4.98%上升到2009—2010年的33.23%、15.58%和8.61%，东北、中南地区呈持续上升趋势，规模养殖比重分别从26.35%和10.68%增长到31.75%和14.29%，而西北地区的比重则从25.51%下降到23.22%。年度变化幅度以东北和华东地区最高，增长幅度分别为5.40%和5.17%，说明这两个地区养殖规模化程度发展较快，中南和西南地区次之，而华北和西北地区的规模养殖增长缓慢，说明绒毛用羊养殖主产区未必是规模养殖优势区，规模养殖比重的高低既依赖区域资源、环境气候等先天优势，也与区域经济、关联产业、劳动力质量和数量等因素密切相关。

表3-19　中国绒毛用羊不同区域规模养殖出栏数及所占比重

地区	规模养殖出栏数（万只）				规模养殖比例（%）			
	2003—2004年	2005—2006年	2007—2008年	2009—2010年	2003—2004年	2005—2006年	2007—2008年	2009—2010年
华北地区	291.94	557.23	580.63	560.08	31.77	33.91	30.97	33.23
东北地区	114.90	155.60	161.89	258.21	26.35	26.57	27.06	31.75
华东地区	110.46	77.69	86.49	157.13	10.41	9.81	11.59	15.58
中南地区	66.57	76.52	85.69	91.93	10.68	11.44	11.91	14.29
西南地区	36.22	38.26	46.46	73.78	4.98	4.62	7.57	8.61
西北地区	275.27	273.55	282.82	375.53	25.51	22.61	21.20	23.22

数据来源：《中国畜牧业年鉴》（2004—2011）统计数据整理获得。

四、中国绒毛用羊养殖规模化程度省际差异明显，内蒙古、新疆、青海、山东、辽宁、黑龙江、河南显著高于其他省份

我国绒毛用羊养殖的规模化程度存在显著的省际差异（表 3－20）。首先从规模场（户）数及其比重数据来看，排名前 8 位的省份依次是内蒙古、新疆、山东、河北、青海、河南、辽宁和山西，均高于 9 365 个的平均场（户）数，所占比重排名前 8 位的省份依次是北京、天津、内蒙古、黑龙江、青海、吉林、辽宁和新疆，均高于 2.21%的平均比重。规模养殖场（户）及其所占比重反映了规模化的发展水平和速度，二者并未保持完全的一致性，河北、山西、山东、河南 4 省小规模散养占据绝对优势，虽然呈现规模化经营趋势，但是整体发展速度较慢；北京、天津经济发达、交通便利、产业链较完善，有效推动了规模养殖的快速发展；内蒙古、新疆、青海、吉林、辽宁、黑龙江等省份虽然经济发展水平一般，但是丰富的饲草资源和国家产业政策导向，使西北、东北地区的绒毛用羊养殖规模化程度也保持了较高的水平。

其次从规模养殖出栏数及其比重数据来看，规模养殖出栏数排名前 8 位的省份依次是内蒙古、新疆、山东、河北、河南、青海、黑龙江和辽宁，除辽宁外，其他均高于 194.38 万只的平均出栏数，规模出栏数所占比重排名前 8 位的省份依次是北京、青海、天津、内蒙古、黑龙江、新疆、吉林和宁夏，均高于 17.72%的平均比重，规模养殖出栏数和比重亦存在差异，说明绒毛用羊养殖大省并非是规模养殖强省，其中河北、辽宁、山东、河南 4 省亦存在“小规模、大群体”特征，北京、天津的规模化程度最高，内蒙古、新疆、青海、黑龙江、吉林、宁夏得益于资源环境优势或农业相关产业的关联带动作用，规模化程度显著高于其他省份。

表 3－20 中国绒毛用羊不同省份散养与规模养殖及其所占比重

地区	散养场（户）数 2003—2015 年		规模养殖场（户）数 2003—2015 年		散养出栏数 2003—2010 年		规模养殖出栏数 2003—2010 年	
	均值（个）	比例（%）	均值（个）	比例（%）	均值（万只）	比例（%）	均值（万只）	比例（%）
北京	17 764	89.38	2 075	10.62	78.05	46.66	94.73	53.34
天津	12 493	90.22	1 332	9.78	59.57	60.29	43.81	39.71
河北	997 879	98.44	13 479	1.56	2 051.57	85.32	346.54	14.68
山西	371 362	96.91	10 178	3.09	570.91	82.29	128.49	17.71

（续）

地区	散养场（户）数 2003—2015年		规模养殖场（户）数 2003—2015年		散养出栏数 2003—2010年		规模养殖出栏数 2003—2010年	
	均值（个）	比例（%）	均值（个）	比例（%）	均值（万只）	比例（%）	均值（万只）	比例（%）
内蒙古	1 331 969	93.54	86 415	6.46	2 886.10	63.10	1 773.80	36.90
辽宁	299 422	96.67	10 461	3.33	624.13	78.04	182.81	21.96
吉林	143 286	95.96	5 834	4.04	299.30	69.29	133.19	30.71
黑龙江	154 576	94.08	9 884	5.92	463.74	68.87	217.32	31.13
上海	72 403	99.74	120	0.26	51.16	91.02	4.71	8.98
江苏	1 613 971	99.69	4 336	0.31	1 559.69	95.50	72.71	4.50
浙江	208 347	99.31	1 264	0.69	169.42	87.47	23.85	12.54
安徽	1 056 439	99.41	5 179	0.59	1 173.39	93.29	81.69	6.71
福建	103 022	99.00	964	1.00	85.21	81.89	19.17	18.11
江西	90 358	98.75	1 130	1.25	92.29	83.37	17.98	16.63
山东	2 138 102	98.80	23 268	1.20	3 157.85	84.56	588.57	15.44
河南	3 110 449	99.60	10 638	0.40	3 734.98	93.53	252.26	6.47
湖北	637 997	98.84	7 156	1.16	386.00	83.32	79.46	16.68
湖南	767 604	99.01	7 100	0.99	810.51	84.93	140.71	15.08
广东	22 832	97.99	440	2.01	31.90	76.91	9.57	23.09
广西	180 155	99.44	1 002	0.56	215.56	93.82	14.01	6.18
海南	87 171	99.65	241	0.35	87.39	95.03	4.49	4.97
重庆	306 251	99.37	1 966	0.63	304.13	90.91	29.68	9.09
四川	3 290 288	99.75	7 337	0.25	2 365.15	94.30	142.75	5.70
贵州	575 150	99.72	1 627	0.28	315.39	94.34	18.71	5.66
云南	647 048	99.63	2 454	0.37	541.08	94.18	33.65	5.82
西藏	255 786	99.61	582	0.39	434.81	94.05	30.39	5.95
陕西	747 301	99.65	2 216	0.35	607.58	97.35	16.75	2.65
甘肃	775 118	98.94	8 400	1.06	742.93	87.79	113.65	12.21
青海	274 354	95.33	12 853	4.67	334.23	55.88	249.91	44.12
宁夏	478 279	98.42	6 326	1.58	415.86	74.25	155.37	25.75
新疆	1 287 451	96.69	44 062	3.31	2 252.96	69.07	1 004.96	30.93

数据来源：《中国畜牧业年鉴》（2004—2016）统计数据整理获得。

第五节　本章小结

本章主要以西部地区的细毛羊产业为例，对绒毛用羊标准化规模养殖的基本情况进行分析，得出如下结论：

（1）梳理国内外农业标准化发展历程。首先，归纳国际性组织和美国、欧盟、日本等农业标准化建设情况，将其发展经验归纳为 3 点：①农业标准制定系统化；②农业标准的操作性和可检验性较强；③农业标准的制定和实施与法律法规密切结合。其次，归纳中国农业标准化发展阶段和基本路径，主要经历起步、停滞、恢复和快速发展 4 个阶段，农业标准化模式从政府主导型逐步向市场导向型过渡。

（2）梳理与国内外绒毛用羊相关的国际标准和国内标准。首先，按照对象、内容和级别 3 个维度，将农业标准划分为不同的类型。其次，梳理与绒毛用羊产业相关的国际标准和区域标准，其中 ISO 批准和发布的绒毛用羊方面的标准是目前主要的国际标准，亚洲标准资讯委员会（ASAC）是亚洲地区最主要的区域标准化组织，上述标准是消除技术性贸易壁垒（TBT）的主要手段。再次，梳理我国与绒毛用羊相关的国家标准和行业标准。截至 2017 年年底，我国现行的与绒毛用羊养殖密切相关的国家标准共计 62 项、行业标准 87 项，主要包括生产环境、养殖设施建设、品种资源、养殖管理技术、饲草种植、疾病防控、兽医兽药管理、绒毛产品标准、粪污无害化处理 8 类标准和技术规范。最后，归纳我国绒毛用羊产业标准化的特征：①在类型上，疾病防控方面标准最多，生产环境、产品质量、饲草种植方面次之，而品种资源、品种改良、生产管理和无害化处理方面较为欠缺；②从时间跨度上来看，2000 年之后我国标准化进度加快，标准数量、范围均持续扩大，前期侧重以疾病防控、饲养管理方面标准的制定和推广，后期逐渐侧重生产环境、产品质量等方面；③绒毛用羊相关标准数量较少且质量偏低，缺乏系统性。此外，国家和行业发布标准以推荐性标准为主，标准的制定和实施缺乏法律内涵和保障，导致标准的实际执行缺乏严格的约束措施，影响了绒毛用羊相关标准的推广实施效果。

（3）定性评价绒毛用羊养殖的标准化程度。首先，从标准化养殖技术和标准采用情况看，标准化初级阶段相关技术的需求程度和采用比例显著较高，具有普适性，高级阶段相关技术的需求和采用比例则明显偏低，专业性更强。其次，对技术缺乏了解、不能得到及时指导是影响技术采用的共同原因，不同标准化阶段技术采用的制约因素略有差异，操作成本高和操作难度大分别是制约初级阶段和高级阶段技术采用的差异化因素。再次，对不同养殖环节的标准化水平存在差异，畜禽良种、养殖设施和疾病防控3个环节的标准化水平较高，生产管理的规范化程度次之，而粪污无害化水平最低。对不同年龄、受教育程度、养殖规模、组织化程度和兼业化程度的农牧户，其标准化养殖水平亦存在差异。从年龄来看，低年龄组畜禽良种化和养殖设施化水平最高，中年龄组防疫制度化和粪污无害化水平最高，高年龄组生产规范化水平最高。从教育程度来看，农牧户受教育程度越高，各环节标准化水平越高；从养殖规模来看，标准化规模养殖户的标准化水平显著高于散养户，其中粪污无害化水平差值最大，而畜禽良种化水平差值最小。从组织化程度来看，加入合作社的农牧户在畜禽良种化、养殖设施化、生产规范化和粪污无害化4个环节的标准化水平高于未加入合作社农牧户，而防疫制度化水平则相反。从兼业化程度来看，兼业化程度越低，农牧户各环节标准化水平越高。最后，对不同环节的标准化水平进行分析。①养殖品种各具特色，既能适应当地气候环境又具备良好的生产性能，产毛性能、繁殖性能和设施保障3方面指标的达标程度较高，而产肉性能指标则偏低；②多数农牧户已经达到标准化养殖设施的基本要求，其中选址布局、供水供电、饲喂设施和养殖机械4方面指标的达标程度较高，而排污排水指标较低。畜牧饲养和饲草料加工机械普及率相对较高，畜产品采集加工机械相对较低，而具有一定公共属性或使用频率较低的设备普及率偏低；③农牧户生产规范化水平在逐渐提升，其中管理制度、饲料添加剂管理、饲养管理人员配备3方面指标的达标程度较高，而养殖档案及谱系记载指标则较低；④随着标准化养殖可能提高棚圈养殖密度，绒毛用羊使疾病爆发和扩散的潜在危害增大，其中防控措施效果和无害化处理两方面指标的达标程度较高，而防疫制度和设施则不够完善；⑤粪污无害化方面，制度建设和无害化处理措施两方面指标的达标程度均偏低。

（4）定性评价绒毛用羊养殖的规模化程度。我国绒毛用羊规模化养殖呈现下述4个特征和趋势：首先，规模化养殖有长足发展，小规模散养仍占据绝对优势，在规模场（户）数量方面，绒毛用羊散养场（户）数减少，规模养殖场（户）数大幅增加；在出栏数量方面，散养和规模养殖出栏量均呈上升趋势，规模养殖出栏量比重显著增加。其次，中国绒毛用羊畜禽标准化示范场数量和比重均呈上升趋势。再次，中国绒毛用羊养殖规模化程度区域差异明显，华北、东北、西北地区显著高于其他地区。最后，中国绒毛用羊养殖规模化程度省际差异明显，内蒙古、新疆、青海、山东、辽宁、黑龙江、河南显著高于其他省份。

中国绒毛用羊标准化规模养殖经济效益比较分析

本章以西部地区细毛羊为例，基于微观调研数据对中国绒毛用羊标准化规模养殖经济效益进行比较分析。首先对采用标准化规模养殖模式和散养模式农牧户的成本收益情况进行比较分析；其次对采用标准化规模养殖模式和散养模式农牧户的单要素生产率（包括资本生产率、劳动生产率、饲草料生产率等方面）进行比较分析；最后对采用标准化规模养殖模式和散养模式农牧户的技术效率和配置效率进行测算和比较分析。考虑到我国细毛羊养殖的实际特点，本研究中的成本收益指标的核算均采用以农户为单位的整群核算[①]方法进行取值。

第一节　标准化规模养殖（分规模）与散养模式的成本收益比较分析

根据调研问卷和访谈资料对我国细毛羊养殖成本收益情况进行分析。首先对调研地区农牧户的生产经营规模及分布进行分析；其次按照农牧户年底繁母羊存栏数量，将调研样本户划分为散养户（能繁母羊数量 1～99 只）和标准化

① 指调查期内养殖总收益、养殖总成本、养殖纯收益和成本收益率等各项指标以农牧户所养殖细毛羊整群为单位进行核算，单只细毛羊成本收益为上述指标的数据加总除以期末存栏数量，其中期末存栏数量为养殖户当年年底的畜群数量，子畜（4 个月以内的羔羊）、种畜（专用于配种的公畜和母畜）均不计人畜群数量。

规模养殖户（能繁母羊数量≥100 只）两种类型[①]，并将标准化规模养殖户进一步细分为小规模（能繁母羊数量 100～199 只）、中等规模（能繁母羊数量 200～399 只）和大规模（能繁母羊数量 400 只及以上）三类，在此基础上对不同类型和地区农牧户的养殖总收益、养殖总成本、养殖纯收益和成本利润率进行测算和比较。

一、农牧户生产经营规模现状及分布情况

（一）调研地区农牧户养殖规模

调研资料显示，细毛羊主产区的生产方式仍然以农牧户家庭为主体进行分散经营，部分地区的科技示范户、家庭牧场、规模养殖场（区）有所发展。总体来看，调研地区细毛羊的养殖规模的变化方向并不统一，其中天祝县和乌审旗存栏量有所增加，新源县、肃南县和三角城种羊场存栏量小幅下降，而巩留县保持稳定（表 4-1）。

具体来看，新源县 95%以上的细毛羊集中在巩乃斯种羊场，其他村镇的养殖规模呈逐年萎缩状态，养殖规模较 20 世纪 90 年代下降 25%，巩乃斯种羊场由于受草原载畜量、草场退化及禁牧政策等因素影响，细毛羊存栏数量相对较为稳定，养殖规模约为 25 000 只，其中基础母羊 18 000 只，育成母羊 5 500 只，育成公羊 1 200 只，种公羊 240～300 只。种羊场从 2000 年开始实施铁畜承包制，农牧户养殖规模亦较为稳定，户均养殖规模 200～400 只的农牧户约占 95%，200 只以下农牧户约占 5%。近年来，受肉羊、哈萨克羊等土种羊养殖的冲击，种羊场以外地区农牧户的细毛羊养殖数量减少，使得新源县

① 将调研地区农牧户按照年底能繁母羊存栏数量划分为散养和标准化规模养殖模式的依据包括 3 点：首先农牧户能繁母羊数量是养殖羊群中所占比例最高且数量最为稳定的类型；其次，年底能繁母羊存栏数量是理性小农在现有劳动力、资金和要素投入等条件约束下最优规模选择；最后，结合调研地区实际情况，地方畜牧管理部门对标准化规模养殖户的界定一般是根据能繁母羊达到 100 只以上或养殖规模达到 200 只以上（细毛羊繁殖率为 95%～100%，双羔率为 5%～10%，剔除因营养不良、腹泻等病死羔羊，羔羊成活率为 95%～100%，即拥有 100 只能繁母羊的农牧户非出栏期的养殖规模约为 200 只），对养殖小区、规模养殖场、养殖合作社、家庭牧场等主体标准化圈舍的入驻、补贴标准及其他政策扶持标准的认定，大多也是基于能繁母羊 100 只或养殖规模 200 只的数量界定。此外，需要说明的是，此处对标准化规模养殖户与第 3 章规模养殖户的分类标准是不同的，前者是按照能繁母羊数量划分类型，而后者是按照年出栏数划分类型，但是从细毛羊的生产性能来看，农牧户淘汰羊比例为 5%～8%，成年羊死亡率 3%～5%，育成羊补群后一般全部销售，则细毛羊的能繁母羊数量和出栏数量基本保持 1∶1，虽然二者的划分标准不同，但是对于农牧户养殖模式的划分异曲同工。

整体细毛羊存栏数量呈下降趋势。

表 4-1 调研地区细毛羊年底存栏量及变化情况

单位：万只，%

调研地区	2012 年	2013 年	2014 年	2015 年	2016 年	2016 年较 2015 年变化率	年平均变化率
新源县	3.06	3.08	3.07	2.63	2.58	−1.90	−4.18
巩留县	18.80	19.03	19.00	19.00	19.00	0.00	0.26
肃南县	55.15	51.47	49.09	47.89	47.00	−1.86	−3.92
天祝县	37.86	35.12	33.23	44.71	52.90	18.32	8.72
乌审旗	82.01	82.50	83.61	87.55	88.00	0.51	1.78
三角城种羊场	3.74	3.66	3.54	3.87	3.66	−5.43	−0.54
总计	200.62	194.86	191.54	205.65	213.14	3.64	1.52

数据来源：新疆、甘肃、内蒙古和青海农牧局统计资料、访谈记录。

巩留县细毛羊养殖主要集中在农区，近年来虽然受羊肉价格下跌、倒改现象普遍等不利因素的影响，但是县域范围内各项扶持政策不断完善，农牧户的养殖规模保持相对稳定状态。全县细毛羊养殖规模约 19 万只，户均养殖规模 1～49 只的农牧户约占 60%，50～99 只农牧户约占 20%，100 只及以上规模养殖户约占 20%。

肃南县从 2011 年开始实施禁牧、休牧、轮牧和以草定畜的草原生态保护补助奖励政策，上述措施使得当地细毛羊养殖规模持续减少。全县细毛羊养殖规模约 70 万只，年底存栏 45 万～50 万只，户均养殖规模以 150～300 只为主体，所占比例 80%以上。此外，由于存在从业人员后继乏人、老龄化等问题，在一定程度上限制了细毛羊养殖规模的扩大。天祝县为了稳定农牧户养殖积极性，加大了政策扶持力度，当地农牧户长期形成的养殖习惯，使细毛羊年底存栏呈波动性上升趋势，近 5 年平均增长率超过 8%。

乌审旗的细毛羊养殖规模多年来呈持续上升的趋势，鄂尔多斯细毛羊为当地主导产业，鄂尔多斯市 96%的细毛羊产于该旗，虽然羊肉价格近年来持续走低，但是得益于相对较高的羊皮价格和羊毛收益，农牧户养殖积极性提升。此外，地方政府亦在生产、加工、销售等环节出台政策引导农牧户养殖细毛羊，如依托《鄂尔多斯市现代草原畜牧业示范户建设方案》扶持促进细毛羊家庭牧场发展；成立羊毛储运交易中心促进细羊毛收购；组建“乌审羊毛协会”为细毛羊养殖户提供技术、资金、人才和信息等产前、产中、产后一条龙服务；注册“乌审羊毛”商标，提升细毛羊品牌价值。

三角城种羊场公有羊存栏量较为稳定，养殖规模为3.6万～3.8万只，而职工自留畜数量增长较快，导致草场超载现象较为严重。2015年种羊场开始对职工自留畜进行清理，严格执行限养标准，即每户饲养后备群的职工自留畜数量不能超过40只，其他群每户职工自留畜数量不能超过50只。上述措施导致三角城种羊场养殖规模有所下降。

（二）调研地区农牧户养殖规模特征及分布现状

1. 农牧户养殖规模特征分析

从样本农牧户养殖规模总体情况来看，调研地区农牧户家庭平均人口数量为4.33人，户均劳动力数量2.48人，户均养殖规模为350只，人均劳动力养殖规模为149只，家庭人均养殖规模为84只。首先，从户均养殖规模来看，新疆、甘肃两省的户均养殖规模最大，青海次之，内蒙古最低，其中新疆样本农牧户的养殖规模是内蒙古的1.52倍；其次，从人均劳动力养殖规模来看，新疆的人均劳动力养殖规模最大，青海和甘肃次之，内蒙古最低，其中新疆样本农牧户的养殖规模是内蒙古的1.85倍；最后，从家庭人均养殖规模来看，甘肃的家庭人均养殖规模最大，新疆和青海两省次之，内蒙古最低，其中甘肃样本农牧户的养殖规模是内蒙古的1.49倍。综上，各地区农牧户细毛羊养殖规模存在显著的地区差异，其中新疆、甘肃两省养殖规模较大，青海次之，内蒙古最低（表4-2）。

表4-2　调研地区样本农牧户养殖规模

样本总体/地区	户均养殖规模（只/户）	人均劳动力养殖规模（只/人）	家庭人均养殖规模（只/人）
样本总体	350	149	84
新疆	387	209	89
甘肃	382	132	94
内蒙古	254	113	63
青海	340	147	80

数据来源：新疆、甘肃、内蒙古和青海农牧户调研问卷统计资料。

2. 不同规模农牧户分布特征分析

根据农牧户养殖规模的大小分为1～99只、100～199只、200～399只、

400～999 只、1 000 只以上 5 个组。从样本总体情况来看，不同规模农牧户所占比例由高到低依次是 200～399 只、100～199 只、400～999 只、1 000 只以上和 1～99 只，所占比重分别为 51.52%、24.85%、19.39%、2.42%和 1.82%（表 4-3）。

表 4-3 调研地区不同养殖规模农牧户和养殖数量分布情况

单位：%

项目	样本总体/地区	养殖规模（1～99 只）	养殖规模（100～199 只）	养殖规模（200～399 只）	养殖规模（400～999 只）	养殖规模（1 000 只及以上）
农牧户分布	样本总体	1.82	24.85	51.52	19.39	2.42
	新疆	2.38	19.05	66.67	7.14	4.76
	甘肃	—	26.87	44.78	26.87	1.49
	内蒙古	5.56	33.33	41.67	19.44	—
	青海	—	15.00	60.00	20.00	5.00
养殖数量分布	样本总体	0.43	11.22	40.72	31.88	15.75
	新疆	0.43	6.81	50.46	10.38	31.92
	甘肃	—	11.93	32.64	44.04	11.39
	内蒙古	1.95	20.48	40.72	36.85	—
	青海	—	6.63	47.86	30.79	14.73

数据来源：新疆、甘肃、内蒙古和青海农牧户调研问卷统计资料。

注：“—”表示该地区在对应的养殖规模区间没有样本农牧户。

从分地区情况来看，新疆 66.67%的农牧户养殖规模集中在 200～399 只水平，养殖规模在 200 只以下的农牧户所占比例为 21.43%，仅有 11.90%的农牧户养殖规模在 400 只及以上，可见，新疆农牧户的养殖规模普遍较大。青海 60.00%的农牧户养殖规模集中在 200～399 只水平，养殖规模在 400 只及以上的农牧户所占比例为 25.00%，仅有 15.00%的农牧户养殖规模在 100～199 只，可见，青海农牧户的养殖规模相对较高。甘肃 44.78%的农牧户养殖规模集中在 200～399 只水平，养殖规模在 100～199 只、400～999 只的农牧户所占比例次之，养殖规模在 1 000 只及以上的农牧户仅占 1.49%，可见，甘肃农牧户的养殖规模低于新疆和青海两省。内蒙古 41.67%的农牧户养殖规模集中在 200～399 只水平，养殖规模在 100～199 只、400～999 只的农牧户所占比例分别为 33.33%和 19.44%，而养殖规模在 1～99 只水平的农牧户仅占

5.56%，可见，内蒙古农牧户在4各调研地区中养殖规模最小。养殖规模1～99只、100～199只分组中，内蒙古农牧户比例最高；养殖规模200～399只分组中，新疆农牧户比例最高；400～999只分组中，甘肃农牧户比例最高；1 000只以上分组中，青海农牧户比例最高。综上，各地区农牧户养殖规模分布存在明显的地区差异，其中新疆农牧户养殖规模最大，青海、甘肃两省次之，内蒙古最低。

3. 不同规模农牧户养殖数量分布特征分析

从不同规模农牧户养殖数量分布情况来看，不同规模农牧户养殖数量所占比例由高到低依次是200～399只、400～999只、1 000只及以上、100～199只和1～99只，所占比重分别为40.72%、31.88%、15.75%、11.22%和0.43%，可见样本农牧户养殖规模化水平较高。从分地区情况来看，新疆在200～399只水平的养殖数量占样本总量的50.46%，养殖规模在400只以上的样本数量占比为42.30%，而养殖规模在200只以下的样本数量仅占7.24%，可见，新疆样本农牧户的规模化程度最高。青海在200～399只水平的养殖数量占样本总量的47.86%，其次是400～999只和1 000只及以上规模所占比重分别为30.79%和14.73%，而1～99只规模的样本数量仅占6.63%，可见，青海样本农牧户的规模化程度略低于新疆。内蒙古在200～399只水平的养殖数量占样本总量的40.72%，养殖规模在400只及以上的样本数量占比为36.85%，养殖规模在200只以下的占比为22.43%。可见内蒙古样本农牧户的规模化程度低于新疆、青海两省。甘肃在400～999只水平的养殖数量占样本总量的44.04%，其次是200～399只水平所占比重为32.64%，而200只以下和1 000只及以上水平的样本数量所占比重均低于12%，可见，甘肃农牧户的养殖规模化程度在4各调研地区相对最低。综上，各地区农牧户养殖规模化程度亦存在显著地区差异，其中新疆的规模化程度最高，青海次之，内蒙古和甘肃两省则相对较低。

综上所述，调研地区农牧户养殖规模及其规模化程度均存在显著的地区差异，而产生这种差异的原因主要归因于资源禀赋差异，如天然草场资源、人工饲草料地和农作物秸秆供给等。西北部地区是我国天然草原的主要分布区，内蒙古、新疆、西藏、青海、甘肃和四川六大牧区省份的草原面积共2.93亿公顷，占全国草场面积的73.35%，本次调研的4个省份亦在上述区域范围内，同时也是绒毛用羊的主产区。具体来看，新疆是中国天然饲草资源最丰富的省份之一，2016年草原面积达到5 725.88万公顷，占全区土地总面积的34.70%，根据《新疆维吾尔自治区2016年草原资源与生态监测报告》显示，

2016年新疆西部、北部等草原牧区气温偏高、日照充足、降水较往年同期多2～3成，牧草长势明显好于往年，草地综合植被盖度为41.30%，天然草原鲜草总产量达到10 897.2万吨，天然草原高峰期综合植被盖度、高度、鲜草产量等较草原生态补奖政策实施前分别增加了近5个百分点、5～10厘米和16.10%，均达到有监测记录以来的历史最高水平，说明新疆草原生态环境有所改善，天然草原生产力明显提升，为新疆绒毛用羊产业的规模化发展提供了较为充足的饲草料资源；青海草地面积3 636.97万公顷，其中可利用草原面积3 153.07万公顷，主要分布在环湖地区、青南高原和柴达木盆地，所占比例为94.47%，2016年青海草原牧区3—5月气温回升较快，牧草返青水分条件良好，7—8月气温较常年同期高1～2℃，降水亦较为充足，虽然部分草原出现旱情，但是草原牧草整体长势较好，2016年鲜草产量7 913.6万吨，折合干草2 520.2万吨，较2015年增加2.65%，但是青海省的饲草资源以高寒草甸和高寒干草原为主（所占比例约为80.88%），牧草低矮导致天然打草场缺乏，且人工草地面积比重极小，产草量地域差异显著，上述因素可能抑制青海省农牧户养殖规模扩大和整体规模化程度的提高。甘肃省草原面积2 553.33万公顷，较20世纪80年代增加766.67万公顷，2016年3—4月草原降水较多，水热条件有利于草原植被生长，草原植被盖度52.10%，鲜草产量4 028.10万吨，折合干草1 266.6万吨，较2015年增加2.50%，人工种草面积160.67万公顷，秸秆饲料转化利用总量1 535.07万吨。甘肃省草原牧草生产和秸秆饲料化利用均取得了一定成效，但是草原技术推广体系需要进一步完善，草原畜牧业转型发展较为缓慢，可能影响绒毛用羊产业的规模化发展。内蒙古草原面积7 900万公顷，占全区土地总面积的68.81%，2016年5—9月内蒙古东部牧区气温偏高，降水量减少，牧草枯黄期缩短，其中呼伦贝尔地区降水较常年同期少5成以上，部分草原遭受严重干旱，植被生长偏差，牧草高度较历年同期偏低。2016年牧草鲜草产量17 235.00万吨，折合干草5 488.90万吨，较2015年减产7.50%，干旱导致牧草偏矮无法打草，草原生产能力、冷季储草能力均有所下降，人工种草和农作物秸秆资源供给有限，饲草资源匮乏迫使农牧户牲畜加快出栏，导致农牧户绒毛用羊养殖规模下降。

二、标准化规模养殖（分规模）与散养模式的总收益及其结构比较分析

养殖总收益是指农牧户在调查期内（通常为一年）实现的产值合计，一般包括羊毛产值、产品畜产值和其他副产品产值3个方面。羊毛产值是指调查期

内羊毛的产值[①]，产品畜产值是指调查期内出栏畜[②]和净增畜[③]的产值之和，其他副产品产值[④]是指调查期内出售或利用的畜群副产品产值（表4-4）。

表4-4　调研地区细毛羊养殖总收益及构成情况

收益构成项目		样本总体	散养户	标准化规模养殖户			
				总体	小规模	中等规模	大规模
羊毛产值	羊毛产量（千克/只）	2.85	3.70	2.83	3.29	2.51	2.84
	羊毛价格（元/千克）	24.82	27.01	24.76	27.30	25.35	22.10
	羊毛产值（元/只）	70.66	100.06	70.03	89.90	63.57	62.86
产品畜产值	产品畜平均活重（千克/只）	37.47	37.22	37.47	33.43	37.89	39.19
	产品畜平均价格（元/千克）	15.17	16.00	15.16	15.05	16.48	13.97
	产品畜比例（%）	59.85	44.09	60.19	49.71	60.27	67.55
	产品畜产值（元/只）	340.17	262.60	341.84	250.13	376.35	369.80
其他副产品产值（元/只）		3.82	6.69	3.76	2.38	4.77	3.66
养殖收益合计（元/只）		414.65	369.35	415.63	342.41	444.69	436.32

数据来源：新疆、甘肃、内蒙古和青海农牧户调研数据。

（一）标准化规模养殖户总收益高于散养户

总体来看，调研地区标准化规模养殖户总收益整体高于散养户，其总收益分别为每只羊415.63元和369.35元。标准化规模养殖户养殖在相关政策扶持和技术推广部门的帮助下，大多修建专门暖棚圈舍，并且普遍掌握良种选育选配、人工授精技术、饲料配制、饲养管理、饲草种植、穿“羊衣”、机械剪毛、分级打包、疾病防控及兽药使用等较为实用的养殖技术，从而标准化规模养殖户的养殖条件、饲养管理水平、良种化程度等均较高，配种率、繁殖率、产羔

① 只计算实际出售和自用的羊毛产值，霉烂或丢弃的羊毛不计算，已出售的按实际出售收入计算，待出售的或自用的按已出售的平均价格折算收入。

② 指出售羊所得收入与自食羊折算收入（按自食羊活重乘以出售活羊平均市场价格折算）之和。

③ 指净增畜数量（年底存栏—年初存栏）与出售畜平均活重和平均价格的乘积，净增畜是指调查期内净增的牲畜，同期出售的仔畜（出生四个月以内的羔羊）、种畜（专用于配种的公畜和母畜）均不计入畜群数量。

④ 畜群副产品包括自然死亡牲畜、羊皮、羊粪、羊奶等，出售的副产品按实际出售收入计算，自己利用的副产品：a. 价值较大的，按照市场价格计算，市场没有交易的按照市县成本调查机构统一规定的价格核算；b. 价值较小的或处理费用与出售收入相差不大的，不予核算副产品产值。未被利用的副产品一律不计算其产值。

率、羔羊成活率等主要生产性能指标普遍高于散养户，因此，标准化规模养殖户的平均收益总体高于采用传统方式的散养户。此外，不论是标准化规模养殖户还是散养户，养殖总收益整体偏低，主要原因是2016年调研地区活羊销售价格持续低迷，同时细羊毛销售价格仍然在较低的水平徘徊，导致细毛羊养殖收益普遍偏低。

（二）收益构成、产品畜比例及产出水平差异显著

从收益构成来看，羊毛产值分别为70.03元和100.06元，在各自总收益中分别占16.85%和27.09%；产品畜产值分别为341.84元和262.60元，分别占比82.25%和71.10%，皆为养殖总收益的主要构成部分；其他副产品产值分别为3.76元和6.69元，分别占比0.90%和1.81%。从产品畜比例[①]来看，标准化规模养殖户的产品畜比例显著高于散养户，二者分别为60.19%和44.09%。从产出水平来看，标准化规模养殖户的产品畜平均活重高于散养户，而羊毛产量则相反。其中产品畜平均活重分别为每只37.47千克和37.22千克，羊毛产量分别为每只2.83千克和3.70千克。此外，标准化规模养殖户和散养户畜产品销售价格差异不大，其中羊毛销售价格分别为每千克24.76元和27.01元，产品畜平均价格分别为每千克15.16元和16.00元。

（三）总收益从高到低依次为中等规模、大规模和小规模养殖户

调研地区标准化规模养殖户总收益从高到低依次是中等规模养殖户、大规模养殖户和小规模养殖户，分别为每只羊444.69元、436.32元和342.41元。养殖总收益随养殖规模的扩大呈倒“U”形，说明在生产技术水平、市场价格、劳动力供给条件下，中等标准化规模养殖户单位细毛羊养殖收益最高。需要注意的是，小规模的标准化规模养殖户由于处于向标准化、规模化过度的初级阶段，养殖设施、技术水平等与散养户并无太大差异，虽然养殖规模大于散养户，其总收益却略低于散养户，在未来发展中应对这类标准化规模养殖户给予特别关注。

（四）收益构成、产品价格、产出水平和产品畜比例差异显著

从收益构成情况来看，羊毛和产品畜产值皆为养殖总收益的主要构成部

① 为产品畜数量与存栏数量的比值，其中产品畜数量为调查期内出栏畜和净增畜的数量（出生4个月以上的羔羊）。

分。不同类型标准化规模养殖户羊毛产值分别为 89.90 元、63.57 元和 62.86 元，在各自总收益中分别占比 26.26%、14.30%和 14.41%，从高到低依次是小规模、中等规模和大规模养殖户，羊毛产值随养殖规模呈递减趋势。产品畜产值分别为 250.13 元、376.35 元和 369.80 元，分别占比 73.05%、84.63%和 84.75%，其中中等规模养殖的产品畜产值最高，小规模养殖户的产品畜产值最低，占比随养殖规模呈递增趋势。此外，羔羊、羊皮、羊粪等其他副产品产值占比非常小，产值分别为 2.38 元、4.77 元和 3.66 元，分别占比 0.70%、1.07%和 0.84%，中等规模养殖户其他副产品产值和占比相对最高，而小规模养殖户均相对最低。从产品价格来看，不同类型标准化规模养殖户羊毛价格分别为每千克 27.30 元、25.35 元和 22.10 元，羊毛销售价格随养殖规模扩大呈递减趋势；产品畜平均价格分别为每千克 15.05 元、16.48 元和 13.97 元，中等规模农牧户产品畜平均价格最高。从产出水平来看，羊毛产量分别为每只 3.29 千克、2.51 千克和 2.84 千克，小规模农牧户羊毛产量最高；产品畜平均活重分别为每只 33.43 千克、37.89 千克和 39.19 千克，产品畜平均活重随规模呈递增趋势。从产品畜比例来看，三类养殖户分别为 49.71%、60.27%和 67.55%，与产品畜平均活重呈现相同趋势。

三、标准化规模养殖（分规模）与散养模式的成本及其结构比较分析

养殖总成本是指农牧户养殖过程中耗费的现金、实物、劳动力和土地等所有资源的成本，一般包括物质与服务费用、人工成本和土地成本 3 个方面。其中物质与服务费用包括幼畜购进费、精饲料费、饲草费、饲盐费、医疗防疫费、死亡损失费、修理维护费、固定资产折旧费①、草场建设费及其他直接费用②等，人工成本包括家庭用工成本和雇工成本，土地成本包括土地和草场等方面的成本（表 4-5）。

---

① 指单位价值在 100 元以上、使用年限在一年以上的生产用房屋、畜棚、粉碎机、铡草机、放牧用车、放牧用畜、草原围栏及其他各种生产用具和设备。购入的固定资产原值按购入价加运杂费及税金等计价，自行营建的固定资产原值按实际发生的全部费用计价。固定资产按分类折旧率计提折旧。畜牧业产品生产各项固定资产参考折旧率为：生产用房屋、畜棚 8%，简易畜棚 25%，机械设备、动力设备、电气设备、运输工具 12.5%，其他固定资产折旧率一般按 20%计算。实际使用年限较长的固定资产，应根据实际使用年限计提折旧。

② 指与绒毛用羊生产过程有关的未包括在上述各项之中的费用，以及应计入成本的不用分摊的费用支出，如饲料加工费、保险费、转场搬迁费、水费、燃料动力费、配种费、放牧用具费、技术服务费等。

表 4-5　调研地区细毛羊养殖总成本及构成情况

成本项目	养殖成本（元/只）					
	样本总体	散养户	标准化规模养殖户			
			总体	小规模	中等规模	大规模
一、物质与服务费用	258.50	277.36	258.09	229.56	306.45	226.22
1. 幼畜购进费	20.22	0.00	20.65	0.00	52.64	0.82
2. 精饲料费	100.56	117.30	100.20	103.67	115.12	81.64
3. 饲草费	77.50	91.13	77.21	68.42	78.64	81.91
4. 饲盐费	2.25	3.10	2.23	2.09	2.59	1.95
5. 医疗防疫费	5.76	6.73	5.74	6.04	6.03	5.21
6. 死亡损失费	6.68	6.35	6.68	7.68	6.87	5.78
7. 修理维护费	6.88	12.12	6.76	7.35	8.31	4.68
8. 固定资产折旧费	29.54	21.88	29.71	23.76	27.12	36.72
9. 草场建设费	6.41	9.29	6.35	6.68	6.90	5.53
10. 其他直接费用	2.70	9.46	2.56	3.87	2.23	1.98
二、人工成本	140.63	165.51	140.09	121.90	114.81	180.31
1. 家庭用工成本折价*	69.49	117.54	68.46	98.03	89.15	25.13
2. 雇工成本	71.14	47.97	71.63	23.87	25.66	155.18
三、土地成本	11.04	1.76	11.24	13.78	11.54	9.12
养殖成本合计	410.17	444.63	409.42	365.24	432.80	415.65

注：*指绒毛用羊生产中耗费的家庭劳动用工按一定方法和标准折算的成本，用于核算家庭劳动用工的机会成本，其计算公式为：家庭用工折价＝劳动日工价×家庭用工天数，劳动日工价＝2015 年当地农牧民人均纯收入/365。

数据来源：新疆、甘肃、内蒙古和青海农牧户调研数据。

（一）考虑家庭用工条件下标准化规模养殖户总成本略低于散养户，反之则高于散养户

总体来看，如果考虑家庭用工成本，调研地区标准化规模养殖户总成本略低于散养户，其总成本分别为每只羊 409.42 元和 444.63 元，如果不考虑家庭用工成本，则标准化规模养殖户总成本略高于散养户，分别为每只羊 340.96 元和 327.09 元。调研资料显示，一方面，散养户生产养殖所投入的劳动力以家庭自有劳动力为主，而标准化规模养殖户的劳动力兼顾自有劳动力和雇佣劳动力，因此，不考虑家庭用工成本时，散养户的成本投入会显著下降，导致总成本低于标准化规模养殖户。另一方面，调研地区的细毛羊养殖方式为半舍饲和全舍饲，随着基本草原保护制度、禁牧休牧、划区轮牧和草畜平衡制度等重大草原保护制度落实力度的进一步加大，标准化规模养殖中生产用房屋、棚圈

及设备设施等固定资产投入进一步增加，并且需要投入更多的饲草料和劳动力，而我国甘肃、内蒙古、新疆等主产区受极端气候影响，饲草资源均出现一定程度的紧缺，在资源与环境的刚性约束下，外调饲草料价格普遍较高，可能导致标准化规模养殖成本进一步上涨。

（二）标准化规模养殖户物质与服务费用、人工成本相对较低，土地成本相对较高

从成本构成来看，物质和服务费用、人工成本均是标准化规模养殖户和散养户的最主要构成部分，但不同养殖模式的成本构成有所差异。具体来看，物质与服务费用分别为每只 258.09 元和 277.36 元，在各自总成本中分别占比 63.04%和 62.38%，标准化规模养殖户物质与服务费用略低于散养，所占比例则略高于散养户；人工成本分别为每只 140.09 元和 165.51 元，分别占比为 34.22%和 37.22%，标准化规模养殖户人工成本及占比均略低于散养户。此外，土地成本分别为每只 11.24 元和 1.76 元，占比为 2.75%和 0.40%，土地成本显著低于上述两项成本，且标准化规模养殖户土地成本及占比均显著高于散养户。

综上，标准化规模养殖户的物质与服务费用、人工成本相对较低，而土地成本相对较高。原因在于，标准化规模养殖户因养殖规模较大，大量购进饲草料比散养户更具价格优势，饲草成本的下降是导致标准化规模养殖户物质与服务费用相对较低的主因；标准化规模养殖户人员结构以雇工为主，家庭成员为辅，散养户则相反，从人员分工、学历构成角度来看，标准化规模养殖户的人员使用效率更高，因此当把家庭用工成本计入总成本时，散养户人工成本相对较高；虽然细毛羊主产区养殖户家庭一般拥有一定面积的天然草场，但是随着养殖规模的扩大，养殖户需要租赁更大面积的草场和耕地，通过种植苜蓿、燕麦草、饲用玉米等获取更多饲草资源，因此，标准化规模养殖户的土地成本显著高于散养户。

（三）小规模养殖户总成本最低，成本构成比例略有差异

如果考虑家庭用工成本，养殖总成本从高到低依次是中等规模、大规模和小规模养殖户，其中每只羊分别为 432.80 元 415.65 元和 365.24 元；如果不考虑家庭用工成本，养殖总成本从高到低依次是大规模、中等规模和小规模养殖户，其中每只羊分别为 390.52 元、343.65 元和 267.21 元。不管是否考虑家庭用工成本，小规模养殖户的总成本均最低。

从成本构成来看，不同类型标准化规模养殖户成本项占比略有差异。具体来看，物质与服务费用分别为每只 229.56 元、306.45 元和 226.22 元，在各自总成本中所占比例分别为 62.85%、70.81%和 54.43%，物质与服务费用及所占比例随养殖规模呈先上升后下降的趋势；人工成本分别为每只 121.90 元、114.81 元和 180.31 元，在各自总成本中所占比例分别为 33.38%、26.53%和 43.38%，人工成本及所占比例随养殖规模呈先下降后上升的趋势；土地成本分别为每只 13.78 元、11.54 元和 9.12 元，在各自总成本中所占比例分别为 3.77%、2.67%和 2.19%，其成本费用及所占比例在三项成本构成中最低，并随养殖规模呈逐渐下降的趋势。

（四）标准化规模养殖户精饲料费、饲草费、家庭用工成本、修理维护费相对较低，雇工成本、固定资产折旧、幼畜购进费相对较高

从养殖总成本构成情况来看，精饲料费、饲草费、家庭用工成本、雇工成本和固定资产折旧费是养殖总成本的主要构成项目，其中散养户的精饲料费、饲草费、家庭用工成本、修理维护费显著高于标准化规模养殖户，而标准化规模养殖户的雇工成本、固定资产折旧费、幼畜购进费、土地成本等显著高于散养户。具体来看，散养户、小规模养殖户、中等规模养殖户和大规模养殖户精饲料费分别为每只 117.30 元、103.67 元、115.12 元和 81.64 元，在各自总成本中所占比例分别为 26.38%、28.38%、26.60%和 19.64%，其中大规模养殖户精饲料费及其所占比例显著低于其他养殖户；饲草费分别为每只 91.13 元、68.42 元、78.64 元和 81.91 元，在各自总成本中所占比例分别为 20.50%、18.73%、18.17%和 19.71%，其中散养户饲草费及其所占比例略高于其他养殖户；家庭用工成本分别为每只 117.54 元、98.03 元、89.15 元和 25.13 元，在各自总成本中所占比例分别为 26.44%、26.84%、20.60%和 6.05%，且随着养殖规模的扩大，家庭用工成本及其所占比例均呈现递减趋势；雇工成本分别为每只 47.97 元、23.87 元、25.66 元和 155.18 元，在各自总成本中所占比例分别为 10.79%、6.54%、5.93%和 37.34%，其中大规模养殖户雇工成本及其所占比例均显著高于其他养殖户；固定资产折旧费分别为每只 21.88 元、23.76 元、27.12 元和 36.72 元，在各自总成本中所占比例分别为 4.92%、6.51%、6.27%和 8.83%，随着养殖规模的扩大，固定资产折旧所占比例均呈现递增趋势；土地成本分别为每只 1.76 元、13.78 元、11.54 元和 9.12 元，在各自总成本中所占比例分别为 0.40%、3.77%、2.67%和 2.19%，标准化规模养殖户的土地成本及其占比显著高于散养户，但是在总成

本中所占比例较小。此外，由于标准化规模养殖的饲养及管理水平较高，其饲盐费、医疗防疫费、修理维护费、草场建设费及其他直接费用均略低于散养户；由于散养户一般通过自繁自育方式进行扩群，良种化程度偏低，而标准化规模养殖户采用人工授精、胚胎移植或引进品种优良种畜或幼畜的方式进行良种扩繁，因此其幼畜购进费显著高于散养户；目前国家已经在各地区建立其较为系统的县乡村动物防疫体系，包括细毛羊在内的各类畜禽疾病都能得到有效防疫，近年来并未出现较大疫情，多为寄生虫病、肺病等常见病，因此，标准化规模养殖户和散养户的死亡损失费差异不大，且在总成本中所占比例很小。

四、标准化规模养殖（分规模）与散养模式的纯收益及成本利润率比较分析

养殖纯收益是养殖总收益和养殖总成本的差值，反映了农牧户养殖绒毛用羊的净收益情况；成本利润率为养殖纯收益和养殖总成本的比值，反映了农牧户在一定成本投入水平上的获利能力（表 4－6）。其计算公式分别为：

$$\text{养殖纯收益}=\text{养殖总收益}-\text{养殖总成本} \qquad (4-1)$$

$$\text{成本利润率}=\frac{\text{养殖纯收益}}{\text{养殖总成本}}\times 100\% \qquad (4-2)$$

（一）标准化规模养殖户养殖纯收益和成本收益率均显著高于散养户

在家庭用工不计入总成本的情况下，调研地区标准化规模养殖户和散养户细毛羊的养殖纯收益分别为每只 74.67 元和 42.26 元，成本利润率分别为 21.90％和 12.92％，标准化规模养殖户的养殖纯收益显著高于散养户；若将家庭用工计入总成本，标准化规模养殖户和散养户的养殖纯收益分别为每只 6.21 元和－75.28 元，成本利润率分别为 1.52％和－16.93％，散养户因长期养殖习惯和劳动效率偏低等因素，家庭用工投入显著高于标准化规模养殖户。因此在考虑家庭用工成本后，标准化规模养殖户尚有盈利，而散养户已经呈亏损状态。

（二）考虑家庭用工成本条件下中等规模养殖户纯收益最高，反之大规模养殖户纯收益最高

在家庭用工不计入总成本的情况下，调研地区小规模、中等规模和大规模 3 个类型的标准化规模养殖户养殖纯收益分别为每只 75.20 元、101.04 元和 45.80 元，成本利润率分别为 28.14％、29.40％和 11.73％，中等规模标准化

规模养殖户养殖纯收益最高；若将家庭用工计入总成本，3个类型的标准化规模养殖户的纯收益则分别为－22.83元、11.89元和20.67元，成本利润率分别为－6.25％、2.75％和4.97％，随着养殖规模的扩大，养殖纯收益呈上升趋势，大规模的标准化规模养殖户的养殖纯收益最高，中等规模的标准化规模养殖户略有盈余，而小规模的标准化规模养殖户则出现亏损。

从整体情况来看，与散养户相比，标准化规模养殖户在抗风险能力、饲养防疫水平、对市场机遇的把握与预测能力、销路保障等方面都具明显的优势，因此，不管是否考虑家庭用工成本，标准化规模养殖户的养殖纯收益都高于散养户。在不考虑家庭用工成本的情况下，中等规模养殖户养殖纯收益和成本利润率均为最高，散养户养殖纯收益最低，大规模养殖户成本利润率最低；若将家庭用工计入总成本，则大规模的标准化规模养殖户的纯收益和成本利润率均为最高，而散养户则均为最低（表4－6）。

表4－6　调研地区细毛羊养殖纯收益和成本利润率情况

单位：元/只，％

项　目	家庭用工不计入总成本						家庭用工计入总成本					
	样本总体	散养户	标准化规模养殖户				样本总体	散养户	标准化规模养殖户			
			总体	小规模	中等规模	大规模			总体	小规模	中等规模	大规模
养殖收益	414.65	369.35	415.63	342.41	444.69	436.32	414.65	369.35	415.63	342.41	444.69	436.32
养殖成本	340.68	327.09	340.96	267.21	343.65	390.52	410.17	444.63	409.42	365.24	432.80	415.65
养殖纯收益	73.97	42.26	74.67	75.20	101.04	45.80	4.48	－75.28	6.21	－22.83	11.89	20.67
成本利润率	21.72	12.92	21.90	28.14	29.40	11.73	1.09	－16.93	1.52	－6.25	2.75	4.97

数据来源：新疆、甘肃、内蒙古和青海农牧户调研数据。

五、不同地区标准化规模养殖成本收益比较分析

由于我国细毛羊主产区在气候条件、草场资源、养殖与生产条件、劳动力成本、饲草料价格、品种与生产性能、市场供求状况等方面存在较大差异，导致标准化规模养殖成本收益情况存在较为显著的地区差异。

（一）各地区标准化规模养殖总收益及其结构分析

1. 各地区标准化规模养殖总收益及构成比例地区差异显著

新疆、甘肃、内蒙古、青海等地区的标准化规模养殖户总收益分别为每只

376.55 元、435.53 元、581.10 元和 490.36 元，其中内蒙古总收益最高，青海和甘肃次之，新疆最低，存在明显的地区差异。从收益构成情况来看，羊毛产值分别为 75.20 元、64.68 元、165.42 元和 34.42 元，在各自总收益中所占比例分别为 19.97%、14.85%、28.47%和 7.02%，其中内蒙古羊毛产值及构成比例最高，新疆和甘肃次之，青海最低，整体地区差异较大。产品畜产值分别为 301.33 元、367.75 元、400.06 元和 451.20 元，在各自总收益中所占比例分别为 80.02%、84.44%、68.85%和 92.01%，其中青海产品畜产值最高，新疆产品畜产值最低，由于受绒毛用羊品种、生产性能、羊毛及羊肉市场价格等综合影响，产品畜产值在各地区养殖总收益中所占比重均非常高，同时青海产品畜产值及构成比例显著高于其他省份，而新疆产品畜产值最低，整体地区差异非常显著。其他副产品产值分别为 0.02 元、3.10 元、15.62 元和 4.74 元，在各自总收益中所占比例分别为 0.01%、0.71%、2.69%和 0.97%，其中内蒙古其他副产品产值显著高于其他省份，但是该收益在总收益中所占比重极低。

2. 内蒙古标准化规模养殖羊毛产量、产品价格相对最高，青海产品畜比例最高

从产出水平来看，各地区羊毛产量分别为每只 2.86 千克、2.59 千克、5.20 千克和 2.24 千克，其中内蒙古羊毛产量显著高于其他省份；产品畜平均活重差异不大，分别为每只 35.86 千克、37.65 千克、37.28 千克和 38.18 千克；从价格情况来看，各地区羊毛价格分别为每千克 26.33 元、24.98 元、31.84 元和 15.37 元，其中内蒙古羊毛价格最高，青海羊毛价格最低；产品畜平均价格分别为每千克 14.69 元、16.16 元、19.69 元和 13.25 元，其中内蒙古产品畜平均价格显著高于其他省份，青海相对最低。产品畜比例分别为 52.22%、60.43%、54.51%和 89.21%，其中青海产品畜比例最高，新疆产品畜比例最低（表 4－7）。

表 4－7　分省区细毛羊标准化规模养殖总收益及构成情况

收益构成项目		样本总体	新疆	甘肃	内蒙古	青海
一、羊毛产值	羊毛产量（千克/只）	2.83	2.86	2.59	5.20	2.24
	羊毛价格（元/千克）	24.76	26.33	24.98	31.84	15.37
	羊毛产值（元/只）	70.03	75.20	64.68	165.42	34.42
二、产品畜产值	产品畜平均活重（千克/只）	37.47	35.86	37.65	37.28	38.18
	产品畜平均价格（元/千克）	15.16	14.69	16.16	19.69	13.25

（续）

收益构成项目		样本总体	新疆	甘肃	内蒙古	青海
二、产品畜产值	产品畜比例（%）	60.19	52.22	60.43	54.51	89.21
	产品畜产值（元/只）	341.84	301.33	367.75	400.06	451.20
三、其他副产品产值（元/只）		3.76	0.02	3.10	15.62	4.74
养殖收益合计		415.63	376.55	435.53	581.10	490.36

数据来源：新疆、甘肃、内蒙古和青海农牧户调研数据。

从整体情况来看，各地区标准化规模养殖收益的高低主要取决于单产情况和市场价格，其中羊毛价格和产品畜平均价格主要取决于市场供求，而羊毛产量和产品畜活重则主要取决于新品种培育、品种改良、技术推广和培训、养殖条件和经营管理等因素，这些是提高绒毛用羊标准化规模养殖收益的主要途径。

（二）各地标准化规模养殖总成本及其结构分析

1. 各地区标准化规模养殖总成本地区差异显著，内蒙古相对最高，新疆最低

总体来看，新疆、甘肃、内蒙古、青海等绒毛用羊主产区的标准化规模养殖户总成本分别为每只 395.01 元、402.92 元、632.44 元和 472.86 元，其中内蒙古养殖总成本显著高于其他省份（表 4－8）。

首先，物质与服务费用分别为每只 231.30 元、296.09 元、439.94 元和 230.86 元，在各自总成本中所占比例分别为 58.56％、73.49％、69.56％和 48.82％，物质与服务费用是上述主产区生产成本的主要构成部分，其中内蒙古的物质与服务费用显著高于其他省份，而青海的物质与服务费用最低，且构成比例显著低于其他省份，可见，细毛羊标准化规模养殖的物质与服务费用存在较大的地区差异。

其次，人工成本分别为每只 146.46 元、97.79 元、152.76 元和 240.56 元，在各自总成本中所占比例分别为 37.08％、24.27％、24.15％和 50.87％，其中青海的人工成本及构成比例均显著高于其他省份，新疆和内蒙古的人工成本次之，甘肃的人工成本最低，可见，细毛羊标准化规模养殖的人工成本存在一定的地区差异。

最后，土地成本分别为每只 17.25 元、9.04 元、39.74 元和 1.46 元，在各自总成本中所占比例分别为 4.37％、2.24％、6.28％和 0.31％，其中内蒙古和新疆的土地成本及构成比例显著高于其他省份，虽然土地成本在总成本中的比例最低，但是地区差异非常显著，需要给予特别关注。

表 4-8　分省区细毛羊标准化规模养殖总成本及构成情况

成本项目	养殖成本（元/只）				
	样本总体	新疆	甘肃	内蒙古	青海
一、物质和服务费用	258.09	231.30	296.09	439.94	230.84
1. 幼畜购进费	20.65	0.00	53.81	0.45	1.25
2. 精饲料费	100.20	76.53	121.19	161.04	95.85
3. 饲草费	77.21	103.44	55.17	180.51	71.43
4. 饲盐费	2.23	3.60	2.98	3.43	0.00
5. 医疗防疫费	5.74	9.22	4.72	10.94	3.88
6. 死亡损失费	6.68	9.05	9.27	4.12	3.48
7. 修理维护费	6.76	4.16	9.32	9.46	6.12
8. 固定资产折旧费	29.71	21.47	35.02	43.22	32.76
9. 草场建设费	6.35	1.35	4.08	12.38	14.08
10. 其他直接费用	2.56	2.48	0.53	14.39	1.99
二、人工成本	140.09	146.46	97.79	152.76	240.56
1. 家庭用工成本折价	68.46	65.71	70.09	132.62	43.85
2. 雇工成本	71.63	80.75	27.70	20.14	196.71
三、土地成本	11.24	17.25	9.04	39.74	1.46
养殖成本合计	409.42	395.01	402.92	632.44	472.86

数据来源：新疆、甘肃、内蒙古和青海农牧户调研数据。

2. 各地区标准化规模养殖总成本构成略有差异

从各省份细毛羊养殖总成本构成情况来看，饲草料费、家庭用工成本、雇工成本和固定资产折旧费等养殖总成本的主要构成项目均存在显著的地区差异。具体来看：

(1) 饲草料成本。2016 年新疆、甘肃、内蒙古、青海等细毛羊主产区的标准化规模养殖户饲草料费分别为每只 179.97 元、176.36 元、341.55 元和 167.28 元，在各自总成本中所占比例分别为 45.56%、43.77%、54.01%和 35.38%，不同省份存在较大差异，内蒙古饲草料费显著高于其他省份，新疆和甘肃略低，青海饲草料费及构成比例均低于其他省份。由于细毛羊主产区主要分布在草原牧区，饲草料加工设备、设施和相关技术的推广普及均较为滞后，从而导致农牧户在饲草料种类、饲喂量、配比等方面难以符合科学养殖标准，普遍存在饲喂量大缺营养问题，从而影响产出水平和质量，进而影响其经济效益。

（2）家庭用工和雇工成本。家庭用工成本折价分别为每只65.71元、70.09元、132.62元和43.85元，在各自总成本中所占比例分别为16.64%、17.40%、20.97%和9.27%，其中内蒙古家庭用工成本折价最高，其次是甘肃和新疆，而青海家庭用工成本折价最低；雇工成本分别为每只80.75元、27.70元、20.14元和196.71元，在各自总成本中所占比例分别为20.44%、6.87%、3.18%和41.60%，其中青海和新疆的雇工成本显著高于甘肃和内蒙古。由此可见，劳动力投入仅次于饲草料成本，在养殖成本构成中位居第二位，可以通过改善生产经营管理方式和发展科学化、标准化、规模化生产提高劳动效率，减少劳动力投入，以此减少绒毛用羊养殖成本。

（3）固定资产折旧。固定资产折旧费分别为每只21.47元、35.02元、43.22元和32.76元，在各自中成本中所占比例分别为5.44%、8.69%、6.83%和6.93%，其中内蒙古固定资产折旧费显著高于其他省份，甘肃和青海次之，新疆固定资产折旧最低。由此可见，固定资产投入次于劳动力投入，在养殖成本构成中位居第三位，随着禁牧等草原生态保护政策的持续推进，草原牧区细毛羊养殖方式逐步从粗放的传统放牧向舍饲、半舍饲方式过渡，养殖环境与条件均有所改善，但同时养殖棚圈、牧业机械购置、草原围栏及其他生产用具等方面的支出也越来越高，因此种公羊补贴、禁牧补贴、草畜平衡补贴、畜牧养殖机械购置补贴、标准化规模养殖奖励、棚圈建设补贴、青贮窖补贴等相关扶持政策需要进一步扩大覆盖面积和标准，以适当弥补和降低标准化规模养殖户生产成本。

此外，幼畜购进费分别为每只0.00元、53.81元、0.54元和1.25元，在各自总成本中所占比例分别为0.00%、13.36%、0.07%和0.26%，其中甘肃的幼畜购进费显著高于其他省份，可能的原因是新疆、内蒙古、青海的标准化规模养殖户的细毛羊以自繁自育为主，或当地畜牧主管部门通过良种选育选配技术服务和推广能够较好地满足当地农牧民品种改良的需求，因此不需要再购买幼畜，而甘肃标准化规模养殖户在养殖过程中，除自繁自育，还需要通过购买幼畜进行品种改良和扩繁。修理维护费分别为每只4.16元、9.32元、9.46元和6.12元，在各自总成本中所占比例分别为1.05%、2.31%、1.50%和1.29%，虽然该成本在养殖成本中所占比例较小，但随着各类牧业养殖设备设施的投入增加，修理维护费也随之提高。医疗防疫费和死亡损失费在生产成本中均占有一定比重，说明养殖过程中仍然面临各种疾病风险并造成一定的经济损失。饲盐费、草场建设费和其他直接费用的省级差异不大，且在养殖总成本中所占比例较小。

（三）各地区标准化规模养殖纯收益及成本利润率分析

在家庭用工不计入总成本的情况下，新疆、甘肃、内蒙古、青海等细毛羊主产区的标准化规模养殖户养殖纯收益分别为47.25元、102.70元、81.28元和61.35元，成本利润率分别为14.35%、30.86%、16.26%和14.30%；若将家庭用工计入总成本，则各地区养殖纯收益分别为每只－18.46元、32.61元、－51.34元和17.50元，成本利润率分别为－4.67%、8.09%、－8.12%和3.70%（表4－9）。

表4－9　分省区细毛羊标准化规模养殖纯收益情况

单位：元/只，%

项目	家庭用工不计入总成本					家庭用工计入总成本				
	样本总体	新疆	甘肃	内蒙古	青海	样本总体	新疆	甘肃	内蒙古	青海
养殖收益	415.63	376.55	435.53	581.10	490.36	415.63	376.55	435.53	581.10	490.36
养殖成本	340.97	329.30	332.83	499.82	429.01	409.42	395.01	402.92	632.44	472.86
养殖纯收益	74.66	47.25	102.70	81.28	61.35	6.21	－18.46	32.61	－51.34	17.50
成本利润率	21.90	14.35	30.86	16.26	14.30	1.52	－4.67	8.09	－8.12	3.70

数据来源：新疆、甘肃、内蒙古和青海农牧户调研数据。

从整体来看，不考虑家庭用工成本情况下，由于甘肃养殖总收益较高而生产成本较低，其养殖纯收益显著高于其他省份，位居第一；内蒙古养殖总收益最高，但生产成本也是最高的，其养殖纯收益位居第二位；青海养殖总收益较高但生产成本也较高，其养殖纯收益位居第三位；新疆养殖总收益和总成本都很低，其养殖纯收益位居第四位。如果将家庭用工计入总成本，则上述四省的养殖纯收益排序则发生变化，其中甘肃和青海的细毛羊养殖尚有盈余，分别排在第一位和第二位，而新疆、内蒙古则出现亏损，分别排在第三位和第四位。综上可知，内蒙古和青海细毛羊标准化规模养殖均具有“高收益高成本”的特点，而新疆则为“低收益低成本”，只有甘肃的绒毛用羊标准化规模养殖为“高收益低成本”。因此，各省区绒毛用羊标准化规模养殖纯收益也存在较显著的地区差异。

第二节　标准化规模养殖（分规模）与散养模式的单要素生产率比较分析

生产率是技术进步理论的核心，从20世纪20年代学术界就开始使用美国数学家柯布（C. W. Cobb）和经济学家保罗·道格拉斯（P. H. Douglas）共同提出的生产函数理论量化生产率对经济增长的贡献。生产率的测度主要包括单要素生产率和全要素生产率（欧阳武，1996）。索洛（Robert Merton Solow）提出了具有规模报酬不变、生产者均衡的总量生产函数和方程，肯德里克（J. W. Kendrick）在1961年出版的《Productivity Trends in the United States》中将其定义为"经济增长中不能被要素投入增长解释的部分"，即"增长余值"（劳埃德·霍诺兹，1986）。全要素生产率的优势在于将纷繁复杂的技术进步带来的资源利用效率高度浓缩为一个简单的数字（莫志宏，沈蕾，2005），而问题亦在于此，全要素生产率忽略了劳动、资本、土地等生产率在质上的差异，是一个加总的结果，并未明确显示具体哪方面的增长有问题及如何解决。因此，单要素生产率的分析有其必要性和针对性。单要素生产率是指经济主体的产出水平与投入要素中某一特定要素的比率，其衡量的是某一要素的单位产出能力，有助于评价要素的使用效率及其动态变化。李谷成（2009）认为转型期的中国农业所取得的成功主要归因于农业生产要素的大幅增长和农业生产率的提高，后者主要是指劳动、土地等，对资源禀赋条件的约束而言更有意义。

中国畜牧业正面临转型升级的关键时期，绒毛用羊产业是建设现代畜牧业的重要方面，技术驱动型的内生增长路径是其未来发展的必然选择，因此需要在加强劳动力、资本等要素投入的同时，推动技术研发和推广，才能转变传统畜牧生产方式，提高标准化规模养殖程度，进而提高绒毛用羊养殖生产率。资本、劳动力和饲草料是绒毛用羊养殖过程中最主要的投入要素，本部分依然按照农牧户能繁母羊数量将其分为散养户（1～99只）、小规模标准规模户（100～199只）、中等规模标准规模户（200～399只）、大规模标准规模户（400只及以上）4类，对不同规模和地区农牧户的资本生产率、劳动生产率和饲草料生产率进行测算和比较分析。

一、标准化规模养殖（分规模）与散养模式的资本生产率比较分析

资本生产率又叫资金收益率，是将"资本"作为投入量的条件下，单位资本的产出量，用于衡量资本投入的回报大小。其计算公式为：

$$资本生产率=\frac{利润}{投资}\times 100\% \quad (4-3)$$

资本是重要的生产要素之一，资本生产率在很大程度上反映了绒毛用羊各种生产要素投入的综合效益，本研究用每只羊的养殖纯收益除以物质与服务费计算资本生产率，表示单位物质成本的获益大小。

（一）标准化规模养殖户资本生产率显著高于散养户，随养殖规模扩大呈倒“U”形

在样本总体中，养殖规模为1～99只和100只及以上的农牧户资本生产率分别是15.24%和28.93%，养殖规模在100～199只、200～399只和400只及以上的农牧户资本生产率分别为32.76%、32.97%和20.25%。由此可知，标准化规模养殖户的资本生产率显著高于散养户，中等规模养殖户最高，散养户最低，资本生产率随养殖规模的扩大呈倒“U”形（表4-10）。

表4-10　调研地区不同规模农牧户资本生产率情况

单位：%

样本总体/地区	散养户（1～99只）	标准化规模养殖户			
		总体（100只及以上）	小规模（100～199只）	中等规模（200～399只）	大规模（400只及以上）
样本总体	15.24	28.93	32.76	32.97	20.25
新疆	24.43	27.26	13.31	40.91	20.41
甘肃	15.12	34.68	48.21	31.43	25.01
内蒙古	11.94	18.48	15.79	27.43	2.43
青海	—	26.58	77.41	36.45	20.86

注：“—”表示该地区在对应的养殖规模区间没有样本农牧户。

数据来源：新疆、甘肃、内蒙古和青海农牧户调研数据。

（二）各地区标准化规模养殖户资本生产率均显著高于散养户，新疆和内蒙古变化趋势呈倒“U”形，甘肃和青海呈递减趋势

从总体来看，新疆、甘肃、内蒙古标准化规模养殖户的资本生产率分别为27.26%、34.68%和18.48%，而散养户则分别为24.43%、15.12%和11.94%，说明各地区标准化规模养殖户的资本生产率均显著高于散养户。从分地区情况来看，新疆标准化规模养殖户的资本生产率分别为13.31%、40.91%和20.41%，随养殖规模扩大呈倒“U”形；甘肃标准化规模养殖户的

资本生产率分别为48.21%、31.43%和25.01%，随养殖规模扩大呈递减趋势；内蒙古标准化规模养殖户的资本生产率分别为15.79%、27.43%和2.43%，变化趋势与新疆一致；青海不同规模农牧户的资本生产率分别为77.41%、36.45%和20.86，变化趋势与甘肃一致。

此外，值得注意的是，在100～199只和200～399只规模水平的农牧户资本生产率最高，资本生产率随养殖规模的扩大亦呈倒“U”形，说明农牧户细毛羊养殖的适度规模经营是未来发展的主要方向，根据规模经济理论，在技术条件不变的条件下，规模报酬会随着生产规模的扩大而递增，当各种生产要素达到最佳组合时，单位产出成本趋于下降，而单位产出利润趋于上升，此时农牧户生产经营的规模水平达到适度规模（或最优规模）。因此，在细毛羊养殖生产经营中，资本的投入在达到一定的养殖规模后运行效率更高，但要注意与其他生产要素的适度匹配才能取得最佳的经济效益。

二、标准化规模养殖（分规模）与散养模式的劳动生产率比较分析

劳动生产率是指劳动者在一定时期内创造的劳动成果与其相适应的劳动消耗量的比值，反映了劳动者创造使用价值的能力或效率，可以用单位时间内生产某种产品的数量或生产单位产品所耗费的劳动时间来表示。在细毛羊养殖过程中，劳动力是重要的投入要素，也是衡量农牧户生产效率的重要指标。

调研资料显示，虽然我国2016年农机总动力达到11.44亿千瓦，农作物耕种收综合机械化率超过65%，但是细毛羊主产区大多位于经济发展相对落后的草原牧区，农牧户相对分散，水电路信等基础设施滞后，使牧业机械的使用率仍然较低，农牧户在放牧、舍饲、羊群分类管理、饲草料种植、收获、运输、加工、投喂以及疾病防控等诸多环节均需要投入大量劳动力，部分家庭劳动力不足的农牧户还需要在接羔、剪毛期等关键环节雇佣劳动力。本研究用单位时间的产量来表示劳动生产率，产量越高，劳动生产率越高。由于细毛羊兼具毛用和肉用功能，因此选取调查期内（通常为一年）农牧户产品畜总产量和羊毛产量两个指标，分别计算农牧户的劳动生产率，具体用标准劳动日所生产的产品畜产量或羊毛产量来表示。具体计算公式为：

劳动生产率（按产品畜产量）＝（产品畜总产量/标准劳动日）×100%　　(4－4)

劳动生产率（按羊毛产量）＝（羊毛产量/标准劳动日）×100%　　(4－5)

标准劳动日是家庭用工天数和雇工天数之和，其中家庭用工天数是指家庭

劳动用工折算成中等劳动力[①]的劳动小时数按照标准劳动日折算的天数，其计算公式为：

家庭用工天数＝家庭劳动用工折算成中等劳动力的总劳动小时数÷8 小时　(4－6)

雇工天数是指雇用工人劳动的总小时数按照标准劳动日折算的天数，雇工视作中等劳动力，其计算公式为：

雇工天数＝雇用工人劳动总小时数÷8 小时　(4－7)

（一）标准化规模养殖户劳动生产率显著高于散养户，且随养殖规模扩大呈上升趋势

在样本总体中，按照产品畜产量测算，养殖规模 1～99 只和 100 只及以上的农牧户劳动生产率分别是 336.27％和 642.92％，不同类型标准化规模养殖户的劳动生产率分别是 454.07％、801.08％和 951.73％；按照羊毛产量测算，劳动生产率则分别是 80.36％和 107.70％，不同类型标准化规模养殖户的劳动生产率则分别为 93.82％、110.67％和 164.19％。由此可知，按上述两个指标测算出的劳动生产率表现出相同的特征和变化趋势，即标准化规模养殖户的劳动生产率显著高于散养户，且随养殖规模的扩大呈持续上升的趋势。说明，养殖规模较大的农牧户畜牧机械化水平更高，更倾向于以机械设备代替人工操作从而提高作业效率（表 4－11）。

表 4－11　调研地区不同规模农牧户劳动生产率情况

单位：％

类别	样本总体/地区	散养户（1～99 只）	标准化规模养殖户			
			总体（100 只及以上）	小规模（100～199 只）	中等规模（200～399 只）	大规模（400 只及以上）
按产品畜产量（千克/标准劳动日）	样本总体	336.27	642.92	454.07	801.08	951.73
	新疆	278.69	592.11	313.52	599.81	1 662.82
	甘肃	302.05	636.62	457.48	951.05	677.73
	内蒙古	402.42	625.41	514.60	934.44	497.34
	青海	—	825.99	781.52	882.51	757.43

① 中等劳动力按下述方法确定：a. 18～50 周岁男性、18～45 周岁女性，能够适应中等劳动强度的，为一个中等劳动力。b. 在前款规定的年龄段之外，能够经常参加劳动，劳动能力和劳动强度相当于中等劳动力的，可按一个中等劳动力计算；劳动能力和劳动强度不及中等劳动力的，按实际情况折算。

（续）

类别	样本总体/地区	散养户（1～99 只）	标准化规模养殖户			
			总体（100 只及以上）	小规模（100～199 只）	中等规模（200～399 只）	大规模（400 只及以上）
按羊毛产量（千克/标准劳动日）	样本总体	80.36	107.70	93.82	110.67	164.19
	新疆	48.26	119.11	81.37	120.77	260.65
	甘肃	68.49	93.30	89.14	97.25	107.63
	内蒙古	115.42	169.64	134.02	197.90	412.90
	青海	—	58.63	54.87	59.70	60.23

注：“—”表示该地区在对应的养殖规模区间没有样本农牧户。

数据来源：新疆、甘肃、内蒙古和青海农牧户调研数据。

（二）各地区标准化规模养殖户资本生产率均显著高于散养户，但不同规模略有差异

从分地区情况来看，不管按产品畜还是羊毛产量测算，新疆标准化规模养殖户的劳动生产率显著高于散养户，劳动生产率随养殖规模的扩大呈上升趋势，按羊毛产量的测算结果亦表现出相同的趋势；甘肃和内蒙古标准化规模养殖户的劳动生产率显著高于散养户，按产品畜产量测算，劳动生产率随养殖规模扩大呈倒“U”形，中等规模养殖户最高，散养户最低，按羊毛产量测算，劳动生产率随养殖规模扩大呈上升趋势；按产品畜产量测算，青海农牧户的劳动生产率随养殖规模扩大呈倒“U”形，中等规模养殖最高，大规模养殖户最低，按羊毛产量测算，劳动生产率随养殖规模扩大呈上升趋势。

综上，各地区标准化规模养殖户的劳动生产率均显著高于散养户，但是不同规模农牧户的劳动生产率存在差异，但是在 200～399 只和 400 只及以上规模水平的农牧户劳动生产率最高，按产品畜产量测算，除新疆外，其他地区的劳动生产率均随养殖规模的扩大呈倒“U”形，按羊毛产量测算，所有地区的劳动生产率均随养殖规模的扩大呈持续上升趋势。

三、标准化规模养殖（分规模）与散养模式的饲草料生产率比较分析

细毛羊为反刍类草食畜，农牧户饲喂的各种饲草料品种、营养成分和饲喂

量对产肉性能、产毛性能均有一定影响。按照饲草料营养成分、纤维含量等将其简单分为精饲料和粗饲料，其中精饲料主要包括粗蛋白质含量<20%、粗纤维含量<18%的能量饲料（包括玉米、高粱、燕麦等禾本科籽实和马铃薯、红薯、甜菜、麸皮、甜菜渣、酒糟、米糠等）和粗蛋白含量≥20%、粗纤维含量<18%的蛋白质饲料（包括大豆、蚕豆等豆科籽实和豆粕、油籽饼、菜子饼、棉籽饼、饲料添加剂和添加物等）。粗饲料主要包括青绿饲料、青贮、干草类农副产品类（壳、荚、秸、旸、藤）、树叶糟渣类等。一般而言，精饲料具有粗纤维含量低、蛋白含量高、易消化有机质含量高、饲料容重比较大等特点，为细毛羊生长繁殖提供能量和蛋白需求，粗饲料虽然消化率低，但却是不可或缺的饲料，能够起到促进胃肠蠕动和增强消化力的作用，如果饲料中缺乏粗饲料，可能会导致瘤胃胀气等疾病。本研究分别选取调查期内（通常为一年）农牧户产品畜总产量和羊毛产量两个指标，分别计算精饲料生产率和粗饲料生产率，具体计算公式为：

精饲料生产率（按产品畜产量/按羊毛产量）＝产品畜总产量（羊毛产量）/精饲料饲喂量）×100%　　(4-8)

粗饲料生产率（按产品畜产量/按羊毛产量）＝（产品畜总产量（羊毛产量）/粗饲料饲喂量）×100%　　(4-9)

（一）标准化规模养殖户精饲料生产率显著高于散养户，且随养殖规模扩大呈波动上升趋势

在样本总体中，按照产品畜产量测算，养殖规模1～99只和100只及以上农牧户的精饲料生产率分别是34.96%和77.79%，不同类型标准化规模养殖户的精饲料生产率分别是67.93%、64.46%和178.31%；按照羊毛产量测算，精饲料生产率分别是6.86%和11.21%，不同类型标准化规模养殖户则分别是12.02%、7.66%和21.08%。由此可知，按上述两个指标测算出的精饲料生产率表现出相同的变化趋势，标准化规模养殖户的精饲料生产率显著高于散养户，精饲料生产率随养殖规模的扩大呈波动性上升的趋势。说明，养殖规模较大的农牧户更加了解饲草料营养和饲草加工技术，更注重日粮合理搭配和科学配制，科学合理的饲草料配比能满足羊的日常营养需求，也能有效降低饲草浪费，降低养殖成本（表4-12）。

表 4-12　调研地区不同规模农牧户饲草料生产率情况

单位：%

项目	类别	样本总体/地区	散养户（1～99只）	标准化规模养殖户 总体（100只及以上）	小规模（100～199只）	中等规模（200～399只）	大规模（400只及以上）
精饲料生产率（千克/千克）	按产品畜总产量	样本总体	34.96	77.79	67.93	64.46	178.31
		新疆	48.45	37.33	30.63	36.39	69.46
		甘肃	24.50	72.11	87.07	51.34	46.69
		内蒙古	24.08	25.33	24.24	27.55	27.24
		青海	—	274.48	177.76	203.58	513.00
	按羊毛产量	样本总体	6.86	11.21	12.02	7.66	21.08
		新疆	7.54	7.70	6.97	6.50	17.43
		甘肃	5.56	11.86	15.94	5.88	6.26
		内蒙古	6.50	7.57	6.52	6.46	22.61
		青海	—	22.41	12.65	16.51	43.97
粗饲料生产率（千克/千克）	按产品畜总产量	样本总体	17.00	66.23	78.52	47.18	80.38
		新疆	13.35	13.71	12.53	15.25	9.78
		甘肃	27.56	99.64	130.70	61.73	26.06
		内蒙古	18.02	16.86	18.05	7.38	42.83
		青海	—	131.60	39.71	125.37	235.93
	按羊毛产量	样本总体	6.36	11.26	15.24	6.59	9.94
		新疆	2.36	2.73	2.90	2.82	1.59
		甘肃	6.25	17.91	25.16	8.10	4.59
		内蒙古	10.39	6.11	5.02	1.49	35.56
		青海	—	13.25	2.75	16.68	16.89

注："—"表示该地区在对应的养殖规模区间没有样本农牧户。

数据来源：新疆、甘肃、内蒙古和青海农牧户调研数据。

（二）各地区多数标准化规模养殖户精饲料生产率高于散养户，但不同规模略有差异

从分地区情况来看，按产品畜产量测算，新疆标准化规模养殖户的精饲料生产率略低于散养户，但是大规模养殖户的精饲料生产率显著高于其他规模养殖户，按羊毛产量测算，标准化规模养殖户的精饲料生产率略高于散养户，而大规模养殖户最高，中等规模养殖户最低；甘肃标准化规模养殖户的精饲料生

产率显著高于散养户，精饲料生产率随养殖规模扩大呈“U”形，小规模养殖户最高，散养户最低；内蒙古标准化规模养殖户的精饲料生产率略高于散养户，按产品畜产量测算，精饲料生产率随养殖规模扩大呈倒“U”形，中等规模养殖户最高，散养户最低，按羊毛产量测算，大规模养殖户最高，中等规模养殖户最低；青海标准化规模养殖户的精饲料生产率随养殖规模扩大呈上升趋势。虽然各地区不同规模农牧户的精饲料生产率存在差异，但是大部分调研地区的标准化规模养殖户精饲料生产率高于散养户。

（三）标准化规模养殖户粗饲料生产率显著高于散养户，不同类型养殖户略有差异

按照产品畜产量测算，养殖规模 1～99 只和 100 只及以上农牧户粗饲料生产率分别是 17.00%和 66.23%，不同类型标准化规模养殖户粗饲料生产率分别是 78.52%、47.18%和 80.38%；按照羊毛产量测算，养殖规模 1～99 只和 100 只及以上农牧户粗饲料生产率分别是 6.36%和 11.26%，不同类型标准化规模养殖户分别是 15.24%、6.59%和 9.94%。由此可知，按照产品畜产量测算，标准化规模养殖户粗饲料生产率随养殖规模的扩大呈波动性上升趋势，按照羊毛产量测算，小规模养殖户粗饲料生产率最高，虽然二者变化趋势不同，但是标准化规模养殖户的粗饲料生产率均显著高于散养户，说明养殖规模较大的农牧户更能熟练地掌握饲草初加工、微贮和调制技术，粗饲料利用率高于散养户。

（四）多数地区的标准化规模养殖户粗饲料生产率高于散养户

从分地区情况来看，新疆标准化规模养殖户的粗饲料生产率略高于散养户，按产品畜产量测算，中等规模养殖户最高，大规模养殖户最低，按羊毛产量测算，小规模养殖户最高，大规模养殖户最低；甘肃标准化规模养殖户的粗饲料生产率显著高于散养户，粗饲料生产率随养殖规模扩大呈倒“U”形，其中小规模养殖户最高，大规模养殖户最低；内蒙古标准化规模养殖户的粗饲料生产率略低于散养户，其中大规模养殖户最高，中等规模养殖户最低；青海标准化规模养殖户的粗饲料生产率随养殖规模扩大呈上升趋势。

第三节　标准化规模养殖（分规模）与散养模式的经济效率比较分析

经济效率是指一定经济成本基础上获得的经济收益，即在既定成本收益最

大化或既定收益成本最小化时，方能实现经济效率。因此，一个决策单元（Decision Making Unit，DMU）在利润最大化目标的驱使下，要么根据现有投入量得到最大化产量（即技术效率），或根据投入品价格进行合理的投入配置（即配置效率）。如图 4-1 所示，投入品 $X=(x_1, x_2)$ 生产出相应的产出 $Y=(y_1, y_2)$，投入品价格为 $W=(w_1, w_2)$，X 与 Y 的关系描述了最佳投入组合达到既定产出水平的关系。决策单元 S 在投入品 x_1 和 x_2 的不同组合中达到既定的产出水平（y_1''，y_2''），OC 为生产前沿线，其中 B 为技术有效点，则此时的技术效率表示为：

$$TE=OB/OC \tag{4-10}$$

EF 为等成本线，A 和 D 成本相同，但是只有 D 点才是产出水平在（y_1''，y_2''）的最小成本投入组合点，此时投入要素 x_1 和 x_2 的边际技术替代效率就是要素价格比 w_1/w_2，此时决策单元 S 的成本效率则表示为：

$$CE=OA/OC \tag{4-11}$$

进而，决策单元的配置效率可表示为：

$$AE=CE/TE=OA/OB \tag{4-12}$$

从上述公式推演可以看出，利润最大化就是要在技术效率的基础上实现成本效率，最终实现决策单元的最佳资源配置，因此，经济效益取决于技术效率和配置效率两方面，二者相辅相成，缺一不可。

基于上述思路，本部分依然按照农牧户能繁母羊数量分为散养户（1～99只）、小规模标准规模户（100～199 只）、中等规模标准规模户（200～399只）、大规模标准规模户（400 只及以上）4 类，对标准化规模养殖户（分规模）和散养户的技术效率和配置效率进行测算和比较分析。

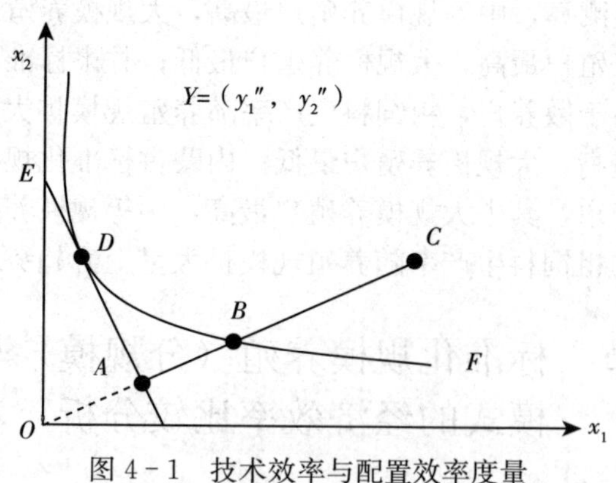

图 4-1　技术效率与配置效率度量

一、标准化规模养殖（分规模）与散养模式的技术效率比较分析

（一）模型与方法

M. J. Farrell 早在 1957 年就从投入角度对技术效率进行了界定：技术效率就是在相同的产出下决策单元理想的最小投入与实际投入的比率，即技术效率是最优值与实际值的比较，生产投入的实际值是直接观测可得的，因此测度技术效率的关键在于确定最优值。目前，表示投入与产出关系的前沿生产函数或生产边界（Production Frontier）是测度技术效率的主流方法，具体的函数形式主要包括 C－D 生产函数和 Translog 函数等。由于 Translog 函数更加灵活，本研究用超对数随机前沿生产函数模型测度技术效率，其模型的具体表达式为：

$$\ln Y_i = \beta_0 + \sum_a \beta_a \ln X_{ai} + \frac{1}{2}\left(\sum_a \sum_b \beta_{ab} \ln X_{ai} \ln X_{bi}\right) + V_i - U_i \tag{4-13}$$

$$E(U_i) = m_i = \delta_0 + \sum_{j=1}^{n} \delta_j Z_{ji} + \varepsilon_i \tag{4-14}$$

式中，Y_i 表示第 i 个农牧户的主产品总产量；X_{ai} 和 X_{bi} 表示第 a 或 b 种生产要素的投入量；Z_j 表示第 j 个影响农牧户技术效率的解释变量。当所有 β_{ab} 的估计值均等于 0 时，上述 Translog 函数就转化为 C-D 函数，即：

$$\ln Y_i = \beta_0 + \sum_a \beta_a \ln X_{ai} + V_i - U_i \tag{4-15}$$

（二）变量选择与数据说明

严格来说，细毛羊养殖的投入产出与种植业有较大差异，具体来看：

1. 产出变量

细毛羊品种兼顾产毛和产肉性能，但是根据表 4－4 显示，产品畜产值占养殖总收益的比重高达 82.16%，显著高于 17.84%的羊毛产值比重，因此在测定技术效率时选取的产出变量是农牧户全年产出的产品畜总量。

2. 投入要素变量

根据畜牧养殖实际情况，选择 3 个变量：①精饲料饲喂量，包括自产或购买的玉米、麸皮、豆粕及加工饲料的总饲喂量。②粗饲料饲喂量，包括自产或购买的农作物秸秆、牧草、青贮饲料等的总饲喂量。③劳动力投入量，包括农牧户家庭用工和雇工的劳动总天数，具体按照一个中等劳动力每天工作 8 小时

折算成标准劳动日。

上述投入产出变量均采用以农牧户为单位的整群核算方法进行取值，各变量说明及描述性统计分析结果见表 4-13。

表 4-13 技术效率相关变量说明与描述性统计分析

变量名称	含义及赋值	均值	标准差	最小值	最大值
产品畜产量（Y）	单位：千克	10 440.45	38 203.20	385.00	400 000.00
精饲料饲喂量（x_1）	单位：千克	22 997.69	37 349.11	1 500.00	300 000.00
粗饲料饲喂量（x_2）	单位：千克	59 651.32	133 167.20	500.00	1 020 600.00
劳动力投入量（x_3）	单位：标准劳动日	1 227.34	1 895.52	292.50	18 916.25

数据来源：根据调研数据整理获得。

（三）技术效率测算结果与比较分析

1. 参数估计与产出弹性分析

本研究将基于上述实证模型计算农牧户随机前沿生产函数的参数估计结果和产出弹性，同时对标准化规模养殖模式和散养模式的技术效率进行比较分析，表 4-14 为随机前沿生产函数模型的参数估计结果。

表 4-14 随机前沿生产函数模型估计结果

Variable	Parameter	Coef.	Std. Err.	z
cons	β_0	20.651 2***	6.191 0	3.34
$\ln x_1$	β_1	−2.290 6***	0.790 4	−2.90
$\ln x_2$	β_2	0.396 0	0.546 5	0.72
$\ln x_3$	β_3	−1.928 1*	1.029 5	−1.87
$\ln x_1 * \ln x_1$	β_{11}	0.083 4**	0.042 0	1.99
$\ln x_2 * \ln x_2$	β_{22}	−0.011 9	0.027 9	−0.43
$\ln x_3 * \ln x_3$	β_{33}	0.200 0***	0.075 5	2.65
$\ln x_1 * \ln x_2$	β_{12}	0.046 3	0.036 7	1.26
$\ln x_1 * \ln x_3$	β_{13}	0.065 4	0.109 0	0.60
$\ln x_2 * \ln x_3$	β_{23}	−0.073 7	0.091 9	−0.80
Number of obs=117		Prob ＞ chi2=0.000 0		
Wald chi2（9）=240.07		Log likelihood=−97.78		

注：*、**、***分别表示在 10%、5%和 1%的统计水平上显著。

Translog 生产函数可以通过生产弹性的测算，反映出投入产出要素之间替代或互补关系，但是实证模型的参数估计结果并不能直接反映出这种关系，对实证模型求偏导数，才可以计算出精饲料、粗饲料和劳动力投入要素的产出弹性，计算公式分别是：

$$e_{x_1}=\beta_1+\beta_{11}\ln\overline{x}_1+\frac{1}{2}\beta_{12}\ln\overline{x}_2+\frac{1}{2}\beta_{13}\ln\overline{x}_3 \qquad (4-16)$$

$$e_{x_2}=\beta_2+\beta_{22}\ln\overline{x}_2+\frac{1}{2}\beta_{12}\ln\overline{x}_1+\frac{1}{2}\beta_{23}\ln\overline{x}_3 \qquad (4-17)$$

$$e_{x_3}=\beta_3+\beta_{33}\ln\overline{x}_3+\frac{1}{2}\beta_{13}\ln\overline{x}_1+\frac{1}{2}\beta_{23}\ln\overline{x}_2 \qquad (4-18)$$

其中 $\overline{x}_1$、$\overline{x}_2$、$\overline{x}_3$ 分别为精饲料、粗饲料和劳动力投入要素的几何平均值。根据上述公式和表 4－14 的参数估计结果，可以测算出绒毛用羊养殖过程中各要素的产出弹性（表 4－15）。

从表 4－15 可知，粗饲料的平均产出弹性分别为 0.243 3，说明粗饲料的饲喂量每增加 1%，产品畜产量将增加 0.243 3%，而精饲料的平均产出弹性为 0.153 3，表明粗饲料的产出弹性显著高于精饲料的产出弹性，即粗饲料投喂对细毛羊产品畜产量增加的促进效果高于精饲料，可能的原因在于产品畜产出量与农牧户饲草料生产和加工技术密切相关。一般而言，干草、青贮等粗饲料的加工和调制方法技术难度低、操作简单且成本较低，多数农牧户基本能够掌握上述技术，而对玉米、麸皮、豆粕等能量饲料或蛋白质饲料的加工配制技术的操作难度大、成本较高且需要相关技术人员给予培训和技术支持，导致农牧户对这类技术的知晓率和采用率普遍较低，而以科学比例搭配的精饲料对产品畜产量的贡献显著高于能量价值偏低的粗饲料。农牧户饲草料配制技术水平较低降低了农牧户对精饲料的利用程度，使精饲料对产品畜产量的贡献较低，这是导致精饲料平均产出弹性较小的主要原因。劳动力的平均产出弹性为－0.648 9，可能的原因在于劳动力投入包括家庭用工和雇工，劳动力质量和雇工工种均存在差异，可能夸大了劳动力的投入，进而导致劳动力投入对产品畜产量产生负向作用，此外不排除在 Translog 实证模型中只考虑了精饲料、粗饲料和劳动力三个要素的贡献，而忽略了其他因素的影响，从而导致该要素贡献率为负值。

表 4－15　养殖户各投入要素平均产出弹性

投入要素	精饲料（x_1）	粗饲料（x_2）	劳动力（x_3）
平均产出弹性	0.153 3	0.243 3	－0.648 9

数据来源：根据调研数据整理获得。

2. 技术效率比较分析

从总体来看，调研地区样本农牧户细毛羊养殖的技术效率变化区间为[0.139 9，0.908 1]，平均值为0.584 3（表4－16），说明调研地区饲草料、劳动力等投入要素的使用效率偏低，实际产出水平显著低于随机生产前沿面的最大产出水平，即在当前的技术水平和养殖条件下，农牧户生产活动是存在技术效率损失的，但同时也说明，细毛羊养殖的产出水平还有较大的提升空间，可以通过加强饲草料加工配制技术、提高劳动效率等方式，提高养殖的技术效率。

表4－16　调研地区农牧户标准化规模养殖模式与散养模式技术效率比较

技术效率	样本总体	散养户（1～99只）	标准化规模养殖户			
			总体（100只及以上）	小规模（100～199只）	中等规模（200～399只）	大规模（400只及以上）
平均值	0.584 3	0.418 4	0.598 1	0.543 9	0.643 8	0.686 0
最大值	0.908 1	0.548 8	0.908 1	0.908 1	0.859 2	0.822 8
最小值	0.139 9	0.170 7	0.139 9	0.139 9	0.169 4	0.408 6
标准差	0.188 7	0.115 3	0.187 3	0.178 3	0.189 8	0.149 0

数据来源：根据调研数据整理获得。

从不同养殖规模农牧户技术效率来看，调研地区标准化规模养殖模式和散养模式的技术效率的变化区间分别为［0.170 7，0.548 8］和［0.139 9，0.908 1］，平均值分别为0.598 1和0.418 4，标准化规模养殖模式的技术效率显著高于散养模式，变化区间亦显著大于散养户，说明标准化规模养殖模式下农牧户相关技术采用率、劳动效率和投入要素的产出水平均高于散养户，但是少数标准化规模养殖户的技术效率低于散养户，说明如果能够减少或消除标准化规模养殖户的技术效率损失，标准化规模养殖模式下细毛羊产出水平能进一步上升，进而提高养殖收益。能繁母羊数量为100～199只、200～399只和400只及以上3个类型标准化规模养殖户的技术效率变化区间分别为［0.139 9，0.908 1］、［0.169 4，0.859 2］和［0.408 6，0.822 8］，平均值分别为0.543 9、0.643 8和0.686 0，标准化规模养殖户的技术效率随着养殖规模的扩大呈递增趋势，且规模越大区间变化范围越小，说明，养殖规模较大的标准化规模养殖户畜牧饲养、饲草料加工及畜产品采集相关设备设施普及率较高，能较为熟练掌握品种改良、饲养管理、畜产品采集、疾病防控等实用养殖技术，饲养管理人员的结构、分工更为合理，因此技术效率总体较高，而小规模和中等规模标准化规模养殖户因相关技术的操作难度大、成本高、缺乏相关培训等原因，技术采纳参差不齐拉低了产出水平，但是如果能够减少上述技术效率损失，标准化规模养殖模式下的产出水平将有较大提升空间。

二、标准化规模养殖（分规模）与散养模式的配置效率比较分析

（一）模型与方法

成本效率的测算主要包括以计量经济学方法为主的参数方法（如 C-D、Translog 等随机前沿函数模型）和以线性规划为主的非参数方法（如数据包络分析 DEA 模型）。与非参数方法相比，参数方法在经济学解释、模型检验方面更具优势。因此，本研究拟采用单方程 C-D 随机前沿成本函数模型对农牧户的成本效率进行最大似然估计，并在此基础上对标准化规模养殖模式（分规模）和散养模式农牧户的配置效率进行比较分析，所构建的实证模型如下：

$$\ln C_i = \beta_0 + \beta_1 \ln p_{1i} + \beta_2 \ln p_{2i} + \beta_3 \ln p_{3i} + \beta_4 \ln q_i + v_i + u_i \quad (4-19)$$

式中，C_i 表示农牧户生产总成本；p_{1i}表示精饲料价格；p_{2i}表示粗饲料价格；p_{3i}表示劳动力价格；q_i 表示绒毛用羊主产品产量。

本研究利用 Translog 函数模型估计得到农牧户的技术效率，然后用 C-D 随机前沿成本函数估计得到农牧户的成本效率，根据成本效率、技术效率和配置效率之间存在的数量推导关系，即可进一步计算出农牧户的配置效率并进行比较分析。

（二）变量选择与数据说明

1. 产出变量

由于产品畜产值是细毛羊养殖收益最主要的构成部分，因此选取农牧户全年产出的产品畜总量作为产出的替代变量。

2. 投入价格变量

根据畜牧养殖实际情况，选择下面 3 个变量：①精饲料价格。用玉米、麸皮、豆粕及加工饲料等各种精饲料所占比重作为权重，加权乘以精饲料价格，农牧户自产精饲料按同期市场价格折算，综合计算出精饲料的平均价格。②粗饲料价格。用农作物秸秆、牧草、青贮饲料等各种粗饲料所占比重作为权重，加权乘以粗饲料价格，农牧户自产苜蓿、秸秆、麦秆、棉秆等亦按照同期市场价格折算，综合计算出粗饲料的平均价格。③劳动力价格。用劳动力总成本除以农牧户标准劳动日数量来表示。

上述变量均采用以农牧户为单位的整群核算方法进行取值，各变量说明及描述性统计分析结果见表 4 - 17。

表 4 - 17　配置效率相关变量说明与描述性统计分析

变量名称	含义及赋值	均值	标准差	最小值	最大值
养殖总成本（C）	单位：元	180 644.30	388 838.50	38 151.52	3 804 704.00
精饲料价格（p_1）	单位：元/千克	2.10	1.27	0.26	7.07
粗饲料价格（p_2）	单位：元/千克	0.86	0.74	0.04	3.63
劳动力价格（p_3）	单位：元/天	54.62	19.90	15.13	114.92
产品畜总产量（q）	单位：千克	10 440.45	38 203.20	385.00	400 000.00

数据来源：根据调研数据整理获得。

（三）成本效率测算结果与比较分析

1. 参数估计与产出弹性分析

本研究将基于上述实证模型计算农牧户随机前沿成本函数的参数估计结果和成本弹性，同时对标准化规模养殖模式和散养模式的配置效率进行比较分析，表 4 - 18 为随机前沿成本函数模型的参数估计结果。

表 4 - 18　随机前沿成本函数模型估计结果

Variable	Parameter	Coef.	Std. Err.	z
cons	β_0	5.018 9***	0.495 9	10.12
$\ln p_1$	β_1	0.113 2**	0.051 0	2.22
$\ln p_2$	β_2	−0.001 5	0.037 4	−0.04
$\ln p_3$	β_3	0.303 9***	0.071 7	4.24
$\ln q$	β_4	0.655 6***	0.030 2	21.71
Number of obs=117	Prob > chi2=0.000 0			
Wald chi2（4）=479.02	Log likelihood=−25.061 092			

注：*、**、***分别表示在 10%、5%和 1%的统计水平上显著。

从表 4 - 18 可知，在 C-D 随机前沿成本函数模型中，除了粗饲料价格未通过显著性检验外，精饲料价格、劳动力价格和产品畜产量均对生产成本具有显著正向影响，在其他投入要素价格和产品畜产出不变的条件下，精饲料和劳动力价格每提高 1 个百分点，养殖成本分别增加 0.113 2%和 0.303 9%，在全部投入要素价格不变的条件下，产品畜产量每提高一个百分点，养殖成本增加

0.655 6%。

2. 配置效率比较分析

从总体来看，调研地区样本农牧户细毛羊养殖的配置效率变化区间为[0.114 2，0.991 9]，平均值为0.401 2，说明细毛羊实际生产成本显著高于随机成本前沿面的最小生产成本，即在当前的技术和要素价格水平下，农牧户生产活动存在显著的配置效率损失，但同时也说明，细毛羊养殖的生产成本还有较大的压缩空间，可以通过提高饲草料自给比例、养殖机械普及率和技术培训，降低或消除配置效率损失，进而提高养殖的经济效益（表4-19）。

从不同养殖规模农牧户的配置效率来看，调研地区标准化规模养殖模式和散养模式的配置效率的变化区间分别为[0.114 2，0.991 9]和[0.190 0，0.786 8]，平均值分别为0.396 6和0.455 7，散养模式的配置效率显著高于标准化规模养殖模式，说明散养模式下农牧户实际生产成本高于标准化规模养殖模式，说明如果能够减少或消除散养户的配置效率损失，细毛羊生产成本可能大幅下降，进而提高养殖收益。能繁母羊数量为100～199只、200～399只和400只及以上3个类型标准化规模养殖户的配置效率变化区间分别为[0.114 2，0.991 9]、[0.130 7，0.983 7]和[0.142 6，0.557 0]，平均值分别为0.448 8、0.359 3和0.286 1，标准化规模养殖户的配置效率随着养殖规模的扩大呈递减趋势，且规模越大区间变化范围越小，说明，小规模养殖户在饲养管理过程中投入成本相对较高，相关技术采用、操作成本较高，因此配置效率相对较高，可压缩的养殖成本空间相对较大，如果能够减少上述配置效率损失，标准化规模养殖模式下的生产成本将有较大下降空间。

表4-19　调研地区农牧户标准化规模养殖模式与散养模式配置效率比较

技术效率	样本总体	散养户（1～99只）	标准化规模养殖户			
			总体（100只及以上）	小规模（100～199只）	中等规模（200～399只）	大规模（400只及以上）
平均值	0.401 2	0.455 7	0.396 6	0.448 8	0.359 3	0.286 1
最大值	0.991 9	0.786 8	0.991 9	0.991 9	0.983 7	0.557 0
最小值	0.114 2	0.190 0	0.114 2	0.114 2	0.130 7	0.142 6
标准差	0.228 3	0.185 9	0.231 6	0.225 0	0.244 7	0.141 0

数据来源：根据调研数据整理获得。

第四节　本章小结

本章以西部地区细毛羊为例，基于微观调研数据对中国绒毛用羊标准化规模养殖经济效益进行比较分析。得出如下结论：

(1) 比较分析标准化规模养殖（分规模）与散养模式的成本收益情况。

首先，农牧户生产经营规模现状及分布情况。绒毛用羊主产区的生产方式仍然以农牧户家庭为主体进行分散经营，部分地区的科技示范户、家庭牧场、规模养殖场（区）有所发展。样本总体农牧户家庭平均人口数量 4.33 个，户均劳动力数量 2.48 个，户均养殖规模 350 只，人均劳动力养殖规模 149 只，家庭人均养殖规模为 84 只。农牧户养殖规模及其规模化程度均存在显著的地区差异，而产生这种差异的原因主要归因于资源禀赋差异，如天然草场资源、人工饲草料地和农作物秸秆供给等。

其次，比较分析标准化规模养殖（分规模）与散养模式养殖收益、养殖成本、纯收益和成本利润率。①养殖总收益及其结构变化规律是：标准化规模养殖户总收益高于散养户；不同类型标准化规模养殖户总收益从高到低排序依次为中等规模、大规模和小规模养殖户；标准化规模养殖户和散养户收益构成、产品畜比例及产出水平差异显著；不同类型标准化规模养殖户收益构成、产品价格、产出水平和产品畜比例差异显著。②养殖总成本及其结构变化规律是：考虑家庭用工条件下标准化规模养殖户总成本略低于散养户，反之则高于散养户；标准化规模养殖户物质与服务费用、人工成本相对较低，土地成本相对较高；小规模养殖户总成本最低，不同类型标准化规模养殖户各成本项占比略有差异；标准化规模养殖户精饲料费、饲草费、家庭用工成本、修理维护费相对较低，雇工成本、固定资产折旧、幼畜购进费相对较高。③养殖纯收益和成本利润率变化规律是：标准化规模养殖户养殖纯收益和成本收益率均显著高于散养户；考虑家庭用工成本条件下中等规模养殖户纯收益最高，反之大规模养殖户纯收益最高。

最后，比较不同地区标准化规模养殖成本收益情况。表现出如下规律：各地区标准化规模养殖总收益及构成比例地区差异显著；内蒙古标准化规模养殖羊毛产量、产品价格相对最高，青海产品畜比例最高；各地区标准化规模养殖总成本地区差异显著，内蒙古相对最高，新疆最低；各地区标准化规模养殖总成本构成略有差异；各地区绒毛用羊标准化规模养殖纯收益也存在较显著的地区差异，内蒙古和青海绒毛用羊标准化规模养殖均具有“高收益高成本”的特点，而新疆则为“低收益低成本”，只有甘肃的绒毛用羊标准化规模养殖为“高收益低成本”。

（2）比较分析标准化规模养殖（分规模）与散养模的单要素生产率。

首先，在资本生产率方面，标准化规模养殖户资本生产率显著高于散养户，随养殖规模扩大呈倒“U”形；各地区标准化规模养殖户资本生产率均显著高于散养户，新疆和内蒙古变化趋势呈倒“U”形，甘肃和青海呈递减趋势。

其次，在劳动生产率方面，标准化规模养殖户劳动生产率显著高于散养户，且随养殖规模扩大呈上升趋势；各地区标准化规模养殖户资本生产率均显著高于散养户，但不同规模略有差异；按产品畜产量测算，除新疆外，其他地区的劳动生产率均随养殖规模的扩大呈倒“U”形，按羊毛产量测算，所有地区的劳动生产率均随养殖规模的扩大呈持续上升趋势。

最后，在饲草料生产率方面，标准化规模养殖户精饲料生产率显著高于散养户，且随养殖规模扩大呈波动上升趋势；各地区多数标准化规模养殖户精饲料生产率高于散养户，但不同规模略有差异；标准化规模养殖户粗饲料生产率显著高于散养户，不同类型养殖户略有差异，按照产品畜产量测算，标准化规模养殖户粗饲料生产率随养殖规模的扩大呈波动性上升趋势，按照羊毛产量测算，小规模养殖户粗饲料生产率最高；多数地区的标准化规模养殖户粗饲料生产率高于散养户。

（3）比较分析标准化规模养殖（分规模）与散养模式的技术效率和配置效率。

首先，对标准化规模养殖（分规模）与散养模式的技术效率进行测算和比较。一方面，在当前的技术水平和养殖条件下，调研地区饲草料、劳动力等投入要素的使用效率偏低，绒毛用羊实际产出水平显著低于随机生产前沿面的最大产出水平，农牧户生产活动存在技术效率损失；另一方面，从不同养殖规模农牧户技术效率来看，标准化规模养殖模式的技术效率显著高于散养模式，变化区间亦显著大于散养户，标准化规模养殖户的技术效率随着养殖规模的扩大呈递增趋势，且规模越大区间变化范围越小，说明如果减少或消除标准化规模养殖户的技术效率损失，标准化规模养殖模式下的产出水平将有较大提升空间，进而提高养殖收益。

其次，对标准化规模养殖（分规模）与散养模式的配置效率进行测算和比较。一方面，精饲料价格、劳动力价格和产品畜产量均对生产成本具有显著正向影响，在当前的技术和要素价格水平下，绒毛用羊实际生产成本显著高于随机成本前沿面的最小生产成本，农牧户生产活动存在显著的配置效率损失，如果降低或消除配置效率损失，绒毛用羊养殖的生产成本有较大的压缩空间，进而提高养殖的经济效益；另一方面，从不同养殖规模农牧户的配置效率来看，散养模式下农牧户实际生产成本高于标准化规模养殖模式，标准化规模养殖户的配置效率随着养殖规模的扩大呈递减趋势，且规模越大区间变化范围越小，如果能够减少标准化规模养殖户配置效率损失，该模式下的生产成本将有较大下降空间。

中国绒毛用羊标准化规模养殖影响因素分析

本章以细毛羊为例，基于农牧户微观调研数据，对绒毛用羊标准化规模养殖影响因素进行分析。首先，我国细毛羊标准化养殖过程中畜禽良种化、养殖设施化、生产规范化、防疫制度化、粪污无害化 5 个环节的标准化程度包括多项评价指标，对其影响因素的分析因受共同的外部因素影响，可能导致误差相关，因此，将上述 5 个标准化作为被解释变量，用模糊数学法对被解释变量进行综合量化赋分，然后从经济、技术、政策及农牧户个人及家庭特征 4 个方面选择解释变量，构建包括 5 个多元线性回归方程组成的似乎无关方程组，对标准化养殖环节的影响因素进行计量分析。其次，先基于假设检验，构建多元线性回归模型对规模化养殖影响因素进行分析，根据调研区域的实际状况将主要影响因素归纳为经济影响因素、政策影响因素、外部环境因素和农牧户个人及家庭特征 4 个方面，用 GMM 法对影响农牧户绒毛用羊养殖规模化的因素进行计量分析。

第一节　绒毛用羊标准化养殖影响因素分析

一、模型构建与变量选择

（一）模糊数学法

将畜禽良种化、养殖设施化、生产规范化、防疫制度化、粪污无害化 5 个环节的标准化程度作为被解释变量，其标准化程度高低包括多项定性指标，因此引入模糊数学法，以定量化为目标构建评价模型及指标体系对标准化程度进行综合量化赋分。基本思路为：将评价目标视为多种因素组成的模糊集合（因素集 U），设定评语的模糊组合（评判集 V），然后根据各因素在评价目标中的权重分配（权重集 W）进行模糊矩阵合成求出评价的定量解值。公式为：

$$B_i = \sum_{i=1}^{n} W_i V_i = (b_1, b_2, b_3, \cdots, b_n) \qquad (5-1)$$

式中 $W=(a_1, a_2, a_3, \cdots, a_n)$ 为第 i 项评价指标的权重，并有 $\sum a_i = 1$，满足归一化要求，$V=(r_{i1}, r_{i2}, r_{i3}, \cdots r_{ij})$ 为第 i 项指标第 j 项评语的评价值，n 为评价因子数目。

因子层权重系数的确定使用专家赋分方式，即通过 15 位专家赋分的方式将 5 个标准化环节中涉及的各项因子分配权重（表 5-1），利用李克特量表法（Likert scale）按照标准化程度由差到好分为 5 个等级，分别为“很不好，0～2”“不好，3～4”“一般，5～6”“好，7～8”“很好，9～10”，单项指标总分为 10，以农牧户问卷调查方式对其标准化程度进行赋分，综合加权后获得标准化养殖总体分值。

因子层下包括诸多衡量各环节达标程度的具体评价指标，各个环节的综合赋分是经济、社会、技术、政策等多因素综合作用的结果，与实证模型中的影响因素为因果关系，如人工授精技术是否采用是实证模型中的自变量之一，而农牧户优良品种的生产性能指标则可作为指标层变量用于畜禽良种化程度的赋分，其生产性能指标的变化可能是相关品种改良技术的采用结果，严格区分解释变量和被解释变量中各指标的选取，避免实证模型出现严重的内生性问题。具体来看：

1. 畜禽良种化指标

主要从品种产毛性能、繁殖性能、产肉性能和设施保障 4 方面选取评判指标，其中产毛性能方面包括羊毛单产、净毛率、主体细度（支数）等指标；繁殖率包括配种率、繁殖率、产羔率、羔羊成活率等指标；产肉率包括屠宰率、出栏活重、出栏周期等指标；设施保障包括配种站、配种室相关设施配套建设情况。

2. 养殖设施化指标

主要从选址布局、供水供电、排污排水、棚圈设施、养殖机械等方面选取评判，具体从表 3-9 和表 3-10 养殖设施使用和达标情况的指标中选取。

3. 生产规范化指标

主要从养殖档案、管理制度、添加剂和兽药使用、管理人员配备 4 个方面选取评判指标，具体包括养殖档案完备性、饲养管理标准和规程的完备性和执行情况、饲料配比、饲料配比知晓程度、添加剂和兽药使用规范程度、是否佩戴耳标、饲养管理人员的分工配备方面。

4. 防疫制度化指标

主要从防疫设施和制度、防控措施和病死畜处理 3 方面选取，具体指标见

表 3-11 的指标以及县域防疫制度化相关标准和规范的制定和执行情况。

5. 粪污无害化指标

主要从粪污处理是否符合畜禽场环境质量标准、是否遵守畜禽粪便无害化处理技术规范两方面选取评判指标，具体见表 3-12 的指标以及县域粪污无害化相关标准和规范的制定和执行情况。

表 5-1　评价层、因子层、权重系数的对应关系

评价层 U	因子层 u	权重系数 W
畜禽良种化 U_1	$U_1=\{u_1, u_2, u_3, u_4\}$，品种产毛性能、繁殖性能、产肉性能、设施保障 4 项指标	$W_1=(0.254\,5, 0.250\,9, 0.247\,3, 0.247\,3)$
养殖设施化 U_2	$U_2=\{u_5, u_6, u_7, u_8, u_9\}$，选址布局、供水供电、排污排水、棚圈饲喂设施、养殖机械 5 项指标	$W_2=(0.209\,6, 0.200\,6, 0.194\,6, 0.206\,6, 0.188\,6)$
生产规范化 U_3	$U_3=\{u_{10}, u_{11}, u_{12}, u_{13}\}$，养殖档案、管理制度、添加剂及兽药使用、管理人员配备 4 项指标	$W_3=(0.250\,0, 0.246\,4, 0.261\,0, 0.242\,6)$
防疫制度化 U_4	$U_4=\{u_{14}, u_{15}, u_{16}\}$，疾控设施制度、防控措施、病死畜处理 3 项指标	$W_4=(0.342\,8, 0.328\,6, 0.328\,6)$
粪污无害化 U_5	$U_5=\{u_{17}, u_{18}\}$，设备设施建设、粪污处理 2 项指标	$W_5=(0.503\,6, 0.496\,4)$

数据来源：根据农牧户标准化养殖环节权重赋分资料整理获得。

（二）似无关方程组模型

通过上述方法获得 5 个标准化程度的综合量化赋分，将其作为被解释变量，分列 5 个多元线性回归方程构建似无关方程组模型，通过参数联合估计系统分析影响绒毛用羊标准化养殖的因素。由于 SUR 方法考虑了方程间的误差相关，因而得到的参数估计方差较小，较单方程 0LS 估计更有效，其实证模型为：

$$\begin{cases} Y_1=\alpha_0+\alpha_{1a}S_i^a+\alpha_{2b}B_i^b+\alpha_{3c}F_i^c+\alpha_{4d}P_i^d+\varepsilon_1 \\ Y_2=\beta_0+\beta_{1a}S_i^a+\beta_{2b}B_i^b+\beta_{3c}F_i^c+\beta_{4d}P_i^d+\varepsilon_2 \\ Y_3=\gamma_0+\gamma_{1a}S_i^a+\gamma_{2b}B_i^b+\gamma_{3c}F_i^c+\gamma_{4d}P_i^d+\varepsilon_3 \\ Y_4=\omega_0+\omega_{1a}S_i^a+\omega_{2b}B_i^b+\omega_{3c}F_i^c+\omega_{4d}P_i^d+\varepsilon_4 \\ Y_5=\sigma_0+\sigma_{1a}S_i^a+\sigma_{2b}B_i^b+\sigma_{3c}F_i^c+\sigma_{4d}P_i^d+\varepsilon_5 \end{cases} \quad (5-2)$$

式中，α_0、β_0、γ_0、ω_0 和 σ_0 为模型的常数项；Y_1、Y_2、Y_3、Y_4 和 Y_5 分别为表示畜禽良种化、养殖设施化、生产规范化、防疫制度化、粪污无害化标准化程度的被解释变量；$\alpha_{1a}-\alpha_{4d}$、$\beta_{1a}-\beta_{4d}$、$\gamma_{1a}-\gamma_{4d}$、$\omega_{1a}-\omega_{4d}$、$\sigma_{1a}-\sigma_{4d}$分别是上述5个方程的参数；ε 为误差项。

表5-2 变量含义及先验判断

变量类型	变量名称	含义及赋值	均值	标准差	先验判断
经济要素	养羊收入占家庭收入比重（S_1）	连续变量，单位：%	74.063 2	21.674 1	+
	固定资产占养殖总成本比重（S_2）	连续变量，单位：%	7.547 9	5.960 2	+
技术要素	良种选育选配（B_1）	1=使用；0=未使用	0.880 2	0.325 7	+
	人工授精技术（B_2）	1=使用；0=未使用	0.772 5	0.424 4	+
	选址和棚圈设计（B_3）	1=使用；0=未使用	0.868 3	0.339 2	+
	饲养管理技术（B_4）	1=使用；0=未使用	0.874 3	0.339 2	+
	饲料配制及添加剂使用（B_5）	1=使用；0=未使用	0.622 8	0.486 2	+
	机械剪毛分级打包技术（B_6）	1=使用；0=未使用	0.383 2	0.486 2	+
	疾病防控及兽药使用（B_7）	1=使用；0=未使用	0.994 0	0.077 4	+
	病死羊无害化处理（B_8）	1=使用；0=未使用	0.562 9	0.496 7	+
	粪便及污水处理（B_9）	1=使用；0=未使用	0.449 1	0.498 2	+
政策要素	种公羊补贴（F_1）	1=获得；0=未获得	0.562 9	0.497 5	+
	能繁母羊补贴（F_2）	1=获得；0=未获得	0.227 5	0.420 5	+
	人工授精补贴（F_3）	1=获得；0=未获得	0.371 3	0.484 6	+
	畜牧养殖机械购置补贴（F_4）	1=获得；0=未获得	0.449 1	0.498 9	+
	棚圈建设补贴（F_5）	1=获得；0=未获得	0.796 4	0.403 9	+
	标准化规模养殖奖励（F_6）	1=获得；0=未获得	0.119 8	0.325 7	+
	禁牧补助（F_7）	1=获得；0=未获得	0.646 7	0.479 4	+
	草畜平衡奖励（F_8）	1=获得；0=未获得	0.676 6	0.469 2	+
	贴息贷款（F_9）	1=获得；0=未获得	0.317 4	0.466 9	+
农牧户个人及家庭特征	年龄（P_1）	连续变量，决策者实际年龄，单位：周岁	45.574 9	8.756 7	−
	受教育程度（P_2）	1=未受过教育；2=小学；3=初中；4=高中/中专/职高/技校；5=大学/大专及以上	2.970 0	1.077 8	+
	养殖时长（P_3）	连续变量，单位：年	21.772 5	10.266 7	+/−
	劳动力数量（P_4）	连续变量，单位：个	2.550 8	10.828 3	+
	是否加入合作社（P_5）	1=加入；0=未加入	0.515 0	0.501 3	+

数据来源：根据新疆、甘肃、内蒙古和青海的农牧户调研数据整理获得。

从绒毛用羊标准化养殖经济要素、技术要素、扶持政策要素和决策者个人及家庭特征 4 个方面选取相关变量，分别用 S_i、B_i、F_i 和 P_i 表示。其中经济要素选取养羊收入占家庭收入比重、固定资产占养殖总成本比重等变量，由于标准化养殖对棚圈选址布局、饲喂设施、养殖机械等均有较严格的规程和需求，两项指标的获取应严格按照畜产品成本收益核算要求进行计算；技术要素主要包括与标准化养殖密切相关的品种选育选配、棚圈选址和布局设计、饲养管理、饲料配制、疾病防控、病死畜无害化处理等实用养殖技术、操作规程的使用情况；相关扶持政策主要包括农牧户是否获得品种改良、养殖机械、棚圈建设、金融贷款等；决策者个人及家庭特征主要包括年龄、受教育程度、养殖时长、劳动力数量、是否加入合作社、协会组织等。需要注意的是，从上述 4 个方面选择变量时，不同的标准化环节要根据对被解释变量的相关性和重要性各有侧重的选择变量。所建实证模型选择 4 类 25 个变量及控制变量，变量含义、解释及先验判断详见表 5－2。

二、结果与分析

(一) 样本的多重共线性及异方差检验

运用 Stata 14 对样本数据进行处理，由于截面数据可能存在多重共线性和异方差问题，对数据进行如下处理和检验：①用相关系数矩阵和方差膨胀因子方法对模型多重共线性进行检验和互证，从自变量相关系数矩阵来看，其自变量二元相关系数值变动区间为［－0.240 2，0.487 9］，虽然整体相关系数值不大，但并未排除多重共线性可能。同时用方差膨胀因子 VIF 检验变量的多重共线性，结果显示 5 个多元线性回归模型的 VIF 变动区间分别为［1.06，2.47］、［1.04，2.39］、［1.05，2.41］、［1.06，2.46］、［1.06，2.44］，Mean VIF 分别为 1.61、1.43、1.43、1.42、1.44，二者检验相互印证，模型变量不存在显著的多重共线性。②首先对连续型变量取对数以减弱模型分析中的异方差性，虽然不能彻底消除，可在一定程度上提高估计结果的有效性；其次用 White 检验模型的异方差性，其 Prob>chi2 值分别为 0.138 2、0.057 8、0.289 5、0.059 9 和 0.062 8，在 5%统计水平上拒绝了同方差的原假设；最后用稳健的标准差对数据进行 SUR 回归分析，以克服数据的异方差对回归造成的不利影响。

(二) 似无关方程组模型回归结果

运用样本数据进行似无关回归，结果见表 5－3。

表 5-3 似无关方程组回归结果

Variate	Y_1		Y_2		Y_3		Y_4		Y_5	
	Coef.	$P>\|t\|$	Coef.	$P>\|t\|$	Coef.	$P>\|t\|$	Coef.	$P>\|t\|$	Coef.	$P>\|t\|$
C	3.776 1(8.89)	0.00	4.044 8(4.14)	0.00	2.274 4(2.37)	0.02	4.840 4(2.82)	0.00	1.639 4(1.25)	0.01
S_1	0.003 6(1.56)	0.12	0.007 0(1.25)	0.21	0.003 5(0.61)	0.55	0.010 6(1.87)*	0.06	0.026 9(3.59)***	0.00
S_2	0.011 6(1.39)	0.17	0.039 9(1.90)*	0.06	0.031 0(1.93)**	0.05	0.014 67(0.70)	0.48	0.021 8(0.77)	0.44
B_1	0.034 4(0.23)	0.82								
B_2	3.385 5(22.61)***	0.00								
B_3			1.287 4(3.82)***	0.00						
B_4					1.435 3(4.36)***	0.00				
B_5					0.965 9(4.16)***	0.00				
B_6					0.400 7(1.65)*	0.10				
B_7							0.524 5(0.37)	0.71		
B_8							0.680 3(2.88)***	0.00		
B_9									2.907 1(8.80)***	0.00
F_1	0.416 8(3.90)***	0.00								
F_2	0.708 7(6.11)***	0.00								
F_3	0.519 7(4.22)***	0.00								
F_4			0.324 6(1.32)	0.19	0.607 3(2.52)***	0.01			0.056 0(0.17)	0.87

（续）

Variate	Y_1		Y_2		Y_3		Y_4		Y_5	
	Coef.	$P>\|t\|$	Coef.	$P>\|t\|$	Coef.	$P>\|t\|$	Coef.	$P>\|t\|$	Coef.	$P>\|t\|$
F_5			0.029 1(0.10)	0.92	0.239 8(0.79)	0.43	0.376 5(1.23)	0.22	0.267 8(0.66)	0.51
F_6			0.754 6(2.05)**	0.04	0.191 4(0.52)	0.61	0.902 1(2.43)**	0.02	0.853 7(1.65)*	0.09
F_7	0.259 7(2.07)**	0.04	0.200 3(0.70)	0.49	0.006 1(0.02)	0.98	0.607 5(2.07)**	0.04	0.021 3(0.05)	0.96
F_8	0.066 2(0.52)	0.60	−1.038 7(−3.41)***	0.00	−0.349 9(−1.16)	0.25	−0.488 4(−1.58)	0.11	0.246 3(0.60)	0.55
F_9	0.170 81(1.40)	0.16	0.339 0(1.28)	0.20	0.443 9(1.65)*	0.09	0.304 2(1.13)	0.26	0.191 4(0.53)	0.60
P_1	0.007 0(0.94)	0.35	0.011 5(0.66)	0.51	0.021 6(1.23)	0.22	0.027 0(1.53)	0.13	−0.040 7(−1.72)*	0.09
P_2	0.127 7(2.39)**	0.02	0.386 5(3.16)***	0.00	0.104 9(0.85)	0.40	0.063 3(0.51)	0.61	0.237 3(1.44)	0.15
P_3	0.008 5(1.24)	0.22	0.008 2(0.49)	0.62	0.019 2(1.16)	0.25	0.030 6(1.79)*	0.07	0.106 5(4.71)***	0.00
P_4	−0.001 0(−0.23)	0.82	−0.003 3(−0.31)	0.75	0.024 0(2.33)**	0.02	0.019 3(1.83)*	0.07	0.005 9(0.41)	0.68
P_5	0.242 9(2.39)**	0.02	0.236 0(0.97)	0.33	0.079 56(0.33)	0.74	0.224 2(0.91)	0.36	1.373 7(4.21)***	0.00
			Obs		R-sq		F-Stat		P	
	Equation 1		167		0.9024		94.24		0.00	
	Equation 2		167		0.3572		5.90		0.00	
	Equation 3		167		0.4259		7.14		0.00	
	Equation 4		167		0.302 0		4.77		0.00	
	Equation 5		167		0.598 0		16.63		0.00	

注：*、**、***分别表示在10%、5%和1%的统计水平上显著。

根据似无关方程组模型估计结果，对影响农牧户标准化养殖的因素分析如下：

1. 畜禽良种化影响因素分析

回归结果显示，技术、政策和个人及家庭特征均对畜禽良种化具有显著影响。从技术要素来看，人工授精技术对畜禽良种化程度有正向影响，在1%的统计水平上显著，与先验判断一致，说明人工授精逐渐替代自然交配成为细毛羊品种改良的重要方式，包括农牧户在内的基层从业人员能较为熟练掌握操作规程并应用于生产环节，从而提高细毛羊良种化率。从政策要素来看，种公羊补贴、能繁母羊补贴、人工授精补贴对畜禽良种化程度有正向影响，均在1%的统计水平上显著，与先验判断一致，说明随着国家和地方财政支持水平的提高，农牧民通过购买种羊、人工授精等方式进行品种改良以提高生产性能，在一定程度上实现了政策预期，但值得关注的是上述政策在补贴对象精准性、补贴标准及程序上仍可进一步细化，以充分发挥惠农效果；禁牧补助对畜禽良种化的影响在5%的统计水平上显著为正，与先验判断一致，说明该政策的实施使农牧户逐渐转为舍饲、半舍饲养殖模式，有利于在品种改良获得技术支持和指导。从个人及家庭特征来看，受教育程度和是否加入合作社对畜禽良种化的影响均在5%的统计水平上显著为正，说明较高的文化水平有利于农牧户对品种选育和改良技术的学习和知识转化，合作社在品种改良方面的技术培训和推广作用在逐渐凸显，农牧户组织化程度的进一步提升，有助于提高细毛羊畜禽良种化水平。

2. 养殖设施化影响因素分析

回归结果显示，经济、技术、政策和个人及家庭特征均对养殖设施化具有显著影响。从经济要素来看，固定资产占养殖总成本比重对养殖设施化程度有正向影响，在10%的统计水平上显著，与先验判断一致，说明农牧户增加在圈舍、青贮窖、铡草机、饲料粉碎机、拖拉机等养殖设备设施方面的成本投入比例越大，其养殖环节的标准化程度越高。从技术要素来看，选址和棚圈设计技术对养殖设施化程度有正向影响，在1%的统计水平上显著，与先验判断一致，说明农牧户在养殖过程中逐步意识到布局不合理、设计简陋的棚圈设施带来的负面影响，一般结合当地地形、气候及社会条件，按照畜牧主管部门提供的养殖场设计技术规范或标准图纸建设符合生物学特性和环境良好的圈舍，有助于提高养殖设施化程度。从政策要素来看，标准化规模养殖奖励对养殖设施化程度有正向影响，在5%的统计水平上显著，与先验判断一致，说明国家每年通过“以奖代补”方式对进行标准化改造的养殖主体给予20万～70万元数额不等的奖励，有助于提高畜禽养殖的标准化生产水平，但是由于申报名额有限、程序繁琐、资金发放滞后等因素，该政策的正面提升作用尚未完全发挥；草畜平衡奖励对养殖设施化程度有负向影响，在1%的统计水平上显著，与先验判断不一致，可能的原因是细毛羊养殖受资源和环境的双重约束趋紧，草畜平衡奖励补贴标准偏低，不足以弥补养殖方式转变带来的养殖设施投入成本上升；从个人及家庭特征来看，受教育程度对养殖设施化的影响在1%的统计水平上显著为正，说明受教育程度越高的农牧户，对新生事物的判断、学习和接受能力越强，在畜牧业转型时期，自身文化水平及合理的培训保障对细毛羊产业的养殖设施化发展显得尤为重要。

3. 生产规范化影响因素分析

回归结果显示，经济、技术、政策和个人及家庭特征均对生产规范化具有显著影响。从经济要素来看，固定资产占养殖总成本比重对生产规范化程度有正向影响，在5%的统计水平上显著，与先验判断一致，说明养殖设备设施的投入使用，推动了农牧户标准化技术和标准的采用，进而提升饲养管理环节的规范化程度，如农牧户对机械剪毛机、分级台、打包机的采用，通过量化、程序化的操作规程和技术要求，能有效规范羊毛收获和加工环节的运作流程，提高劳动效率和羊毛品质。从技术要素来看，饲养管理、饲料配制和机械剪毛分级整理技术对生产规范化程度有正向影响，分别在1%、1%和10%的统计水平上显著，与先验判断一致，说明分群饲养、分阶段日粮配制、饲料配方设计、羊毛质量控制技术的使用，可以有效提高细毛羊营养水平和产出水平，进而提高羔羊从出生到出栏整个养殖环节的科学管理水平。从政策要素来看，畜牧养殖机械购置补贴政策对生产规范化有正向影响，在1%的统计水平上显著，与先验判断一致，说明国家30%的农机补贴标准在一定程度上能激励农牧户购买功率较大的铡草机、粉碎机、拖拉机、剪毛机等养殖机械，从而提高生产的标准化操作和科学化运作；贴息贷款对生产规范化有一定程度的正向影响，但作用有待进一步加强，可能的原因是畜牧业在担保方式、额度、回收期限方面存在诸多限制，资金瓶颈影响了生产规范化程度的提高。从个人与家庭特征来看，劳动力数量对生产规范化的影响在5%的统计水平上显著为正，说明细毛羊产业仍属于劳动密集型产业，“小规模、大群体”特征明显，生产规范化水平的提高更依赖于投入更多劳动力来实现，而非劳动效率的提高。

4. 防疫制度化影响因素分析

回归结果显示，经济、技术、政策和个人及家庭特征均对防疫制度化具有显著影响。从经济要素来看，养羊收入占家庭收入比重对防疫制度化程度有正向影响，在10%的统计水平上显著，与先验判断一致，说明随着农牧户养殖模式逐步从散养到规模化养殖过渡，养殖密度导致疾病扩散的潜在威胁进一步加剧，以细毛羊养殖为主业的农牧户，更愿意加强定期防疫、驱虫、药浴、消毒等环节技术、标准和制度的采用和推行，以降低疾病等不可控因素带来的经济损失，其防疫制度化程度亦相应提升。从技术要素来看，病死羊无害化处理技术对防疫制度化程度在1%的统计水平上显著为正，调研地区人畜共患病比例仅2.99%，定期防疫比例高达99.40%，羊患病以肺病、痢疾及寄生虫等常规病为主，选择掩埋或焚烧处理病死羊比例为97.00%，部分养殖小区配备有无害化处理池，上述措施能有效遏制疾病传播与疫情扩散并提高防疫制度化水平。从政策要素来看，标准化规模养殖奖励和禁牧政策对防疫制度化有正向影响，均在5%的统计水平上显著，与先验判断一致。一般农牧户都需要在疾病监测、预防、控制、扑杀、产地检验建章立制规范操作，达标后方可获得标准化规模养殖奖励，同时禁牧补助的实施，便于畜牧兽医技术人员在更为集中的区域进行疾控防疫和技术普及，有利于防疫制度化水平的提高。从个人及家庭特征来看，养殖时长对防疫制度化程度的影响在10%的统计水平上显著为正，说明养殖经验和干中学有助于知识累积和养殖技术与生产实践的融会贯通，需要注意的是养殖经验是把双刃剑，亦可能导致思想保守，故步自封；劳动力数量对防疫制度化的影响在10%的统计水平上显著为正，细毛羊常规防疫疾病类型多且时间集中，对于养殖相对分散的牧区而言，劳动力数量越多，越能在有效时间内完成疾控任务，进而提高防疫制度化水平。

5. 粪污无害化影响因素分析

回归结果显示，经济、技术、政策和个人及家庭特征均对粪污无害化有显著影响。从经济要素来看，养羊收入占家庭收入比重对粪污无害化程度在1%的统计水平上显著为正，与先验判断一致，说明以养羊为主业的农牧户一般将羊粪堆积发酵后自用还田或销售，兼顾增加养殖收益和种养结合，有助于提高粪污无害化水平。从技术要素来看，粪便及污水处理技术对粪污无害化程度的影响在1%的统计水平上显著为正，棚圈粪便的处理方式以干清粪为主，人工或机械运至粪便处理场，便于后期生物发酵消毒，亦有助于提高粪污无害化水平。从政策要素来看，标准化规模养殖奖励对粪污无害化有正向影响，在10%的统计水平上显著，与先验判断一致。从个人及家庭特征来看，年龄对粪污无害化程度有显著负向影响，可能的原因是牧业从业人员对新知识、新技术的采用意愿偏低，对粪污造成的环境污染问题缺乏重视，进而影响粪污无害化水平；养殖时长、是否加入合作社对粪污无害化程度有显著正向影响，说明养殖经验和农牧户组织化程度的提高有助于提升养殖技术水平。

三、讨论

运用微观截面数据构建SUR回归模型，通过回归分析揭示其内部关系和规律，从参数估计的显著性与否对中国绒毛用羊标准化养殖的主要影响因素做出具有可信度的判断，为相关产业政策的制定提供经验参考。对以下两方面还需要重点关注：

（1）研究方法值得进一步商榷。由于受截面数据样本量和分析方法等因素约束，在研究方法上值得进一步商榷。模糊数学法是将定性问题定量化的有效方式，由于标准化生产环节的复杂性、主观认知差异性及时变性等因素，赋分权重需要根据实际情况进行相应调整，且评判层级越多，信息缺失的可能性越大。数据可能存在异方差和多重共线性问题，虽然进行了数据转换和相关检验，但结果仍可能存在一定误差。

（2）研究内容上可进一步拓展。由于受资料可获得性和一致性等因素限制，调研样本量较小，调研地区相对集中，因此并不能完全揭示各要素对标准化养殖带来的影响，在下一步研究中可扩大调研范围，进行深入细致的诱因发掘。

第二节　绒毛用羊规模化养殖影响因素分析

运用GMM回归对影响农牧户规模化养殖的因素进行量化分析，以期获得对绒毛用羊产业及现代畜牧业持续健康发展具有重要指导价值的研究结论。

有效样本的基本特征（表5-4）显示：生产决策者的平均年龄为45.57岁，年龄跨度19～66岁，其中40岁以上的受访户较多，占75.45%，而30岁以下的受访户则很少，仅占2.99%，细毛羊养殖户老龄化问题严重；生产决策者的受教育程度普遍偏低，主要集中在小学至初中学历层次，占样本总数的61.67%，且有7.19%的农牧民未受过教育；受当地养殖习惯的影响，多数受访养殖户为子承父业，养殖时间在20年以上的养殖户居多，占样本总数的64.67%，具有较好的养殖经验，但劳动力转移门槛较高；家庭常年劳动力数量平均为2.55，以拥有1～2个劳动力的家庭居多，占样本总数的72.46%；养羊收入是家庭收入的主要来源，83.84%的农牧户养羊业收入占家庭总收入的50%以上，仅2.99%的养殖户收入不到家庭收入的30%；此外仅有17.37%的养殖户本人或家庭成员担任村或村级以上干部，加入专业合作社或协会的比例占样本总量的51.50%，说明绒毛用羊产业的组织化程度较低。

表 5-4　样本特征

类型	类别	户数	比例	类型	类别	户数	比例
年龄	＜30 岁	5	2.99%	养殖时长	＜10 年	23	13.77%
	30～39 岁	36	21.56%		10～19 年	36	21.56%
	40～49 岁	68	40.72%		20～29 年	56	33.53%
	50～59 岁	46	27.54%		≥30 年	52	31.14%
	≥60 岁	12	7.19%	养羊收入占家庭收入比重	＜30%	5	2.99%
受教育程度	未受教育	12	7.19%		30%～49%	22	13.17%
	小学	48	28.74%		50%～69%	37	22.16%
	初中	55	32.93%		≥70%	103	61.68%
	高中/中专/高职/技校	37	22.16%	是否担任干部	是	29	17.37%
	大学/大专及以上	15	8.98%		否	138	82.63%
劳动力人口数	≤2 人	121	72.46%	是否加入合作社	是	86	51.50%
	3～4 人	31	18.56%		否	81	48.50%
	＞4 人	15	8.98%				

数据来源：根据新疆、甘肃、内蒙古和青海的农牧户调研数据整理获得。

一、模型构建与变量选择

（一）理论模型与基本假定

农户是迄今为止最古老、最基本的集经济与社会功能于一体的单位和组织，是农民生产、生活、交往的基本组织单位。Schultz（1964）提出了“贫穷而有效率”的假设，他认为农户像任何资本主义的企业家一样，都是“理性人”，其生产要素的配置行为也符合帕累托最优原则，农户的生产行为受利润最大化的引导，即边际收益等于边际成本是农户在不同技术水平下的最优决策点。Chayanov（1923）则强调了家庭规模与家庭结构对小农经济行为的影响，小农家庭是生产和消费的综合体，即使边际收益低于市场工资也会持续投入劳动力，小农的最优选择取决于自身的消费满足与劳动之间的均衡。Bacher（1965）提出了新农户经济学理论，该理论模型的前提假设条件是：家庭是基本的经济单位，农户的目标是追求自身的利益最大化（陈和午，2004）。随着中国改革开放的逐步深入，农户正由单纯的生产、消费单位变为具有多种经济职能的载体，这一过程中，农户行为总体上呈现出市场行为、趋利行为、竞争行为和科技行为均不断增强的特征，而各种非市场力量在农业中的介入使农户经济决策行为变得难以把握。在此背景下研究农牧户养殖规模这一生产决策行为，理论模型的基本假设为：农牧户是集经济与社会功能于一体的追求利益最大化的“理性人”。根据调查区域的实际状况将影响农牧户绒毛用羊养殖规模化的因素归纳为经济因素、政策因素、外部环境因素和农牧户个人及家庭特征因素4个方面，基本理论假设如下：

（1）农牧户绒毛用羊养殖规模与养殖收益正相关。

（2）农牧户绒毛用羊养殖规模与扶持政策密切相关。一方面，畜牧良种保护与补贴政策、畜禽机械化购置补贴政策、标准化规模养殖奖励政策、金融扶持政策等会降低养殖户生产成本，有利于扩大生产规模；另一方面，禁牧补助、草畜平衡等草原生态保护政策加快了养殖方式从放牧到半舍饲、全舍饲的转变，但补助奖励不足以弥补生产成本的上涨，可能抑制养殖规模的扩大。

（3）农牧户绒毛用羊养殖规模受外部环境因素影响显著。选取草场面积、养殖方式作为外部环境特征因素。养殖规模与农牧户承包的草场面积、养殖方式正相关。

（4）农牧户绒毛用羊养殖规模受个人禀赋及家庭特征因素显著影响。取家庭生产决策者的年龄、受教育程度、养殖时长这3个变量作为农牧户的个人禀赋因素。一般而言，生产决策者年龄越大，思想观念越保守，规模养殖意愿相对降低，养殖规模可能越小；文化程度较高的农户，其接受新知识的能力、市场信息的获取能力相对较强，其养殖规模越大；生产决策者的养殖年限越长，养殖习惯及干中学有助于生产效率的提高和知识总量的增加，会将更多的时间和精力投入到扩大再生产过程中，与养殖规模正相关。取家庭劳动力人数、养羊收入占家庭总收入比重、是否担任村及以上干部和是否加入协会4个变量作为农牧户的家庭特征因素，一般家庭劳动力数量越多，越有利于从事牧业生产活动，其对养殖规模的影响为正；农牧户养殖规模在很大程度上取决于养羊收入占家庭收入的比重，一般农牧户兼业化程度越高，其从事养羊业的机会成本可能越高，越有可能限制其规模；家庭中若有担任村及以上干部的情况，其对各类政策导向的理解更透彻，对市场变化可能更加敏感，对养殖规模的影响为正；农牧户从事养羊业需要在生产、流通、销售环节获得更多信息和支持，专业化的养殖合作社是交流和技术推广等信息的重要平台，加入合作社的农牧户，可能会获得更多生产养殖、销售流通等方面的信息，也可能获得更便捷的金融扶持并提高议价能力，其养殖规模也会越大。

根据上述理论模型和基本假定，建立农牧户绒毛用羊规模化影响因素的实证模型，选择了4类17个变量，变量含义、解释及其先验判断详见表5-5。

$$\ln Q_i = \beta_0 + \beta_1 \ln Q_i^{t-1} + \beta_2 \ln Y_i + \sum_{j=1}^{6} \delta_j P_i^j + \beta_3 \ln S_i + \beta_4 L_i + \sum_{m=1}^{7} \omega_m D_i^m + e_i \tag{5-3}$$

式中，β_0 为模型的常数项；β_1、β_2 分别为滞后解释变量和主要经济解释变量的参数；δ_j、β_3、β_4、ω_m 分别是政策虚拟变量、外部环境变量、生产决策者个人禀赋及家庭特征变量的参数；e_i 为误差项。

表 5-5　变量含义及先验判断

变量类型	变量名称	含义及赋值	均值	标准差	先验判断
被解释变量	农牧户养殖规模（Q）	连续变量	531.479	1 889.84	无
滞后因变量	上一年度养殖规模（Q_{t-1}）	滞后一期	517.910 2	1 891.095	+
经济影响因素	细毛羊养殖收益（Y）	连续变量	209 068.4	784 801.9	+
政策影响因素	畜牧良种保护补贴（P_1）	1=获得；0=未获得	0.562 9	0.497 5	+
	畜禽养殖机械购置补贴（P_2）	1=获得；0=未获得	0.449 1	0.498 9	+
	标准化规模养殖奖励（P_3）	1=获得；0=未获得	0.119 8	0.325 7	+
	金融扶持（P_4）	1=获得；0=未获得	0.317 4	0.466 9	+
	禁牧补助（P_5）	1=获得；0=未获得	0.646 7	0.479 4	－
	草畜平衡奖励（P_6）	1=获得；0=未获得	0.676 6	0.469 2	－
环境影响因素	草场面积（S）	农牧户承包天然草场面积	6 057.583	30 611.38	+
	养殖方式（L）	1=全舍饲；2=半舍饲；3=全放养	2.083 8	0.336 8	+
个人及家庭特征变量	年龄（D_1）	调查对象年龄	45.574 9	8.756 7	－
	受教育程度（D_2）	1=未受过教育；2=小学；3=初中；4=高中/大专/职高/技校；5=大学/大专及以上	2.970 0	1.077 8	+
	养殖时长（D_3）	从事养羊业时间	21.772 5	10.266 7	+
	家庭劳动力人数（D_4）	连续变量	2.550 8	10.828 3	+
	养羊收入占家庭收入比重（D_5）	连续变量	74.063 2	21.674 1	+
	是否担任村干部（D_6）	1=是；0=否	0.173 7	0.379 9	+
	是否加入合作社（D_7）	1=是；0=否	0.515 0	0.501 3	+

数据来源：根据新疆、甘肃、内蒙古和青海的农牧户调研数据整理获得。

（二）变量选择

以农牧户的绒毛用羊养殖规模为被解释变量，该指标具体用农牧户期末存栏数量来表示，是指在一个养殖周期内农牧户当年年底的畜群数量，主要包括能繁母羊、育成公羊、育成母羊、淘汰羊、羯羊等，子畜（4 个月以内的羔羊）、种畜（专用于配种的公畜和母畜）均不计入畜群数量。由于农牧户绒毛用羊养殖规模为连续型变量，因此本研究采用 OLS 回归处理数据分析对养殖规模的影响，通过回归模型得出标准化回归系数值来直接比较分析各解释变量对被解释变量的影响程度。需要注意以下两点：①为解决因养殖惯性带来的内生性问题，将养殖规模滞后一期取对数作为解释变量，带入上述模型；②相关政策变量为截距虚拟变量，分别考察各类政策对农牧户绒毛用羊养殖规模的影响。

（三）分析方法

采用 GMM 模型估计相关参数，描述了自变量 X 对因变量 Y 的影响。由于存在养殖惯性以及不同样本点上解释变量以外的其他因素差异较大等原因，对养殖规模影响因素的分析中，养殖规模为非正态分布，其 Q－Q 图显示，样本点并非呈一条围绕第一象限对角线的直线，OLS 估计是基于残差平方和最小的估计，此时用 OLS 回归的估计结果既不具有优良性质且稳健性非常差，而 GMM 的基本思路是最小化样本矩的加权平方和，进而得到参数估计量，允许异方差、自相关等情况的存在，且不需要考虑误差项的准确分布，因此比 OLS 回归更具优势。

OLS 估计方法是：$\min\sum_{i}(Y_i - X_i\beta)'(Y_i - X_i\beta)$　　(5－4)

GMM 估计方法是：$\frac{1}{N}\sum_{i=1}^{N}\varepsilon_i = \frac{1}{N}\sum_{i=1}^{N}(Y_i - X_i\beta) = 0$　　(5－5)

$$\frac{1}{N}\sum_{i=1}^{N}X_i\varepsilon_i = \frac{1}{N}\sum_{i=1}^{N}X_i(Y_i - X_i\beta) = 0 \quad (5-6)$$

式中 Y_i、X_i、β、ε 分别为因变量、自变量、待估参数和误差项。

二、结果与分析

（一）回归结果

运用 Stata 14 对样本数据进行处理，结果见表 5－6。

表 5-6　回归结果

variable	Coef.	Std. Err.	z	$P>\|z\|$
Q_{t-1}^{***}	0.842 6	0.068 6	12.28	0.000
Y^{**}	0.086 1	0.043 3	1.99	0.047
P_1	0.001 602	0.044 206 2	0.04	0.971
P_2	0.019 5	0.034 7	0.56	0.574
P_3	−0.050 0	0.041 3	−1.21	0.226
P_4	0.030 6	0.030 9	0.99	0.322
P_5^{**}	−0.102 0	0.045 4	−2.25	0.025
P_6	−0.062 1	0.051 8	−1.20	0.230
S^{*}	−0.019 5	0.010 7	−1.83	0.067
L	0.023 8	0.058 5	0.41	0.683
D_1	−0.000 9	0.001 7	−0.50	0.617
D_2^{*}	0.002 0	0.017 2	0.12	0.098
D_3^{**}	−0.004 1	0.001 6	−2.52	0.012
D_4	0.017 1	0.013 4	1.27	0.204
D_5	−0.000 1	0.000 9	−0.87	0.382
D_6	−0.080 5	0.053 9	−1.49	0.135
D_7^{**}	0.054 6	0.027 4	1.99	0.046
_cons	0.293 7	0.318 3	0.92	0.356
Number of parameters=18 Number of moments=18 Number of obs=167 GMM weight matrix：Robust				

注：*、**、***分别表示在10%、5%和1%水平上统计显著。

（二）分析

根据模型估计结果，将影响农牧民养殖规模的因素分析如下：

1. 在经济影响因素方面

回归结果显示，养殖收益对养殖规模化有正向影响，在5%的统计水平上显著，与先验判断一致。说明农牧户绒毛用羊的养殖存在一定程度的规模经济，养殖收益的增加能在一定程度上激励农牧户扩大养殖规模。但是由于近年来活羊销售价格持续低迷，且羊毛销售价格亦在低水平徘徊，劳动力成本及饲草料成本的持续上涨使绒毛用羊养殖的利润空间压缩，中国绒毛用羊的养殖方式急需向标准化、规模化方向发展。

2. 在政策影响因素方面

回归结果显示，禁牧政策对养殖规模化具有显著负向影响，而其他政策变量均不显著。具体来看，畜牧良种补贴政策对绒毛用羊养殖规模化有正向影响，但不显著，可能的原因是：虽然财政支农政策支持水平在持续提高，但是调研显示畜禽良种补贴政策覆盖范围小，补贴标准偏低，政策实施以来有抬升种公羊售价的趋势，惠农效果有所降低。畜牧机械购置补贴、金融扶持政策对养殖规模有正向影响，但不显著，可能的原因是：受自然地理环境影响，养殖机械化水平发展不均衡，且实施时间较短导致政策宣传不到位；我国绒毛用羊主产区大多位于经济发展相对落后的草原牧区，畜用暖棚、储草棚、青贮窖等养殖基础设施滞后，畜牧业生产周期的资金季节性需求与金融贷款周期不一致，在担保方式、额度及回收期限方面存在诸多限制，导致农牧民扩大再生产的资金后劲不足，部分调研地区洪灾、雪灾、野生动物侵袭等灾害频发，农牧户细毛羊养殖风险上升且养殖保险政策缺位，可能进一步抑制草原牧区绒毛用羊养殖规模化水平。标准化规模养殖奖励对养殖规模化的影响不显著，调研显示，“以奖代补”的补贴方式导致农牧户的前期投资过大且存在资金瓶颈，多数农牧户无法享受到该项补贴，目前该项补贴的推动多为基层县或乡政府由上而下推动，对生产决策者影响很小。禁牧补助对养殖规模化有负向影响，在5%的统计水平上显著，与先验判断一致，但是该指标对生产标准化的影响为正，原因在于小规模散养仍然占据绝对优势，农牧户面对禁牧约束可能选择退出养殖而非转为舍饲。草畜平衡奖励对养殖规模化有负向影响但不显著。国家从 2011 年开始实施的草原生态补奖政策使绒毛用羊养殖的资源和环境约束趋紧，政策实施在一定程度上推动了养殖方式从放养转为半舍饲、舍饲。虽然 2016 年第二轮草原生态补助奖励政策中草畜平衡奖励资金由 1.5 元/亩上涨到 2.5 元/亩，但是补奖资金仍不足以弥补农牧户舍饲养殖成本的上升，从而抑制绒毛用羊养殖规模化水平。

3. 在环境影响因素方面

回归结果显示，草场面积对养殖规模化有显著负向影响，而养殖方式影响不显著。草场面积对养殖规模化有负向影响，在 10%的统计水平上显著。说明绒毛用羊主产区相继实施了禁牧、草畜平衡、轮牧等草原生态保护政策，现有的自有承包草场载畜量达到甚至超过临界值，导致养殖规模普遍受限。养殖方式与养殖规模正相关但不显著，说明随着养殖方式从全放养到半舍饲、舍饲的过渡，养殖规模在逐渐扩大。可能的原因是：放养饲养方式因四季粗饲资源丰歉不均，一般会出现“夏饱、秋肥、冬瘦、春乏”现象，极端气候（如干旱、雪灾）及粗放式管理不利于养殖规模的扩大，而半舍饲、全舍饲方式在养殖环境、饲养管理、疾病防控等方面更有利于规模化养殖，但绒毛用羊产业整体规模化养殖水平偏低，导致该因素不显著。

4. 在农牧户个人及家庭特征方面

回归结果显示，受教育程度、是否加入合作社对养殖规模化具有显著正向影响，养殖时长对养殖规模化具有显著负向影响，其他个人及家庭特征变量则不显著。具体来看，生产决策者的年龄对养殖规模有负向影响但不显著，与先验判断一致，原因在于养殖户的年龄普遍偏大，样本户中年龄在“≥50”的比例为34.73％，“＜30岁”的受访者仅占2.99％。调研显示，年龄对绒毛用羊产业的发展有利有弊，特别是在畜牧业转型时期，合理的年龄结构对该产业的持续健康发展显得愈加重要。受教育程度对养殖规模化有正向影响，在10％的统计水平上显著。说明较高的文化水平能够提高农牧户对现代养殖技术学习和理解能力，增强对市场信息的敏感度，进而提高绒毛用羊养殖规模化水平。养殖时长对养殖规模化有负向影响，在5％的统计水平上显著，与先验判断不一致，且该指标对生产标准化的影响为正，原因是：养殖时长具有双向作用。一方面，养殖户多为子承父业，养殖年龄跨度大，年龄大且养殖年限长的农牧户一般思想较为保守僵化且养殖精力有限，从而抑制养殖规模，这与年龄因素的分析互为印证；另一方面，养殖时间较长的农牧户经验丰富，知识积累和技能增长有助于规范生产养殖活动。家庭劳动力人口对养殖规模化有正向影响但不显著，可能的原因是绒毛用羊养殖以散户为主，家庭牧场、规模化养殖场等尚未占据很大比例，并且调研样本中“≤2”个劳动力的家庭比例高达72.46％，随着规模化养殖的发展，劳动力投入可能会成为显著的影响因素。养羊收入占家庭总收入的比重对养殖规模化有负向影响但不显著，与先验判断不一致，可能的原因是，近年来绒毛用羊产品市场持续低迷，毛肉价格倒挂严重，持续走低的市场价格使农牧户多持观望态度，养羊比重越大的农牧户越不愿意扩大养殖规模，转产肉羊养殖甚至出现倒改现象成为该产业健康发展的潜在威胁。是否担任村干部对养殖规模化具有负向影响但不显著，与假设不一致，可能的原因是：家中有村或村级以上干部的农牧户倾向于较小的养殖规模，与普通养殖户相比，从事养羊业的机会成本越大，兼业化程度越高，将导致其养殖规模较小。农牧民加入合作社对养殖规模化有正向影响，在5％的统计水平上显著，与先验判断一致。部分调研地区农牧户组织化程度较高，当地龙头企业、国有牧场等通过合作社与农牧户建立了紧密的利益链接机制，有助于农牧户绒毛用羊养殖规模的扩大。

三、讨论

通过构建多元线性回归模型，揭示诸多要素之间相互关系的密切程度，是研究要素之间具体数量关系的强有力手段。总体来看，多元线性回归模型是一种简单有效的影响因素量化分析模型，通过回归分析确定解释变量与被解释变量之间的关系及其规律，从回归的显著性对农牧户养殖规模化的主要因素做出具有可信度的判断，为绒毛用羊产业政策的制定和科学决策提供经验参考和决策依据。对于农牧户绒毛用羊养殖规模化的影响因素进行量化分析，在研究方法和内容上都在不断探索和发展中，由于受截面数据样本量和分析方法选取等因素限制，某些技术方法还需要继续检验和完善，结果不可避免地存在一定误差。需要在以下几方面重点关注：

（1）目前研究农户行为影响因素的方法较多，如多元线性回归模型、时间序列法、灰色关联度法、模糊数学法等，定量分析得到越来越广泛的应用。在具体的分析手段上，除常用的GMM、OLS等常规分析法外，有必要基于目前的软件技术，尝试运用多元离散模型或分位数回归模型对当前数据进行深入分析，挖掘影响农牧户养殖行为的因素，以此完善实证模型，让研究技术更好地为研究目的服务，使之更符合绒毛用羊产业发展的现实规律。

（2）在研究内容上还有更多值得拓展的空间。由于受时间、人力、物力等诸多因素限制，选取的样本量较小，调研地域相对集中，虽然能在一定程度上反映农牧户的基本行为特征，但并不能完全揭示各因素对农户行为带来的影响，包括正面影响和负面影响。因此在下一步的研究中，扩大调研范围，同时对现有农户进行跟踪调查，获取面板数据从时间和空间上对影响农牧户养殖行为的因素进行更为深入和细致的分析。此外，在寻找和提炼影响农牧户绒毛用羊养殖规模化的主要因素上，可以通过与相关部门和专家的座谈和访谈，从宏观和微观两个层面，有重点的进行深层次的诱因发掘。

第三节　本章小结

本章基于农牧户微观调研数据，分别从生产标准化和养殖规模化两个维度探讨中国绒毛用羊标准化规模养殖影响因素。得出如下结论：

（1）综合运用模糊数学法和似无关方程组对中国绒毛用羊标准化养殖环节的影响因素进行计量分析。似无关方程组模型回归结果表明，经济要素、技术要素、政策要素和农牧户个人及家庭特征对细毛羊标准化养殖均有重要影响。①从经济要素来看，养羊收入占家庭收入比重对防疫制度化、粪污无害化程度有正向影响，分别在10%和1%的统计水平上显著，与先验判断一致；固定资产占养殖总成本比重对养殖设施化、生产规范化程度有正向影响，分别在10%和5%的统计水平上显著，与先验判断一致。②从技术要素来看，共计7项养殖技术的推广和使用对标准化水平均具有显著的正向影响，与先验判断一致。其中人工授精技术对畜禽良种化程度的影响在1%的统计水平上显著；选址和棚圈设计对养殖设施化程度的影响在1%的统计水平上显著；饲养管理技术、饲料配制和机械剪毛分级打包等技术的使用对生产规范化程度的影响分别在1%、1%和10%的统计水平上显著；病死羊无害化处理技术对防疫制度化程度的影响在1%的统计水平上显著；粪便及污水处理技术对粪污无害化程度的影响在1%的统计水平上显著。而良种选育选配、疾病防控及兽药使用技术对农牧户绒毛用羊标准化养殖有正向影响但不显著。③从政策要素来看，除棚圈建设补贴外，其余8项政策均对标准化养殖水平有显著影响。其中种公羊补贴、能繁母羊补贴、人工授精补贴政策对畜禽良种化程度的影响在1%的统计水平上显著为正，与先验判断一致；畜牧养殖机械购置补贴政策对生产规范化程度的影响在1%的统计水平上显著为正，与先验判断一致；标准化规模养殖奖励对养殖设施化、防疫制度化和粪污无害化程度的影响分别在5%、5%和10%的统计水平上显著为正，与先验判断一致；禁牧补助对畜禽良种化和防疫制度化程度的影响在5%的统计水平上显著为正，与先验判断一致；草畜平衡奖励对养殖设施化程度的影响在1%的统计水平上显著为负，与先验判断不一致；贴息贷款对生产规范化程度的影响在10%的统计水平上显著为正，与先验判断一致。④从农牧户个人及家庭特征看，年龄对粪污无害化程度的影响在10%的统计水平上显著为负；受教育程度对畜禽良种化、养殖设施化程度的影响分别在5%和1%的统计水平上显著为正；养殖时长对防疫制度化和粪污无害化程度的影响分别在10%和1%的统计水平上显著为正；劳动力人数对生产规范化和防疫制度化程度的影响分别在5%和10%的统计水平上显著为正；是否加入合作社对畜禽良种化和粪污无害化程度的影响分别在5%和1%的统计水平上显著为正。

（2）构建多元线性回归模型，用GMM法对影响农牧户绒毛用羊养殖规模化的因素进行量化分析。回归结果表明：经济影响因素、政策影响因素、外部环境因素和农牧户个人禀赋及家庭特征对细毛羊养殖规模化发展均有重要影响。①在经济影响因素方面，养殖收益对养殖规模化有正向影响，在5%的统计水平上显著，与先验判断一致。②在政策影响因素方面，禁牧政策对养殖规模化具有显著负向影响，与先验判断一致，而畜牧良种补贴政策、畜牧机械购置补贴、金融扶持政策、标准化规模养殖奖励、草畜平衡奖励政策对养殖规模化程度影响不显著。③在环境影响因素方面，草场面积对养殖规模化有负向影响，在10%的统计水平上显著；养殖方式对养殖规模正相关但不显著。④在个人及家庭特征方面，受教育程度、是否加入合作社对养殖规模化具有显著正向影响，分别在10%和5%的统计水平上显著，与先验判断一致；养殖时长对养殖规模化有负向影响，在5%的统计水平上显著，与先验判断不一致；年龄、家庭劳动力人数、养羊收入占家庭收入比重、是否担任村干部等变量对养殖规模化程度的影响不显著。

第六章

中国绒毛用羊标准化规模养殖模式分析

本章主要对我国各地区绒毛用羊标准化规模养殖模式进行分析。标准化规模养殖的经营模式与各地区产业政策、经济发展水平、农牧户养殖习惯及资源环境等因素密切相关，不同养殖模式下的经营管理亦存在显著差异，本章主要结合我国细毛羊产业实际调研情况和发展经验，采用案例分析的方式，对家庭牧场模式、养殖小区模式、规模养殖场模式和产业联合组织模式等不同类型的标准化规模养殖模式的实施路径和典型经验进行归纳和总结，分析其发展过程中的一般规律和差异特征，为我国绒毛用羊产业的发展提供经验借鉴。

养殖模式是指在某一特定条件下，使养殖生产达到一定产量而采用的经济与技术相结合的规范化养殖方式。养殖模式在一定生产技术条件下形成并发挥作用，并随养殖活动的变化而改变，因主体构成、资源约束、人口及家庭特征及经营管理方式等差异，进而形成基于某一养殖模式下的具体运营模式，结合调研情况，家庭牧场模式主要包括“家庭草库伦”和“种羊场＋农牧户”两种运作模式；养殖小区模式主要包括“生产基地＋农牧户”和“委托管理式养殖小区”两种运作模式；规模养殖场模式主要包括“规模养殖场＋合作社”运作模式；产业联合组织模式主要包括“草畜联营合作社”和“公司＋合作社＋农牧户”两种运作模式。

第一节　标准化规模养殖模式

一、家庭牧场模式分析

家庭牧场（family ranch，household ranch）是一个具体农（牧）场资源的利用单元，其在生态恢复、多样性保护、农牧民经济收入提高等方面的重要性在国内外逐渐凸显出来（李治国，韩国栋，赵萌莉等，2014）。家庭牧场最初起源于美国，往往包含在家庭农场（Family farm）的范畴内，美国农业部将家庭农场界定为一个由农场主及其家庭通过劳动自行经营并管理，生产并销售一定数量的农产品，以获取足够收入用以支付家庭生活及农场经营所需要的生产投入、债务偿还和财产维持的农场。结合谢晓村（1986）、丁勇（2010）、王锡波（2016）等学者的研究成果，将家庭牧场界定为：建立在草场承包和经营权流转基础上的，以农牧户家庭为基本组织单位，以家庭成员为主要劳动力，以适度规模经营为特征，主要从事畜牧产品生产和销售，自主经营、自负盈亏的畜牧业生产单元。2013 年中央 1 号文件正式提出发展家庭农场，2017 年中央 1 号文件首次提出发展规模高效的养殖业，重点支持适度规模的家庭牧场。近年来，在家庭承包经营基础上形成的各类新型农业经营主体蓬勃发展，截至 2016 年 12 月，我国申报认定的各级家庭农场超过 87 万家。目前发展较为成熟的家庭牧场模式主要有“家庭草库伦”和“种羊场＋农牧户”两种。

（一）“家庭草库伦”运作模式

“家庭草库伦”模式是以独立经营的农牧户家庭为基本组织单位，以围栏封育、草场改良和人工种草为主要措施，以舍饲半舍饲养畜的形式把畜牧业的各项技术组合配套，从而实现科学养畜和建设养畜的一种畜牧业发展模式。

该模式以“内蒙古 WS 家庭草库伦”为典型代表。WS 是全国最早开始探索并实践家庭牧场养殖模式的地区，1985 年科研人员在毛乌素沙地的开发治理过程中，在陶报嘎查选择了 60 户牧民探索沙地治理及科学利用的有效途径，逐步形成种草种树、沙地治理和科学养畜有机结合的“家庭草库伦”发展模式。“草库伦”在蒙古语中意为“草圈子”，是对用围栏封闭培育并在其内部进行饲草种植、草圈、水利设施、林地、机械、圈舍等单项或多项配套设施建设的打草场、放牧场、防灾备荒草场和饲草料基地的统称。“草库伦”建设类型主要包括放牧草库伦、打草草库伦、草林料结合草库伦、乔灌草结合治沙草库伦、高标准“草、水、林、料、机”五配套草库伦和划区轮牧草库伦等，后两种类型目前在牧区普遍推广。

1. “家庭草库伦”生产单元认定标准

WS 根据《现代草原畜牧业示范户建设方案》，积极开展“家庭草库伦”的认定工作。其认定主要包括农机服务队和示范户单户两方面。畜牧主管部门与农牧户以家庭为单位签订《现代草原畜牧业示范户建设合同》，分别按小户型、中户型和大户型 3 类从草场和水地面积、供电供水设施、牲畜饲养量、配套农机局、养殖棚圈设施、饲草种植、饲养管理、疾病防控及农牧户生活住房和基础设施 10 方面进行约定，通过 2～3 年的建设周期后对项目户进行验收。在建设资金方面，每个农机服务队投资 50 万元，政府补贴和农机服务队自筹资金各占 50％。项目户按照户型补贴比例略有差异，小户型国家投资 5 万元、牧户自筹资金 1.76 万元；中户型国家投资 10 万元、牧户自筹资金 3.4 万元；大户型国家投资 21.24 万元、牧户自筹资金 6.31 万元。

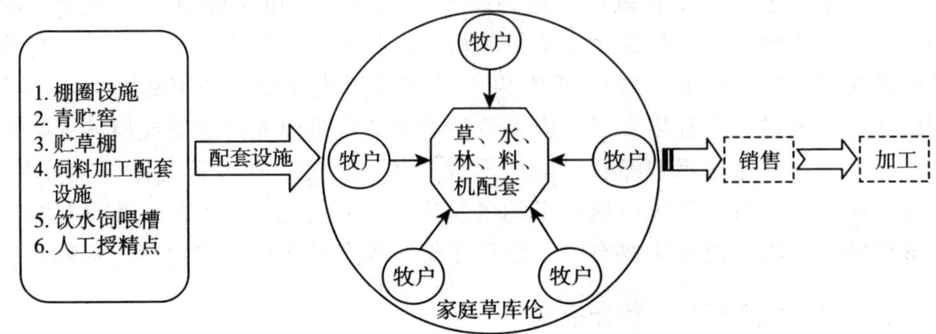

图 6-1　“家庭草库伦”运作模式示意图

2. “家庭草库伦”模式运行方式

运行方式可归纳为：以水为中心的“2 个基地+6 个配套+2 条主线”。

首先，“2 个基地”为人工饲草基地和饲料基地。饲草料基地建设具体包括水利、草业、林业及技术推广 4 方面。①水利方面，农牧户经营水地为标准农田，面积不低于 50 亩，开通动力电，配套机电井、节水管道和小型喷灌节水技术；②草业方面，以多年生优质牧草为主，优质牧草（以紫花苜蓿和沙打旺为主）、饲料玉米和青贮玉米的种植结构一般为 4∶4∶2；③林业方面，在饲草料基地周边营造不同树种的乔灌木混交防护林和田间作业道路；④技术推广方面，重点对饲草种植及施肥、饲草模式化栽培、青贮氨化技术等进行技术培训和推广。“家庭草库伦”建设既合理利用天然和人工草场获取稳定高产的饲草资源，又在草库伦内计划性轮流放牧打草，目前推行的标准化、规范化的配套草库伦是稳定发展草原畜牧业生产的有效途径。

其次，“6 个配套”为配套养殖棚圈及活动场、青贮窖、贮草棚、饲草料加工厂房及加工机具、饮水饲喂设施和人工授精点。农牧户按照统一图纸、标准、规格和施工形式进行配套设施建设。①养殖棚圈采用封闭式或半开放式砖结构彩钢顶，总建筑面积不少于 120 平方米，单位羊只占地 0.8 平方米，活动场不少于 450 平方米，单位羊只占地 3 平方米，基础母羊 100 只以上，年饲养 300 个羊单位以上；②青贮窖面积按每个羊单位 0.5 立方米修建；③贮草棚按每个羊单位 1 立方米修建；④饲草料加工房和料库建设面积各 20 平方米，农牧户配备小型拖拉机、拖车、双圆盘牧草收割机、简易搂草机、悬挂犁、旋耕机、播种机、小型饲草料粉碎机、喷灌机、电动剪毛机等生产加工机具，基本实现机械化；⑤饮水饲喂设施规格根据养殖规模配备；⑥人工授精点一般为周边约 20 户养殖户提供配种服务。

最后，“2 条主线”为加工和销售。WS 充分利用鄂尔多斯细毛羊地理标志进行品牌建设，启动羊肉精深加工生产线提升产品附加值，同时组建“WS 羊毛协会”，成立羊毛储运交易中心，注册“WS 羊毛”商标，为农牧户的羊毛收获、销售、流通等提供服务，提升细羊毛品牌价值。

3. “家庭草库伦”模式运行效果

经过多年建设，WS“家庭草库伦”模式取得了较为显著的经济、社会和生态效益。截至 2017 年 6 月，累计建成标准化饲草料基地 66 万亩、标准化养殖圈舍 1 580 处 57 万平方米、贮草棚 856 处 24 万平方米、配种室 200 处，无偿发放优质牧草草籽 24 万千克。达到“十有标准”的“家庭草库伦”1 500 户，每户牲畜头数达 600 只以上（其中基础母畜达 400 只）、饲草料基地 100 亩以上、贮草棚 300 平方米、畜棚 400 平方米、饲草料加工房 80 平方米、青贮窖 90 平方米。部分农牧户实现细毛羊药浴、饮水、饲喂和饲草料收获、加工自动化。

（1）经济效益方面。“家庭草库伦”模式的推行完善了农牧户养殖基础设施，项目涉及 6 个苏木的 36 个嘎查，辐射带动农牧户 1.2 万户，约 60%以上的农牧户实现稳定增收。项目补贴投资 13 900 万元，户均补贴 19.2 万元，人均纯收入达 5 万元以上，户均纯收入普遍提高 3 900 元，家庭经济收入明显增加。

（2）社会效益方面。节水灌溉措施提高了用水效率和灌溉面积，饲草供应与储备能力提高，进一步提高了农牧户防灾避险能力。此外，先进实用养殖技术的示范和推行提高了农牧户劳动效率。

（3）生态效益方面。WS 累计退牧还草 742 万亩，饲用灌木保有面积 210 万亩，优质多年生牧草保有面积 10 万亩，改良草场面积 80 万亩，80%草场实现围网，70%的农牧户实行季节性休牧轮牧。多种形式的家庭草库伦及配套设施的建设既为农牧户舍饲和休牧、轮牧提供了充足的物质条件，又减轻了天然草场的载畜压力，有利于植被恢复实现草畜平衡。

综上所述，在“家庭草库伦”运作模式中，农牧户在草场承包和经营权流转基础上以“草库伦”为中心，以家庭为基本单位，自主经营自负盈亏，从事专业化、集约化的畜牧业生产活动，政府以项目建设方式在草场分配、养殖设施、饲草种植、品种改良、产品销售等方面提供资源和服务，推进畜牧业标准化规模养殖。该模式覆盖面较广，建设类型灵活多样，比较适合在饲草资源丰富的草原牧区推广，但是对草场、水源、配套设备、技术等要求较高，政府对普通农牧户规范化生产行为的约束力有限，建设成本和管理成本普遍较高。

（二）“种羊场＋农牧户”运作模式

“种羊场＋农牧户”模式是指种羊场与农牧户建立生产合作关系，按照生产合同约定，种羊场为农牧户提供草场、人工饲草料地、基础设施、牲畜饲养、畜产品生产等相关资源及统一管理，农牧户拥有一定生产经营自主权进行畜牧业生产的发展模式。

该模式以“新疆 GN 种羊场＋农牧户”为典型代表。GN 种羊场隶属于新疆维吾尔自治区畜牧厅管理，是新疆细毛羊和中国美利奴（新疆型）原种场、国家级重点种畜禽场、全国农垦百家良种企业。GN 总面积 3.85 万公顷，具有得天独厚的水资源和天然草场资源。全场可利用草场面积 3 万公顷，其中夏牧场 1.87 万公顷，理论载畜量 10 万羊单位，全年利用期为 150 天；春秋草场 0.80 万公顷，理论载畜量 5 万只羊单位，全年利用期为 60 天；冬草场 0.2 万公顷，理论载畜量 0.5 万只羊单位，利用期 150 天。此外，天然打草场 0.13 万公顷。全场耕地面积 0.33 万公顷，其中牧业草地 400 公顷。

1. “种羊场＋农牧户”生产单元认定标准

按照《新疆维吾尔自治区家庭农场认定标准（试行）》的规定，家庭农场是以农户家庭为基本的生产经营单位，家庭成员为主要劳动力，从事农业规模化、集约化、商品化生产经营，以农业收入为主要家庭收入来源的新型畜牧业规模经营主体，达到下述 8 个条件的家庭牧场均可以申报：①经营者为本地户籍农民或常住当地 10 年以上、从事农业生产经营，并积极参与当地村集体公益建设的外地牧民；②家庭成员为主要劳动力，常年雇工数量不超过家庭成员务农人数；③以农业经营收入为主要来源，且占家庭总收入的 80%；④经营土地为家庭承包或流转土地；⑤生产经营相对稳定并达到一定规模；⑥经营者接受过农业技能培训；⑦生产经营活动有较为完整的财务收支记录；⑧有示范带动作用。GN 种羊场的家庭牧场是在草畜双承包责任制基础上产生和发展的，通过合同约定的方式形成一家一户的独立生产单元，自主经营，自负盈亏，按照上述规定可以自愿申报家庭牧场。

2. “种羊场＋农牧户”模式运行方式

GN 种羊场从 2000 年开始逐步完善种畜群承包经营制度，实行“八统一”（统一配种、统一产羔、统一鉴定整群、统一剪毛、统一羊毛分级及销售、统一防疫、统一转场、统一饲草料标准）基础上的家庭牧场承包经营体制和草料两费自理承包。具体来看：GN 种羊场每年与农牧户签订铁畜承包合同，由种羊场按照农牧户家庭劳动力数量分配固定数量的集体所有细毛羊由农牧户个人养殖，统一修建标准化圈舍供农牧户有偿使用，同时按照饲养规模每户分配一定面积的牧场（1 000 亩/户）、人工饲草料地（50～80 亩/户）和天然打草场（400～500 亩/户），农牧户按照约定缴纳一定比例的管理费用，不得随意减少合同分配的羊只数量，每年淘汰羊缺口通过种羊场鉴定的育成羊补足，超过合同约定的羔羊、羊毛、羊粪等各项产出均归农牧户个人所有，种羊场在配种、产羔、整群鉴定、剪毛、分级销售、疾病防控、饲养管理等方面对农牧户进行统一管理并提供相应服务。

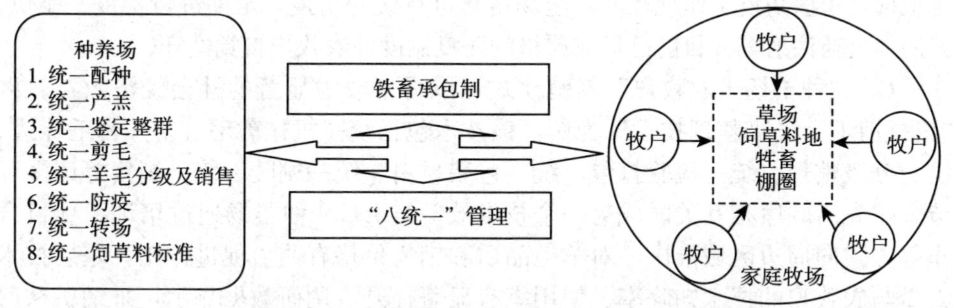

图 6-2 “种羊场＋农牧户”运作模式示意图

3. “种羊场＋农牧户”模式运行效果

“种羊场＋农牧户”模式受经营体制、草场载畜量、饲草地面积、家庭劳动力以及自有资金等因素影响，农牧户的养殖规模一般相对稳定，并且形成了一定的养殖习惯，不会随意扩大养殖规模。农牧户能繁母羊的数量始终保持相对稳定的状态，每年按比例淘汰一定数量的成年母羊，补充相同数量的育成母羊以保证铁畜数量不变。但是该模式建立了完备而规范的管理制度，运行效率相对较高，既提高了农牧户标准化规模养殖水平，也取得了较为显著的社会经济效益。

（1）“种羊场＋农牧户”模式下，农牧户在养殖设施、畜禽良种、生产管理、疾病防控等环节的标准化程度有显著提升。①养殖设施方面，GN 种羊场统一修建标准化圈舍 76 座，同时配备贮草棚、青贮窖、饲喂设施、水电路设施等，有偿提供给农牧户使用，标准化养殖圈舍覆盖率为 100%。②畜禽良种方面，GN 种羊场在常规繁育中统一采用人工授精技术配种，并全部回收农牧民种公羊由种羊场统一饲养，提高优质种公羊利用率的同时，制约了倒改现象。在选育方法上严格按照《种畜群管理细则》，对种公羊进行定期筛查和后裔测验，对种母羊以品系群为基础进行同质选配，对羔羊进行严格的选种和淘汰。此外，接受GN种羊场常年系统培训的农牧户基本掌握品种选育选配技术，也进一步提升了畜禽良种化水平。③生产管理方面，在舍饲养殖的具体生产环节均制定相应的管理制度和操作规程，农牧户生产规范化程度较高。如GN种羊场按照《产羔操作规程》安排农牧户统一接羔、羔羊谱系记载和鉴定；在剪毛季成立由农牧户和技术人员组成的临时剪毛队，进行统一机械剪毛、分级整理、规格打包和刷唛，对农牧户养殖技术的标准化程度显著提升；GN种羊场农牧户根据大小强弱不同将种公羊、基础母羊、后备母羊、羔羊进行分群，并按照不同饲喂标准养殖，舍饲养殖水平普遍较高。④疾病防疫方面，GN种羊场根据《兽医防疫工作规程》对全场畜禽进行统一防疫，定期进行检疫、驱虫、药浴、疫苗注射等，目前已形成严格的防疫制度使农牧户自觉遵守。

（2）“种羊场＋农牧户”养殖模式也取得了较为显著的社会经济效益。以“机械剪毛、分级整理技术”为例，该技术包括统一机械剪毛、统一套毛除边、统一分级整理、统一检验打包、统一包装材料、统一刷唛、统一销售等诸多环节，按先后顺序相互关联成为一个技术效益链。GN种羊场通过培训、项目合作等方式向周边区域推广，对羊毛品质和销售价格有明显促进作用，基层技术人员与农牧户的技术知晓率、使用率有显著提升。调研数据显示，采纳机械剪毛、分级整理技术农牧户的新增纯收益为71.09元/只，技术得益率为699%，在一定程度上提高了农牧民收入水平。

综上所述，在“种羊场＋农牧户”运行模式中，种羊场拥有生产资料、技术、设备、资金等资源，与农牧户通过签订合同方式建立稳固的利益联结机制，农牧户以家庭为单位从事专业化生产和适度规模经营，种羊场为农牧户提供相关资源和服务。该模式既具有一般家庭牧场的共有特性，又因其独特的管理体制有其自身特点，是畜牧业生产中高效、可靠的经营模式。从共性特征来看，农牧户具有一定的生产经营自主权，通过标准化生产和规模化养殖，提高劳动效率和经济效益；从个性特征来看，草场、耕地、牲畜等均归集体所有，农牧户与种羊场通过合同约定方式获得上述资源的短期经营权，种羊场作为专门的管理机构，制定并执行统一的管理规范，标准化规模养殖生产效率更高。该模式下农牧户标准化、规模化养殖水平普遍较高，目前仅在少数国有牧场推行，覆盖面较为狭窄。

二、养殖小区模式分析

养殖小区（饲养小区/养殖园区）是指在位于村落外的某一地块集中建若干牲畜舍，联户饲养的方式。小规模家庭散养场地受限，且存在环境污染、疾控传播、效益低下和抵御风险能力较弱等问题，拥有一定自有生产资金的农牧户更倾向于集中建舍、分户饲养的方式，因此具有“小规模、大群体”特征的养殖小区成为我国畜禽养殖从散养向规模化、集约化、专业化方向发展的一种过渡形式之一（张庆东，戴晔，耿如林等，2013）。养殖小区最早出现在20世纪80年代后期，主要集中于畜牧业较为发达、土地资源相对丰富的农区（韦秀丽，李萍，高立洪，2007）。2004年农业部发布《关于推进畜禽现代化养殖方式的指导意见》（农牧发〔2004〕26号），畜牧业主产区和广大农区以标准化养殖小区为重点，统一规划用地、统一设计标准、统一养殖品种，采取股份合作制等组织形式，严格管理制度，使养殖小区成为现代化的畜牧业养殖基地。2004—2006年中央1号文件连续3年支持标准化、规模化养殖小区建设，同时配套固体废弃物及无害化处理设施建设。上述政策使我国各地区畜禽养殖小区迅速发展，截至2006年年底，我国各类养殖小区近8万个，吸纳143万农户，约570万农业人口受益（张莉、王健、张庆东等，2006）。但是养殖小区逐渐暴露出基础设施不完善、管理不规范、环境污染严重等问题，国家从2008年开始调整畜禽标准化、规模化养殖的扶持政策和引导方向，将对养殖小区的专项扶持改为畜禽标准化规模养殖场（小区）建设，各地区养殖小区建设步伐逐步放慢。因经济水平、资源禀赋、劳动力等差异，部分省区不再引导养殖小区建设，部分省区从创新经营模式、管理方式等方面进一步扶持养殖小区发展。

养殖小区模式具有投资主体多元化、组织运作模式多样化和经营管理统一化等特点。首先，养殖小区的资金来源主要包括政府扶持资金、项目资金、招商引资、农户自筹和投资入股等多种形式，多元投资主体在一定程度上导致组织运行模式的多元化。其次，根据投资主体、利益分配方式等差异一般分为承租型、委托管理型和股份合作经营型。最后，经营管理统一化是指养殖小区的建设和管理基本遵循统一规划用地、统一设计标准、统一品种改良、统一饲料供应、统一疾病防控、统一饲养管理和统一销售等，养殖小区的管理遵循集体行动理论（韩振国，刘启明，郑红娥等，2014），养殖小区是一个典型的行动集体，农牧户具有共同的目标和利益诉求，以追求利益最大化为目标。结合调研资料，目前发展较为成熟的养殖小区模式主要有“生产基地＋农牧户”和“委托管理式养殖小区”两种。

（一）“生产基地＋农牧户”运作模式

“生产基地＋农牧户”模式是以草畜双承包基础上的农牧户家庭为基本生产单元，在畜禽养殖优势区以乡（镇）为单位建设养殖小区，同时配套饲草料点、人工授精配种站、剪毛棚、粪污处理和无害化处理等基础设施，引导农牧户向养殖小区迁移，发展天然放牧＋舍饲养殖的一种畜牧业发展模式。

该模式以“SN生产基地＋农牧户”为典型代表。SN以草原牧业为主体，兼营少量种植业，是甘肃省牛羊产业大县和甘肃高山细毛羊生产基地县，畜牧业初步形成以细毛羊、牦牛为主的生产经营格局，农牧民约70%的收入来源于畜牧业。天然草场资源是畜牧产业发展的根本，SN天然草原面积178.5万公顷，其中可利用草原面积142.21万公顷，总储草量18亿千克，理论载畜量121万个羊单位。从20世纪80年代农牧户定居开始，草场多度放牧、踩踏、开垦等加剧了该地区草原沙化、退化、毒草化等问题，统计资料显示，SN天然草场均存在超载过牧现象，冬春草场实际载畜量75.44万只羊单位，超载24.51万只羊单位；夏秋草场实际载畜量92.2万只羊单位，超载2.54万只羊单位。为解决上述问题，SN以保护天然草原生态良性循环为核心，主要通过政策引导、项目扶持、设施配套、科技培训等多途径推进绿色有机畜产品基地建设，促进草原畜牧业的转型。

1.“生产基地＋农牧户”模式运行方式

SN“生产基地＋农牧户”模式的运行主要取决于3个方面：农牧户角色转化、政策引导和专业合作组织的带动作用。

（1）生产基地养殖模式形成的基础是一家一户独立经营的农牧户生产单元。SN从1983年开始在全县推行草原公有、承包经营、牲畜作价、户有所养的“草畜双承包”生产责任制（春秋草场承包到户，夏秋草场分片联户承包使用），将人草畜和草原保护使用的权责利有机统一起来；1991年试点推行草原有偿承包；1998年开展草原、土地二轮承包合同续签；2000年推行四季草场以草定畜草原有偿承包制，在系统测定草场面积、产草量确定载畜量和放牧时间，将草场使用纳入科学管理范畴；2008年开展基本草原划定；2010年开

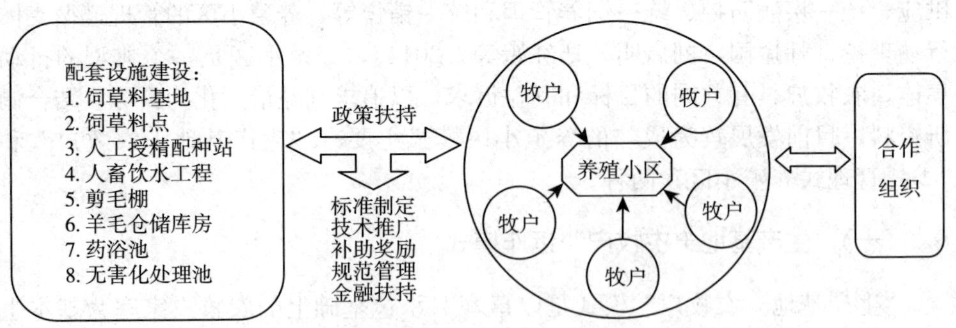

图6-3 “生产基地＋农牧户”运作模式示意图

展草原规范化承包；2015 年之后开始将草场集体所有权、农牧户承包权和草场经营权“三权分置”改革，在此基础上逐步形成“集体所有、家庭承包和多元经营”为核心的草场制度。从上述历史发展进程可以看出，农牧户的草原承包经营关系将更加稳定并具有灵活性，三权分置、合理流转有利于发展多种形式的适度规模经营。

（2）扶持政策的引导是细毛羊生产基地建设的有效推手。近年来，SN 加大对细毛羊养殖基地的扶持力度，出台《关于建设绿色有机畜产品生产基地的意见》《关于大力实施细毛羊标准化生产的意见》《关于大力发展细毛羊产业的意见》《关于加快建设百万只甘肃高山细毛羊扩繁基地的意见》《关于建设绿色畜牧名县的意见》《关于进一步加快绿色畜牧业发展的意见》等一系列规范性文件，突出高山细毛羊产业的主导地位，巩固扩大细毛羊生产基地，普及推广细毛羊标准化生产规范和技术。①在养殖基地建设方面，整合各类项目资金和畜牧业发展专项基金，通过奖励扶持、贴息贷款等方式支持养殖基地建设。按照“条件许可、统一设计、相对集中、规模适度、设施完备”的要求巩固扩大细毛羊生产基地，从养殖优势区向适宜区扩展，完善养殖基地的饮水供电、饲草料储备、牧草加工机械等设施，重点加大了与养殖基地相配套的配种站、药浴池、剪毛棚、羊毛仓储库房、无害化处理池等配套设施的建设。如中心剪毛棚，从 2005 年开始由县政府、村集体及“联村联户”项目扶持单位共同出资，在细毛羊养殖优势区配套建设固定式或移动式剪毛棚，包括机械剪毛机、分级台、打包机、储毛库（张雯丽、赵玉田，2013）。中心剪毛棚不仅为农牧民提供了集中剪毛、储毛和统一销售的场所，还有助于标准化生产和组织化销售。进入剪毛棚的农牧户需采用穿羊衣技术，提高了生产者的标准化程度，同时村集体、合作社等介入羊毛销售环节，与加工企业或采购商贩统一签订合同，集中批量销售改变了传统流通和交易方式。②在饲草料基地建设方面，涉农项目资金、补助资金向饲草料基地和草产品加工生产领域倾斜，建立饲料安全评价系统为绿色饲料生产提供保障，每年扶持建设一定数量的饲料储备加工点，同时引进草产品加工企业，侧重工业化饲料、青贮、天然饲草和人工草场牧草的加工，提高饲草利用率。③在养殖基地管理方面，推行“统一修建棚圈、统一养殖品种、统一饲草料加工、统一免疫程序、统一饲养标准、统一销售”的“六统一”管理模式，引导农牧户采用天然放牧＋舍饲管理的生产方式，在一定程度上提高了舍饲半舍饲养殖率。④在标准化生产方面，制定了《甘肃高山细毛羊生产标准》，出台 12 项甘肃高山细毛羊生产基地建设和现代化管理技术标准体系，用标准规范细毛羊生产的各个环节（王凯，2017）。全面推行暖棚养殖、舍饲半舍饲、牧草调制加工、人工授精、多胎繁殖、穿羊衣、机械剪毛、分级整理、规格打包、程序化免疫接种、涂料标志使用等标准化生产技术，同时对采纳和推广相关技术的农牧户、技术人员等给予补助或奖励。如通过胚胎移植、杂交改良、导血改良、野血复壮等技术进行品种改良，并对统一引进、繁育的优质细毛种公羊和上站配种的授配母羊给予补助。

（3）专业合作组织的培育优化了生产基地养殖的组织运行方式。以项目扶持、奖励补助、贴息贷款、降低金融准贷门槛等方式培育示范性养殖大户、家庭牧场、专业合作社等新型主体，积极发展“公司＋基地＋牧户”“合作社/协会＋基地＋牧户”等模式，引导农牧户从“单兵作战”转向“集团作战”，推进细毛羊产业化经营。此外，SN推动“互联网＋农牧业”发展，鼓励专业合作社、龙头企业等发展农村电商网购业务，拓宽畜牧产品销售渠道，提高畜牧产品流通率。

2.“生产基地＋农牧户”模式运行效果

“生产基地＋农牧户”模式的推广，使高山细毛羊养殖规模和生产性能均显著提升，细毛羊产业得到恢复和发展，通过养殖基地及配套设施、管理制度及标准化生产体系的建设，农牧户标准化规模养殖水平显著提升。具体来看：①在养殖规模与生产性能方面，2015年细毛羊养殖规模76.87万只，较2003年增加42.90万只；适龄母羊比例66.39%，较2003年提高4.58个百分点；成年公羊和成年母羊平均剪毛量分别为7.20千克和3.67千克，较2003年提高1.85千克和0.24千克；剪毛后体重分别为72.82千克和40.78千克，较2003年提高15.11千克和3.58千克；羊毛和羊肉产量分别为2 138吨和8 094吨，分别为2003年的2.5倍和2.2倍。②在基础设施建设方面，SN采取农牧民投资为主、国家和地方补贴为辅的方式，在皇城、康乐、大河等4个细毛羊主产区加快养殖基地建设。目前已经基本建成70万只甘肃高山细毛羊生产基地和优质牧草种植基地3 333公顷。截至2016年年底，累计建成养殖基地85个、舍饲养殖各类牲畜12.24万头（只），其中养羊为主的养殖小区68个，养殖细毛羊5.3万只；相关配套设施包括：暖棚羊舍12 535座、绵羊人工授精配种站160座、药浴池134座、剪毛棚32座、储草棚950座、大小青贮氨化池224个、高标准细毛羊育种棚4座、高标准羊毛存储棚6座，建成加工、储存为一体的饲草料点16处，人工草地1.13万公顷，集雨（雪）水窖3 082眼，人畜饮水工程116处，总长度328.56公里，95%以上的小畜和50%的大畜越冬实现了暖棚化，舍饲养殖率达到70%以上。③在品种改良方面，累计引进优质种公羊0.25万只，培育细毛羊种公羊0.86万只，通过鲜精授配和精液大倍稀释输精等配种技术累计改良细毛羊 189 万只，目前细毛羊良种覆盖率达到 84.31%。④在标准化养殖技术推广方面，制定并实施细毛羊标准化生产，农牧户对人工授精、穿“羊衣”、舍饲、程序化防疫、机械剪毛等先进实用技术的知晓率和使用率显著提高，养殖收入也相应增加。如 SN 红湾村整村推进细毛羊穿“羊衣”、机械剪毛、分级整理、规格打包和统一销售的标准化生产技术，30t 优质原毛以 42 元/千克售价创历史新高。⑤在疾病防控方面，将分散的农牧户以生产基地为中心进行集中培训和防疫消毒，细毛羊因病死亡率低于 2%。此外，“生产基地＋农牧户”模式有利于提高农牧户组织化程度，目前已成立农牧民专业合作组织 340 多个，农牧户参与率达到 65%以上，规模养殖大户 4 945 户，示范性家庭牧场 30 个。

综上所述，在“生产基地＋农牧户”运作模式中，农牧户是自主经营自负盈亏的独立生产单元，政府在养殖优势区域推进生产基地及配套设施建设，并提供标准化生产、规范化养殖管理方面的服务，引导农牧户生产方式逐步向集约化、标准化、规模化和产业化方向转变。该模式适合在天然饲草资源较为丰富的牧区推广，以村落为单位集中修建并统一管理，对于选址建设、技术服务和科学管理等要求较高，通过基层村集体、合作社等主体对生产基地进行统一管理，政府对普通农牧户标准化规模养殖行为有一定的约束力。

（二）“委托管理式养殖小区”运作模式

“委托管理式养殖小区”模式指地方政府通过财政补贴、项目资金等方式统一规划设计并修建养殖小区，配套水电路讯等基础设施，由政府委托专业合作社、乡镇（村）政府统一管理，无偿或有偿提供给达到一定规模的农牧户使用的一种畜牧业发展模式。

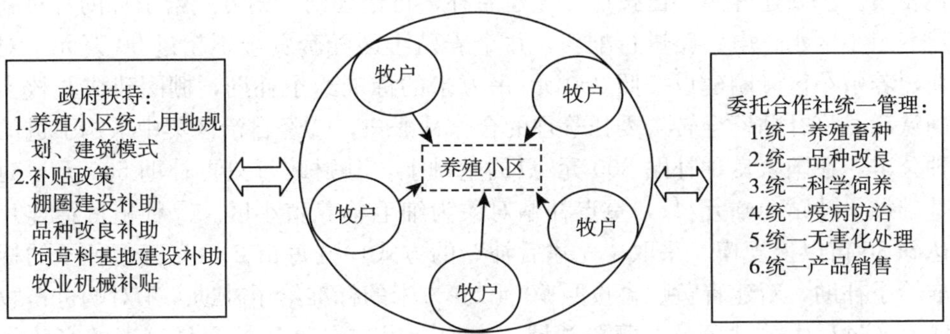

图 6-4　委托管理式养殖小区运作模式示意图

该模式以“GL委托管理式养殖小区”为典型代表。GL为半农半牧区，草原畜牧业和农区畜牧业在畜牧业中所占比重分别为51%和49%。全县天然草场面积27.62万公顷，理论载畜量132.77万只羊单位，耕地面积3.73万公顷，农业灌溉水源丰富，50%以上饲草来源于农区复播青贮玉米、农作物秸秆和副产品。“委托管理式养殖小区”模式既是基于畜牧业转型升级的主动选择，亦是资源环境约束下的必然选择。一方面，GL将标准化养殖小区作为推进草原畜牧业和农区畜牧业协调发展方式之一，从2013年开始连续4年出台惠农政策推动养殖小区建设；另一方面，该区域为新疆天山申报世界自然遗产的提名地之一，申遗禁牧草原农牧户转入农区舍饲养殖或部分欠载牧户使用的草场。

1.“委托管理式养殖小区”模式运行方式

GL通过农牧户自筹为主、州县市财政补贴和项目资金为辅的方式建设养殖小区，包括养殖棚圈、青黄贮窖、饲草料库、消毒池、堆粪场、兽医室以及配套的水电路等设施，建成后交由养殖专业合作社进行日常经营管理，专业合作社社员自愿申请入驻养殖小区。“委托管理式养殖小区”模式是政府、合作社、养殖小区和农牧户多元主体合作下的标准化规模养殖模式之一，其有效运作离不开合作社的运营管理和政府的政策扶持。

首先，合作社建章立制，建立会计制度、民主管理制度、利益分配制度等，形成完善的运行机制，确定明确的权责利划分和奖惩措施，通过统一的管理制度约束农牧户养殖行为，最终提高养殖效益。

其次，扶持政策是标准化规模养殖的重要推手。GL每年出台惠农政策，在棚圈建设、品种改良、人工种草、畜牧机械和组织培育方面给予相应的补助或奖励，重点以养殖小区建设方式推动畜牧业标准化、规模化、良种化和组织化发展。①新建养殖小区按照“先建后补、自建公助”的方式给予补助，对新建养殖小区水、电、路进行配套，每个养殖小区配套资金不超过50万元，对新建养殖小区棚圈建设按照200元/平方米的标准给予补助，棚圈建成并核实确认后，将补贴资金转入委托管理的合作社账户；②经自治区集中采购引进的种公羊，在国家良种补贴800元/只的基础上，县财政每只再补助500元，对基础母羊补贴300元/只，重点补贴对象为细毛羊养殖小区。③种植苜蓿连片达到30亩以上规模，采取“先建后补”的方式，按每亩2千克苜蓿种子的标准给予补助，新建青黄贮窖按照50元/立方米的标准给予补助。④对购进畜牧业生产过程中关键环节、薄弱领域、本地尚属空白且科技含量较高的畜牧机械，除获得国家30%的农机购置补贴外，县财政再给予相应的购机补贴，对农用拖拉机及其农机局的反光标志给予 50%的资金补助。⑤通过援疆资金扩大细毛羊穿羊衣数量，免费提供羊衣和羊毛包装袋。⑥对创建国家级、自治区级、自治州级示范合作社分别给予一次性补奖 3 万元、2 万元和 1 万元，凡是具备以上资质的合作社可以优先申报农业、畜牧、林业、水利、水土开发、农机等部门负责的合作社项目资金。⑦对村级防疫员完成当年防疫任务、免疫效价达到标准且未发生疫病的，每完成 1 头牲畜防疫补助 1 元。⑧鼓励各乡镇场建设有一定规模、标准和效益的“一村一品”“多村一品”特色养殖业，由责任乡镇场、村队以项目形式申报，通过审核后给予 10 万～20 万专项奖补资金。

2. “委托管理式养殖小区”模式运行效果

GL 已建成“委托管理式养殖小区”两个，分别是 AG 养殖小区和 JE 养殖小区。上述养殖小区养殖棚圈及配套设施齐全，由委托管理方提供良种、饲料、防疫、销售、培训等方面的统一管理和服务，入驻农牧户标准化规模养殖程度普遍较高。以 AG 养殖小区为例：

AG 养殖小区：所属行政村为农业村，细毛羊养殖户 186 户，养殖规模 100 以上大户 41 户，年底存栏约 8 000 只，为 GL 最大的细毛羊养殖专业村。2010 年养殖大户自发成立养殖专业合作社，注册资金 287 万元，养殖规模达到 100 只以上的农牧户均可以免费入社，社员共计 22 户。2012 年 AG 养殖小区建成并投入使用，基础设施属于国有资产，委托给合作社进行统一管理和运营，入驻养殖小区的社员可以租赁使用小区棚圈等基础设施。养殖小区占地面积 100 亩，累计投资 1 000 万元，建成标准化棚圈 22 座（8 800 平方米）；青黄贮窖 4 座；消毒池 1 座，消毒室 1 座，200 平方米冷配室和繁育室各 1 座，堆粪场、饲料库房、兽医室和饲料棚等设施 1 560 平方米；道路改造 1 400 米，防疫隔离墙 1 580 米。养殖小区实行八统一管理，具体包括规划设计、建筑模式、养殖畜种、技术服务、无害化处理、产品出售、防疫和管理。养殖小区细毛羊由技术人员统一人工授精配种，羊毛和出栏羊由合作社按照拍卖或工牧直交方式统一组织销售。此外，养殖小区已获得自治区种畜禽经营许可证，引进肉毛兼用的德美羊和本地的细毛羊经济杂交，生产的母羔择优作为后备母羊扩大种群，生产的公羔集中育肥，统一销售，形成自繁自育与育肥相结合的生产模式。目前，养殖小区年底存栏量 10 000 只，存栏能繁母羊 6 000 只，实现年经济收益 300 万，是 GL 标准化养殖、繁育示范小区，对周边区域及农牧户起到良好的示范带动作用。

综上所述，在“委托管理式养殖小区”运作模式中，达到一定养殖规模的农牧户在标准化养殖小区集中养殖，自主经营自负盈亏，同时接受委托管理方的统一管理，组织化程度有所提升。该模式适合在人工饲草资源较为丰富的半农半牧区推广，以村落为单位集中修建统一管理，对委托管理方的管理水平、技术条件要求较高。

三、规模养殖场模式分析

规模养殖场是指经地方农业、工商等行政主管部门批准，具有法人资格的畜禽养殖场所。规模养殖场是继养殖小区之后，从国家层面推行畜禽标准化规模养殖的重要措施。国家从 2008 年开始将畜禽标准化规模养殖场建设提上日程。2010 年之后采取“以奖代补”方式，加强畜禽标准化规模养殖场基础设施建设。截至 2017 年年底，创建国家级畜禽标准化示范场 5 389 个，其中示范化羊场从 2010 年的 58 个增加到 2017 年的 539 个，占总数比例为 10%。各地区亦出台惠农政策和管理规范，借助惠农资金、社会融资和金融机构或民间借贷等方式，创建了一大批省（区）级、市（州）级和县级规模养殖场，部分扭转了传统畜牧养殖“小、散、乱”的格局。总体来看，标准化规模养殖场在一定程度上提升了畜禽标准化生产和规模化养殖程度，同时也暴露出选址规划不合理、经营管理不规范、疾病防控不到位、配套设施不健全、再生产资金不足等问题，龙头企业、合作经济组织与规模养殖场的产业组织协作亦处于起步阶段，示范带动作用不显著。

结合调研资料，目前发展较为成熟的规模养殖场模式以“TZ 规模养殖场＋专业合作社”为典型代表。TZ 按照“设施农牧业＋畜牧业”主体生产模式，推动畜牧业发展方式的转变，在饲草资源相对匮乏的农区以规模养殖场、养殖园区建设为主，推行设施畜牧业。

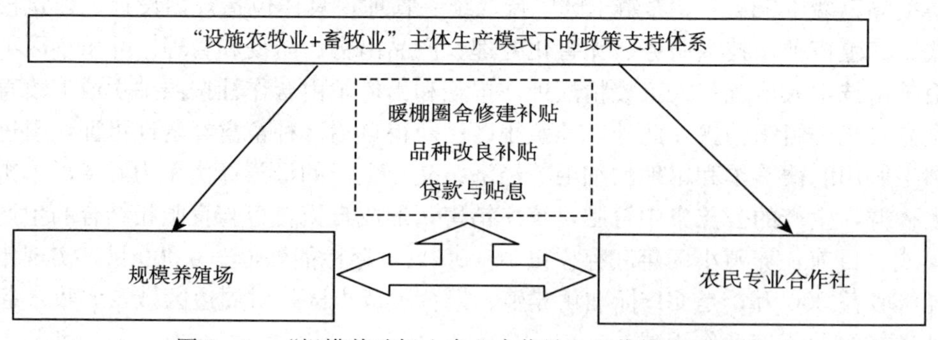

图 6－5　“规模养殖场＋专业合作社”运作模式示意图

(一)“规模养殖场+专业合作社”模式运行方式

“规模养殖场+专业合作社”模式指农牧户成立具有法人资格的畜禽养殖场所，该养殖场需要在农业、工商和地方畜牧兽医主管部门批准并登记在案，能够独立核算、自负盈亏，生产和销售畜牧产品为主，养殖专业合作社负责养殖场的运营管理，提供有偿或无偿的配种、改良、防疫、销售、担保等服务的一种畜牧业发展模式。该模式既是持续趋紧的资源和环境约束下畜牧业转型升级的必然结果，也是惠农政策、科技支撑和合作组织发展共同作用的结果。

1. 资源环境约束

畜牧业正处于转型升级的关键时期，草原生态环境的恶化和持续推进的禁牧休牧、划区轮牧、草畜平衡等各项保护制度导致资源环境约束趋紧，对传统畜牧业养殖方式带来巨大挑战，适度的规模化养殖成为未来畜牧业持续稳定发展的主要方向。TZ 天然饲草资源较为匮乏，天然及人工草地产草量低且质量较差。统计资料显示，天然草场退化面积和严重退化面积分别占可利用草场面积的 90%和 34.48%，且每年仍以 20 万亩的速度递增，草原生态呈恶化趋势，人均可利用草原面积仅 25 亩，畜均草原面积 5.18 亩，从饲草产能和满足基本养殖需求的饲草料差额来看，每年需要外购饲草料约 15 万吨，如果规模养殖场（区）满负荷运行，则饲草料缺口更大。此外，草原超载过牧和饲草料短缺导致细毛羊养殖逐步从牧区向农区转移，从天然放牧向舍饲、半舍饲的规模养殖过度。因此，TZ 农区细毛羊标准化规模养殖场发展迅速。

2. 惠农政策支持

各项惠农政策使标准化规模养殖场基础设施不断完善。TZ 重点对细毛羊规模养殖场棚圈修建、品种改良和贷款等给予扶持。①在养殖设施设备方面，从 2012 年起连续 3 年对新建入住 10 户养殖户以上的养殖场，每棚面积在 70 平方米以上的给予 90 元/平方米的补贴，2016 年补贴标准为 50 元/平方米，2016 年为 30 元/平方米，制定《TZ 养殖暖棚建设标准》，对规模养殖场建设实行规划、设计、标准、建设和验收在的“五统一”，并配套完善水电路等设施。养殖场配套养殖机械除享受国家 30%的财政补贴外，县财政再补贴 13%。②在品种改良方面，对每个新建绵羊人工授精站补贴建设资金 3 万元，补贴设备配套资金 0.3 万元，对利用优良品种进行细毛羊授配改良的，按授配母畜补贴 1 元/只，截至 2015 年年底，新建或改造 19 个乡镇畜牧配种站用房 2 280 平方米，配套仪器设备 948 台套，当年引调甘肃高山细毛羊种羊 400 只。③在金融扶持政策方面，对饲养基础母羊 300 只以上或年出栏 1 000 只以上的规模养殖场，新建养殖暖棚每座（70 平方米）不超过 6 万元，每户总额不超过 30 万元（含），农民专业合作社贷款总额度不超过 300 万元（含）；往年建成并有产权证的养殖暖棚每座（70 平方米）不超过 3 万元，每户总额不超过 15 万元（含），农民专业合作社贷款总额不超过 100 万元（含）。对新发放的草食畜牧业贷款，省级财政按国家基准利率的 50%贴息，其余部分由市县和农牧户按比例分担，农户贴息贷款额度在 10 万元以内（含）、农民专业合作社（注册人数达到 50 人以上）贴息贷款额度在 50 万元以内（含），省级财政给予贴息补助。

3. 技术支撑助力

品种改良、技术推广等方面的科技支撑助推规模养殖场健康运行。实施种公羊补贴和人工授精补贴政策，在规模养殖场集中区域配套修建绵羊人工授精站（点），配备相应改良设施设备进行经济杂交改良，2015 年改良绵羊 26.1 万只，其中细毛羊改良 13.8 万只、肉用经济杂交 12.3 万只。

4. 规范管理保障

合作组织提高规模养殖场规范管理。TZ 养殖专业合作社的发展提高了农民组织化程度和规模场的运行效率，进而提高养殖收益。细毛羊专业合作社发展较为迅速，从 2013 年的 20 多家发展到 2016 年的 400 多家，有效运行的合作社约 40 家。这类较规范的合作社以“规模养殖场＋合作社”运行方式为主，合作社主要为以规模养殖场负责人为主体的社员提供统一购买饲草、统一剪毛、统一销售、技术培训及贷款担保等服务。

（二）“规模养殖场＋专业合作社”模式运行效果

“规模养殖场＋专业合作社”模式既显著农牧户标准化规模养殖水平，又提高了农牧户组织化程度，实现规模养殖场与市场的有效对接。具体来看：①畜牧业养殖设施化和规模化程度显著提升。截至 2015 年年底，暖棚圈舍 5.23 万座 11.21 万亩，规模养殖场（小区）1 116 个，各级别标准化示范场 133 个，畜牧养殖专业合作社 432 个，舍饲半舍饲出栏牲畜 41.8 万头（只），占年出栏总量的 63.36%，规模养殖户 1.47 万户，畜牧业规模化养殖程度达到 70%。②畜禽良种化率提高。良种化程度达到 80%以上，平均细羊毛单产 4.22 千克，提高 0.91 千克/只，6 月龄杂交改良羊平均每只产肉量增加 4.51 千克。③疾病防控有序开展。规模养殖场免疫密度达到 100%，出栏动物申报检疫率达 100%，病害动物和动物产品无害化处理率达到 100%，近年未爆发重大动物疫情。④合作社统一销售羊毛、活羊等畜产品，既提高了农牧户议价权，又拉近了规模养殖场与市场的距离。

“规模养殖场＋专业合作社”模式亦存在诸多问题。具体来看：①规模养殖场与合作社的合作领域不宽，发展层次较低。一方面，规模养殖场与专业合作社之间的协作有名无实，90%的专业合作社运作不规范，对规模养殖场缺乏统一科学管理。在活羊价格持续走低的市场环境下，多数规模养殖场处于空置状态或大幅减少养殖数量，按照满负荷生产测算，目前的养殖规模不足棚圈容量的1/3，造成严重的资源闲置和浪费。另一方面，合作社主要提供饲草料采购、技术培训、信息服务等方面的初级合作内容，配种、防疫、剪毛等大多依靠村集体统一组织，而加工、销售等延伸产业链或提升畜产品附加值的合作内容则极少。②制度不够完善，缺乏规范性管理。合作社成员缺乏会计制度、民主管理制度、利益分配制度等规章制度，入社成员合作意识不强，很难形成有效的集体行动。如规模养殖场以合作社担保获批的银行贷款或项目资金大多并未用在扩大再生产，合作社对此类情况缺乏明显的约束机制。③缺乏管理经费。合作社缺乏日常运营管理经费，没有固定的收入来源，承担市场风险能力较弱，弱化了对入社规模养殖场的服务职能。④经营管理人才缺乏。“规模养殖场＋专业合作社”模式的有效推行有赖于带头人的管理能力和创新能力，目前市场营销、财务核算和企业管理方面的专业人才较为短缺。此外，规模养殖场一般只有建设用地，没有分配相应的饲草料用地，舍饲、半舍饲下的草畜矛盾较为突出，规模养殖场外调储备草料成本大、价格高，养殖成本进一步上升，饲草料短缺成为制约规模养殖场发展的主要瓶颈。

综上所述，“规模养殖场＋专业合作社”模式各有利弊，该模式适合在饲草资源相对匮乏的农区推广，运行效果与专业合作社的规范化程度、管理水平和服务领域密切相关。

四、产业联合组织模式分析

“产业联合组织”模式是指种羊场、规模养殖场、养殖小区、养殖企业和农牧户等养殖主体在养殖、生产、加工、销售等环节进行纵向或横向合作，形成二元及多元联合组织，上述组织以合作社为纽带与农牧户建立稳定的利益联结机制，合作社在品种改良、疾病防控、养殖管理、产品回收、加工销售、无害化处理等方面对农牧户进行统一管理的一种畜牧业发展模式。

通过对家庭牧场、养殖小区和规模养殖场等模式分析发现，任何一种模式的运行都不是单一经营主体的单打独斗，种羊场、规模养殖场、养殖小区、养殖企业和农牧户等不同养殖主体彼此之间均存在不同程度产业协作，进而实现双赢或多赢。调研资料显示，产业联合组织模式呈现多样化的发展趋势，部分地区逐步发展形成了较为成熟的二元、多元主体产业联合组织，不同主体之间建立了紧密的利益联结机制，农牧户组织化程度和产业化经营水平有所提升，进而加快了畜牧业标准化、规模化进程，有利于提高养殖效益。目前发展较为成熟的产业联合组织模式主要有“草畜联营合作社”和“公司＋合作社＋农牧户”两种。

（一）“草畜联营合作社”运作模式

“草畜联营合作社”模式是农牧户以牲畜、草场、养殖设施等作价入股合作社，合作社整合资源并在品种改良、疾病防控、产品销售等方面进行统一管理，年底按照入股比例分红的一种畜牧业发展模式。

1. “草畜联营合作社”模式运行方式

该模式以“QT 草畜联营合作社”为典型代表，其运行方式可归纳为“两转三权四统五原则一分配”。“两转”即传统畜牧业向现代畜牧业转型、农牧民向其他产业转移；“三权”即以牧区草场管护使用权、牲畜生产经营权、设施使用权作为资本入股/社；“四统”即实行统一放牧、统一防疫、统一改良、统一销售；“五原则”即坚持政府引导、群众自愿原则，自主经营、自负盈亏原则，因地制宜、形式多样原则，以草定畜、草畜平衡原则，草地承包经营权和草地政策性补偿补助对象不变原则；“一分配”即按资/量固定分红/物。

2. “草畜联营合作社”模式运行效果

QT 从 2013 年开始积极推动草畜联营合作社发展，将其作为加快推进草原畜牧业转型升级的重要突破口。截止 2017 年年底，共成立草畜联营合作社 25 家，入社户数 333 户 1 308 人，入社牲畜 45 592 标准畜，入社草场 47.5 万亩，入社棚圈 5.27 万平方米，入社总股本 53 206.6 股（每股 1 000 元），创建草畜联营示范合作社 4 家，运营状况良好且能充分发挥带动作用的草畜联营合作社 6 家，占总数的 24%。

“草畜联营合作社”模式是推进畜牧业供给侧结构性改革的积极探索，有利于草原畜牧业转型升级，对标准化规模养殖水平、牧民增收及草原生态环境保护均起到促进作用。首先，“草畜联营合作社”将农牧民分散的牲畜、资金、劳动力、草场和市场组织起来，解决了“小农户”与“大市场”的对接与适应问题，能够实现集约化经营、规模化养殖和园区化生产，便于资源合理配置，农牧户标准化生产和规模化养殖水平均显著提高。其次，农牧户养殖收益显著提升。一方面，运行规范的“草畜联营合作社”一般都能按照合同兑现保底收益，农牧户每股获得红利在200元左右，最低每股获得红利170元，最高每股获得红利286元。另一方面，集约化经营解放出更多劳动力，部分入社农牧户通过劳动力转移实现增收，2016年“草畜联营合作社”转移劳动力247人，占劳动力总数的58%，人均务工收入2.1万元，入社农牧户人均纯收入增加725元。最后，农牧民将草场入股统一管理，便于落实禁牧、休牧、草畜平衡措施，有利于恢复天然草原植被，提高生产力。

“草畜联营合作社”模式亦存在诸多问题。具体来看：①缺乏健全的管理机制和运行机制。多数合作社成立的初衷是为了申请项目资金或贷款担保，内部组织结构松散，缺乏完善的管理机制和利益联结机制，如会计制度、民主管理制度和利益分配制度等，社员参与度与凝聚力普遍偏低，没有起到相应的示范带动作用。②资金短缺，发展后劲不足。多数“草畜联营合作社”未建立积累机制，融资渠道狭窄，缺乏基础设施建设和运行经费，抵御市场风险能力较弱。③经营管理者素质不高。合作社负责人受教育程度普遍偏低，市场经济意识不强，尤其缺乏信息利用、市场营销、财务核算等方面的专业人才。④信息化建设滞后。多数合作社因自有资金不足，电脑、传真机、打印机等网络硬件设施配置不全，尚未借助利用信息手段建立个性化网站。

（二）公司＋合作社＋农牧户”运作模式

“公司＋合作社＋农牧户”模式是由大型养殖企业牵头，通过合作社与农牧户建立协作关系，合作社对土地、技术、设备、资金等相关资源集中分配并统一管理，按合同约定进行利益分配的一种畜牧业发展模式。

1. “公司＋合作社＋农牧户”模式运行方式

该模式以“JF公司＋HL合作社＋农牧户”为典型代表。JF公司成立于2005年，注册资本5 150万元，拥有草牧场52万亩，是集种羊培育、畜产品加工、繁育技术推广为一体的大型畜牧企业。HL合作社成立于2007年，发起方式为能人带动型，现有社员67户。其运行方式为：建立以JF公司为龙头、HL合作社为纽带、农牧户为基础的养羊育种联合体。公司与农牧户签订生产经营和产品回收合同，公司为合作育种户提供种源、技术、饲料、资金、市场方面的保障和支持，合作社承担统一育种方案、统一生产标准、统一技术规范、统一检疫防疫和统一鉴定回收等环节的组织协调工作，育种户严格按照公司生产技术规程进行种羊生产，一个生产周期结束，合作育种户按合同缴售相关产品。公司通过上述方式与合作育种户建立可靠稳定的利益联结机制，带动养殖户养殖细毛羊。

2. “公司＋合作社＋农牧户”模式运行效果

JF 公司与农牧户签订一年期细毛羊生产经营和产品回收合同，农牧户承包公司细毛羊，并按照公司规定养殖细毛羊，公司为养殖户提供技术指导、疫病防疫和剪毛等服务，并按市场价统一收购养殖户的细羊毛，在承包时体重的基础上，按照每增重 1 千克 18 元的价格向养殖户支付饲养费用回收细毛羊。在此模式下，养殖户养殖收益有保障，面临的市场风险较小，可以获得较好的养殖服务，具有较高的养殖积极性。

综上所述，“草畜联营合作社”和“公司＋合作社＋农牧户”模式通过产业联合方式实现了不同养殖主体之间的优势互补，合作社承担协调与管理工作降低了协作成本，既提高了农牧户抵御市场风险的能力，又提高了养殖经济效益。“公司＋合作社＋农牧户”模式不仅需要运作规范的专业合作社辅助，还需要大型龙头企业带动，与市场衔接更为紧密，但是该模式的普及程度低于“草畜联营合作社”。

第二节　不同运行模式特点比较

下面将从主体构成、覆盖范围、资源供给、环境约束、协作程度和运行效果等几个方面对 7 种运行模式的特点进行分析。

表 6－1　我国绒毛用羊养殖模式特点比较

运行模式	主体构成	覆盖范围	资源供给	环境约束	协作程度	运行效果
“家庭草库伦”模式	一元	高	高	低	低	较好
“种羊场＋农牧户”模式	二元	低	高	低	高	较好
“生产基地＋农牧户”模式	二元	中	中	低	中	一般
“委托管理式养殖小区”模式	二元	中	中	高	中	一般
“规模养殖场＋合作社”模式	二元	中	低	高	中	一般
“草畜联营合作社”模式	二元	中	中	中	中	一般
“公司＋合作社＋农牧户”模式	多元	低	高	中	高	非常好

一、主体构成分析

“家庭草库伦”模式的构成为一元主体结构，即以自主经营自负盈亏的农牧户家庭为主；“种羊场＋农牧户”“生产基地＋农牧户”“委托管理式养殖小区”“规模养殖场＋合作社”和“草畜联营合作社”5种运行模式的构成为二元主体结构，即以农牧户/规模养殖场为主，与其他养殖主体联合运营；“公司＋合作社＋农牧户”模式的构成为多元主体结构，即三类及以上养殖主体以合作社为纽带进行联合运营。主体构成的差异是产业组织程度的高低的体现，进而使不同模式呈现出不同的特点。

二、覆盖范围分析

首先，覆盖范围最广的是“家庭草库伦”模式，原因是：我国绒毛用羊养殖总体上仍是以小规模家庭散养为主，且多数农牧户拥有一定面积的天然草场或饲草料地，拥有大量可培育为“家庭草库伦”的后备项目建设户，符合一定条件（如拥有一定面积的天然草场和饲草料地，养殖棚圈、机械及水电路设施较为完善，养殖品种为地方主导畜种）的农牧户家庭均可申请相关建设项目资金，在项目建设周期内养殖规模、草场建设、饲草种植、棚圈及配套设施等方面按项目合同约定达标后，可认定为“家庭草库伦”。其次，“生产基地＋农牧户”“委托管理式养殖小区”“规模养殖场＋合作社”和“草畜联营合作社”4种运行模式适合在特定区域推广，覆盖范围有限。原因是：二元主体联合方式不仅对棚圈选址、功能分区、配套设施及环境条件等有建设标准，同时对管理机构的规范程度、管理水平和服务能力有较高要求。虽然农牧户数量庞大，但是养殖小区、规模养殖场、专业合作社等新型养殖主体发展相对滞后，专业合作社普遍存在结构松散、制度缺失、运行不规范、资金短缺等问题，与其他养殖主体的合作也存在服务项目少、层次低等问题。因此，产业联合方式并不能充分发挥不同主体合作的互补优势，养殖主体的合作意愿和积极性较低，模式普及程度相对较低。最后，“种羊场＋农牧户”和“公司＋合作社＋农牧户”模式的覆盖范围最小。原因是：畜牧业产业化程度低，特别缺乏具有市场开拓能力、带动农牧户种草养畜的龙头企业，而上述模式中起主导作用的正是这类主体，从而导致养殖模式的普及程度偏低。

三、资源供给分析

“家庭草库伦”“种羊场＋农牧户”“公司＋合作社＋农牧户”3种模式主要通过地方政府项目资金扶持的方式，大多拥有较为丰富的饲草资源、专业人才、养殖技术、设备设施等资源，以合同约定方式将上述资源在农牧户中进行合理分配，再与农牧户的劳动力供给相结合，资源供给总量丰富；“生产基地＋农牧户”“委托管理式养殖小区”和“草畜联营合作社”3种模式主要以农牧户自愿方式将分散的饲草资源、养殖设施和资金整合后进行集约化生产和规模化养殖，管理和技术服务相对滞后，资源供给总量下降；“规模养殖场＋合作社”模式虽然可以借助合作社可将农牧户的资金、劳动力、养殖设施等资源进行集中，但是目前合作社缺乏有效的约束和激励，这种“集中”所获得的资源总量十分有限。

四、环境约束分析

“家庭草库伦”“种羊场＋农牧户”和“生产基地＋农牧户”3种模式比较适合在天然饲草资源较为丰富的草原牧区推广，农牧户一般通过承包、租赁等方式可获得较大面积的草场、饲草料地和天然打草场等，草畜基本平衡，养殖规模受环境约束较小；“草畜联营合作社”和“公司＋合作社＋农牧户”两种模式主要通过入股或合同约定的方式可将相对分散的饲草资源进行统一管理和使用，专业化生产和规模化经营不仅对饲草料及时有效的供给提出了更高要求，在环境管理方面也要执行严格的技术规程和标准，环境约束显著上升；“委托管理式养殖小区”和“规模养殖场＋合作社”两种模式比较适合在农区或半农半牧区推广，这类区域天然饲草资源匮乏，高度依赖人工饲草资源供给，以村落为单位集中修建的规模养殖场（区）大多没有分配饲草料地，且在粪污排放、清洁消毒、病死羊处理及水源空气土壤等均有严格的规范，环境约束最为显著。

五、协作程度分析

“家庭草库伦”模式最低，“种羊场＋农牧户”和“公司＋合作社＋农牧户”两种模式最高，而其他4种模式介于二者之间。“家庭草库伦”模式下畜牧主管部门基于项目合同对农牧户标准化规模养殖行为进行约束，农牧户彼此之间是相互独立的运营主体，基本不存在协作。“种羊场＋农牧户”和“公司＋合作社＋农牧户”模式下，种羊场和龙头企业与农牧户通过签订合同方式建立较为稳固的利益联结机制，制定并执行统一的管理规范，为农牧户提供生产资料、技术、设备、资金及市场等资源和服务，农牧户按照合同约定生产并获得经济收益，以契约形式将不同养殖主体的经营目标进行融合，彼此之间存在较为紧密的协作关系；“生产基地＋农牧户”“委托管理式养殖小区”“规模养殖场＋合作社”和“草畜联营合作社”4种模式主要通过基层村集体、合作社等进行统一管理，农牧户拥有较大的经营自主权，养殖小区或合作社对农牧户的养殖行为缺乏有效的激励和约束，不同养殖主体之间的合作内容松散，协作程度较低。

六、运行效果分析

“公司＋合作社＋农牧户”模式以合作社为纽带实现了不同养殖主体之间的优势互补，既提高了农牧户标准化规模养殖水平，也实现了小农户和大市场的有效对接，提高了养殖经济效益；“家庭草库伦”和“种羊场＋农牧户”模式中农牧户借助草场分配、养殖设施、饲草种植、品种改良、产品销售、疾病防控等方面的资源和服务，标准化规模养殖水平相对较高，也产生了较为显著的经济、社会和生态效益。“生产基地＋农牧户”“委托管理式养殖小区”“规模养殖场＋合作社”和“草畜联营合作社”4种模式通过统一建设和管理，在一定程度上提升了农牧户标准化规模养殖水平，但是运行效果与协作主体的规范化程度、管理水平和服务领域密切相关，相对松散的协作关系产生的负面效应不可忽视，诸如疫病防控形势严峻、低水平规模饲养带来的环境污染加重、畜产品质量安全隐患等问题。

第三节　本章小结

本章主要结合我国绒毛用羊产业实际调研情况和发展经验，采用案例分析法，对家庭牧场、养殖小区、规模养殖场和产业联合组织等模式的实施路径、典型经验和特征进行归纳和总结。得出如下结论：

（1）养殖模式在一定生产技术条件下形成并发挥作用，并随养殖活动的变化而改变，因主体构成、资源约束、人口及家庭特征及经营管理方式等差异，进而形成基于某一养殖模式下的具体运营模式，家庭牧场模式主要包括“家庭草库伦”和“种羊场＋农牧户”两种运作模式；养殖小区模式主要包括“生产基地＋农牧户”和“委托管理式养殖小区”两种运作模式；规模养殖场模式主要包括“规模养殖场＋合作社”运作模式；产业联合组织模式主要包括“草畜联营合作社”和“公司＋合作社＋农牧户”两种运作模式。

（2）家庭牧场是建立在草场承包和经营权流转基础上的，以农牧户家庭为基本组织单位，以家庭成员为主要劳动力，以适度规模经营为特征，主要从事畜牧产品生产和销售，自主经营、自负盈亏的畜牧业生产单元。其中，“家庭草库伦”模式以“内蒙古WS家庭草库伦”为典型代表，是以独立经营的农牧户家庭为基本组织单位，以围栏封育、草场改良和人工种草为主要措施，以舍饲半舍饲养畜的形式把畜牧业的各项技术组合配套，从而实现科学养畜和建设养畜的一种畜牧业发展模式。“种羊场＋农牧户”模式以“新疆GN种羊场＋农牧户”为典型代表，是指种羊场与农牧户建立生产合作关系，按照生产合同约定，种羊场为农牧户提供草场、人工饲草料地、基础设施、牲畜饲养、畜产品生产等相关资源及统一管理，农牧户拥有一定生产经营自主权进行畜牧业生产的发展模式。

（3）养殖小区（饲养小区/养殖园区）是指在位于村落外的某一地块集中建若干牲畜舍，联户饲养的方式。养殖小区是畜牧业散养向规模化发展的一种重要形式，具有投资主体多元化、组织运作模式和经营管理统一化等特点。其中，“生产基地＋农牧户”模式以“SN生产基地＋农牧户”为典型代表，是以草畜双承包基础上的农牧户家庭为基本生产单元，在畜禽养殖优势区以乡（镇）为单位建设养殖小区，同时配套饲草料点、人工授精配种站、剪毛棚、粪污处理和无害化处理等基础设施，引导农牧户向养殖小区迁移，发展天然放牧＋舍饲养殖的一种畜牧业发展模式。“委托管理式养殖小区”模式以“GL委托管理式养殖小区”为典型代表，是地方政府通过财政补贴、项目资金等方式统一规划设计并修建养殖小区，配套水电路讯等基础设施，由政府委托专业合作社、乡镇（村）政府统一管理，无偿或有偿提供给达到一定规模的农牧户使用的一种畜牧业发展模式。

（4）规模养殖场是指经地方农业、工商等行政主管部门批准，具有法人资格的畜禽养殖场所。规模养殖场是继养殖小区之后，从国家层面推行畜禽标准化规模养殖的重要措施。规模养殖场模式以“TZ规模养殖场＋专业合作社”为典型代表，是指农牧户成立具有法人资格的畜禽养殖场所，该养殖场需要在农业、工商和地方畜牧兽医主管部门批准并登记在案，能够独立核算、自负盈亏，生产和销售畜牧产品为主，养殖专业合作社负责养殖场的运营管理，统一提供有偿或无偿配种、改良、防疫、销售、担保等服务的一种畜牧业发展模式。

（5）“产业联合组织”模式是指种羊场、规模养殖场、养殖小区、养殖企业和农牧户等养殖主体在养殖、生产、加工、销售等环节进行纵向或横向合作，形成二元及多元联合组织，上述组织以合作社为纽带与农牧户建立稳定的利益联结机制，合作社在品种改良、疾病防控、养殖管理、产品回收、加工销售、无害化处理等方面对农牧户进行统一管理的一种畜牧业发展模式。其中“草畜联营合作社”模式以“QT草畜联营合作社”为典型代表，是农牧户以牲畜、草场、养殖设施等作价入股合作社，合作社整合资源并在品种改良、疾病防控、产品销售等方面进行统一管理，年底按照入股比例分红的一种畜牧业发展模式。“公司＋合作社＋农牧户”模式以“JF 公司＋HL 合作社＋农牧户”为典型代表，是由大型养殖企业牵头，通过合作社与农牧户建立协作关系，合作社对土地、技术、设备、资金等相关资源集中分配并统一管理，按合同约定进行利益分配的一种畜牧业发展模式。

（6）从主体构成、覆盖范围、资源供给、环境约束、协作程度和运行效果6个方面分析7种运行模式的特点。在主体构成方面，“家庭草库伦”模式为一元主体，“公司＋合作社＋农牧户”模式为多元主体，其他5种运行模式均为二元主体。在覆盖范围方面，“家庭草库伦”模式覆盖范围最广；“生产基地＋农牧户”“委托管理式养殖小区”“规模养殖场＋合作社”和“草畜联营合作社”4种运行模式适合在特定区域推广，覆盖范围有限；“种羊场＋农牧户”和“公司＋合作社＋农牧户”模式的覆盖范围最小。在资源供给方面，“家庭草库伦”“种羊场＋农牧户”“公司＋合作社＋农牧户”3种模式资源供给总量丰富，“生产基地＋农牧户”“委托管理式养殖小区”和“草畜联营合作社”3种模式资源供给总量次之；“规模养殖场＋合作社”模式资源总量最少。在环境约束方面，“家庭草库伦”“种羊场＋农牧户”和“生产基地＋农牧户”3种模式环境约束较小；“草畜联营合作社”和“公司＋合作社＋农牧户”两种模式环境约束显著上升；“委托管理式养殖小区”和“规模养殖场＋合作社”两种模式环境约束最为显著。在协作程度方面，“家庭草库伦”模式最低，“种羊场＋农牧户”和“公司＋合作社＋农牧户”两种模式最高，而其他4种模式介于二者之间。在运行效果方面，“公司＋合作社＋农牧户”模式运行效果最好，“家庭草库伦”和“种羊场＋农牧户”模式次之，“生产基地＋农牧户”“委托管理式养殖小区”“规模养殖场＋合作社”和“草畜联营合作社”4种模式运行效果较差。

第七章

中国绒毛用羊标准化规模养殖相关扶持政策评价

本章主要对我国绒毛用羊标准化规模养殖的相关扶持政策进行总结和评价。首先对现有绒毛用羊标准化规模养殖的扶持政策进行梳理，然后利用农牧户问卷数据对相关扶持政策认知度、需求度及满意度进行评价，最后利用畜牧主管部门工作人员访谈、座谈等对绒毛用羊标准化规模养殖扶持政策的实施效果进行分析。

第一节　现有绒毛用羊标准化规模养殖相关扶持政策

目前，与绒毛用羊标准化规模养殖密切相关的扶持政策主要涉及畜禽良种、养殖机械、棚圈建设、疾病防控、草原生态及金融保险等方面，下面将上述政策进行系统梳理。

一、畜牧良种保护与补贴政策

畜牧良种是绒毛用羊产业发展的基础，为了加快畜牧品种改良，提高畜产品产量和质量，各级政府均实施了良种保护措施，如《种畜群管理条例》《加强全国畜禽良种繁育体系建设意见》等规范性文件，提出细毛羊及半细毛羊主产区要稳定数量，提高质量，明确核心地域，重点建设毛用绵羊种羊场。目前，我国已经初步建立了集育种、繁育、推广及应用为一体的畜禽良繁体系，已建成各级种羊场 1 995 个，其中种细毛羊场 115 个，集中分布于调研区域的共 77 个，所占比例高达 66.96%，95%以上的绒毛用羊良种来源于当前的繁育体系。

表 7-1　2009—2017 年我国畜牧良种补贴政策

年份	补贴数量	补贴标准	补贴范围	项目县标准	补贴对象
2009—2011	绵羊种公羊每年分别为 7.5 万只、7.5 万和 16.25 万只	800 元/只	内蒙古、新疆、青海、甘肃、宁夏、西藏、河北、黑龙江、吉林 9 省（区）	能繁母羊存栏 10 万只以上的县（市）	存栏能繁母羊 30 只以上的养殖户
2012	绵羊、山羊种公羊共计 24.7 万只	同上	内蒙古、新疆、青海、甘肃、宁夏、西藏、四川、云南、辽宁、安徽、山东、河南、湖北、湖南、广西、贵州 16 省（区）	同上	同上
2013—2016	绵羊、山羊种公羊每年分别为 24.7 万只、24.7 万只、24.76 万只、24.76 万只	同上	内蒙古、新疆、青海、甘肃、宁夏、西藏、四川、云南、河北、辽宁、黑龙江、吉林、安徽、山东、河南、湖北、湖南、广西、贵州 19 省（区）	同上	同上
2017	—	—	内蒙古、新疆、青海、甘肃、宁夏、西藏、四川、云南 8 省（区）	—	同上

注："—"表示补贴数量、标准等均由项目省自行设定。

资料来源：根据农业部网站资料整理。

表 7-1 梳理了 2009—2017 年畜牧良种补贴政策，我国从 2009 年将绵羊纳入畜牧良种补贴范畴，2009—2016 年，农业部和财政部每年通过财政支农专项资金编制良种补贴项目任务分配表，对补贴项目区、补贴数量、补贴品种、补贴标准和程序作出明确规定，历年补贴政策略有差异。项目区从 9 个增加到 19 个，补贴标准为 800 元/只，补贴对象为项目区内存栏能繁母羊 30 只以上的养殖户。2017 年国家对畜牧良种补贴政策进行了调整，在《关于做好 2017 年中央财政农业生产发展等项目实施工作的通知》中，将畜牧良种推广纳入农业生产发展资金项目实施方案中，项目区从 19 个减少到 8 个，实行"大专项＋任务清单"管理方式，将财政支农专项资金整体切块下达到省，各省市（县）农业、财政部门因地制宜确定补助对象、标准和方式。

调研资料显示，2016 年部分调研地区在国家畜牧良种补贴基础上，还整合省、市、县畜牧发展扶持资金用于绒毛用羊品种改良。具体来看，巩留县农牧户购买的种公羊在中央财政 800 元/只的补贴上，县财政额外补贴 500 元/只，对基础母羊补贴 300 元/只；细毛羊人工授精补助 20 元/只，其中 15 元补贴给农牧户，5 元补贴给技术人员。天祝县每年利用现代畜牧业发展项目资金购买优质种公羊，免费为农牧户提供品种改良服务，实施人工授精补助政策，均按照 1 元/只的标准对农牧户和配种员进行补贴。肃南县每年投入 50 万元用于种公羊引进和种公羔培育，对统一在配种站授配基础母羊给予农牧户 20 元/只的补助。

二、畜牧养殖机械购置补贴政策

畜牧养殖机械购置补贴政策有助于提升绒毛用羊养殖设施化水平。根据 2004 年颁布的《中华人民共和国农业机械化促进法》，财政部、农业部于同年启动农机购置补贴政策，安排 0.7 亿元补贴资金在 66 个县实施，畜牧养殖机械从 2007 年开始纳入全国通用类农业机械购置补贴产品目录，补贴机具种类包括 5 大类 14 个小类，涉及畜牧养殖机械的机具只有 1 类，即收获机械类中的青贮料收获机，此后补贴资金逐年扩大，政策覆盖范围逐步扩大到全国所有农牧县和农场。2016 年农机购置补贴资金已达到 186 亿元，补贴机具种类扩大到 11 个大类 43 个小类 137 个品目，而与畜牧养殖相关的补贴机具种类从 1 类增加到了 4 类。

2004—2014 年，依据农机专项资金使用办法明确了补贴范围、标准、对象、经销企业及补贴资金兑付方案，每年对通用类农业机械购置补贴产品进行公开招标选型，最终确定并发布补贴名录。2015 年在总结经验和农机购置补贴试点的基础上，出台了《2015—2017 年农业机械购置补贴实施指导意见》，在补贴种类、标准、对象、经销企业资质等方面进行了调整。首先，补贴机具范围进一步扩大，地区优势主导产业相关机具敞开补贴，地方特色农业和小区域适用性强的机具补贴资金由地方财政承担，自行确定品目和标准，同时以试点方式开展农机租赁和农机信贷服务。我国主要畜牧省份已经将与绒毛用羊产业密切相关的农机具列入补贴名录，包括 4 小类（饲料作物收获机械、饲料（草）加工机械设备、畜牧饲养机械和畜产品采集加工机械设备）21 个品目（包括青饲料收割机、牧草收获机、割草机、搂草机、压捆机、青贮切碎机、铡草机、揉丝机、压块机、饲料粉碎机、饲料搅拌机、颗粒饲料压制机、剪羊毛机等机械类型）。其次，通用类机具实施中央财政补贴资金定额补贴，按照上一年度农机售价的 30％确定补贴额，单机最高给予 5 万元补贴，其中青饲料收割机补贴 15 万元封顶，非通用类机具补贴额由各省自行确定。再次，补贴对象调整为直接从事农业生产的个人和农业生产经营组织，获得的农机具数量、金额设置上限约束，自主选择经销或生产企业购机，补贴程序逐步与经销企业脱钩，部分省份试点开展补贴产品市场化改革。最后，开通农机补贴信息公开专栏，对举报投诉作为监管重点，重点调查“三包”不到位、不正当竞争、虚假宣传、骗补套补等投诉问题，并加强对农机生产和经销企业的监管力度。

调研资料显示，2016 年多数调研县按照国家标准进行补贴，少数调研县利用地方财政资金对畜牧机械购置追加补贴。具体来看，天祝县农牧户在享受中央财政 30%的农机具补贴基础上，县级财政追加 13%补贴额，畜牧机械购置补贴额达到销售价格的 43%；巩留县对购买畜牧业生产过程中关键环节、薄弱领域、本地尚属空白且科技含量较高的特色畜牧业生产机械的农牧户，除享受国家农机具购置补贴外，县财政再给予相应的购机补贴，对农机具反光标志给予 50%的资金补助。

三、标准化规模养殖奖励政策

畜禽标准化规模养殖是现代畜牧业发展的必由之路，目前我国绒毛用羊低水平规模饲养带来的环境污染问题日趋严重，畜产品质量安全、疾病防控等问题突出，急需通过标准化规模养殖规范生产流程，以保障绒毛用羊产品的有效供给。因此，国家从 2008 年开始加强标准化规模养殖场（区）建设，每年出台示范场建设方案对申报标准化示范场（区）的基本条件、建设内容及程序等提出要求。通过政策梳理发现，示范场创建活动的建设内容及程序保持相对稳定，而申报对象的基本条件有所变化。具体来看，在建设内容及程序方面，各地方按照评分标准和程序公示并上报示范场名单，中央财政按照先建后补的方式分年度划拨资金，要求规模养殖场按 5 化的标准和技术规范进行改造，同时接受畜牧主管部门的定期复检；在基本条件方面，项目申报对象均为具备养殖档案、备案登记和《动物防疫条件合格证》的规模养殖场，但是对养殖规模的要求存在差异。2010 年农区和牧区出栏量分别不低于 500 只和 1 000 只，能繁母羊分别不低于 100 只和 250 只；2011—2017 年农区和牧区的出栏量保持不变，能繁母羊分别不低于 250 只和 400 只。

从整体来看，中国绒毛用羊标准化示范场数量及比重均呈上升趋势，同时存在明显的地区差异。截至 2017 年年底，累计创建畜禽标准化示范场 5 389 个，示范羊场从 2010 年的 58 个增加到 2017 年的 539 个，所占比例从 2010 年的 3.73%增加到 10%，其数量在所有畜种中位居第 4 位，覆盖 31 个省区市及新疆生产建设兵团、黑龙江农垦和广东农垦。从表 7－2 可知，2010—2017 年各地区达到一定养殖规模的标准化羊场数量存在明显地区差异，其中新疆、内蒙古、甘肃和山西4省份的标准化示范羊场的数量和比重呈双高特征，说明上述地区以牧区和半牧区为主，绒毛用羊产业既是上述地区的特色支柱产业，也获得了标准化规模养殖政策的有效扶持；而河北、黑龙江、山东、河南、四川等地标准化示范羊场比重低于显著低于10.94%的全国均值，主要是因为上述地区是主要的粮食产区，生猪、奶牛、蛋鸡、肉牛等畜禽的规模化程度及政策扶持力度略高于绒毛用羊；青海、宁夏、贵州和西藏4省份虽然标准化示范羊场比重较高，但数量偏低，说明虽然国家对上述地区绒毛用羊产业的扶持力度较大，散养、粗放式的畜牧业发展方式制约了绒毛用羊标准化水平的提高。

表7-2　2010—2017各地区畜禽标准化示范场数量及比例

地区	规模养羊场数量（个）	畜禽标准化示范场累计数量（个）	累计比例（%）	地区	规模养羊场数量（个）	畜禽标准化示范场累计数量（个）	累计比例（%）
新疆	74	251	29.48	江苏	13	224	5.80
内蒙古	60	215	27.91	安徽	12	183	6.56
山东	44	467	9.42	海南	11	69	15.94
河南	32	374	8.56	陕西	11	126	8.73
河北	26	343	7.58	湖南	11	231	4.76
四川	21	223	9.42	云南	9	99	9.09
黑龙江	21	266	7.89	福建	8	128	6.25
甘肃	20	81	24.69	重庆	6	74	8.11
山西	20	119	16.81	广西	6	149	4.03
辽宁	19	277	6.86	广东	6	261	2.30
浙江	18	189	9.52	江西	4	170	2.35
青海	17	61	27.87	西藏	3	19	15.79
贵州	16	94	17.02	上海	3	52	5.77
宁夏	15	75	20.00	天津	3	79	3.80
湖北	15	244	6.15	北京	2	96	2.08
吉林	13	150	8.67				

数据来源：根据农业部网站 http：//www.moa.gov.cn/公布的历年畜禽标准化示范场名单整理获得。

调研资料显示，调研地区少数规模养殖场获得了30万～70万元数额不等的补奖资金，部分符合相关要求的家庭牧场也可以获得该项奖励。巩乃斯种羊场于2014年成功申报畜禽标准化示范场，同时整合项目资金建成76座标准化圈舍，其中 61 户棚圈投资为 30 万元/户，15 户棚圈投资为 10 万元/户。巩留县 2015 年对国土、畜牧部门统一规划新批建的 200 平方米以上、养殖规模 150 只以上的标准化家庭养殖棚圈或家庭牧场棚圈，每平方米补助 100 元，同年新建标准化棚圈 54 座，其中细毛羊标准化棚圈 10 座。肃南县 2011—2015 年累计获得央财政农业发展资金 400 万元，对 10 座以上且每棚面积 140 平方米以上的暖棚给予每座 2 万元的补贴，2016 年补贴资金增加到 500 万元。天祝县 2015 年对新建养殖小区或规模场暖棚给予每平方米 50 元的补助，2016 年降至每平方米 30 元，截至 2016 年年底，累计建成各级标准化示范场 133 个。乌审旗重点推进现代草原畜牧业示范户建设项目，按照示范户类型获得 5 万～20 万元的项目扶持资金。

四、动物防疫补贴政策

动物疾病防控是促进绒毛用羊产业健康发展、降低农牧民养殖风险的基础性工作，目前已经逐步建立健全动物防疫网络体系，防疫检疫、跟踪监测、定期调查、应急预案等制度不断完善，疾病检疫基础设施及配套设备有序推进，基层动物防疫检疫的技术水平和条件得到显著改善。根据 2017 年出台的《动物防疫等补助经费管理办法》，与绒毛用羊密切相关的动物防疫补贴有两个方面：一是强制免疫补助，主要用于对口蹄疫、小反刍兽疫、布鲁氏菌病（一类地区）、包虫病（包虫病疫区）等实施强制免疫、免疫效果检测、人员防护等方面，用直补或招标方式采购疫苗，有条件的地方可以试行政府购买服务，补助经费由中央财政切块下达各省，养殖场户无需承担此项费用。根据《2017 年国家动物疫病强制免疫计划》，布病、口蹄疫、小反刍和包虫病 4 类免疫密度不低于 90%，口蹄疫和小反刍抗体合格率不低于 70%。二是强制扑杀补助，主要用于预防、控制和扑灭口蹄疫、小反刍兽疫、布氏菌病、结核病、包虫病等国家重点动物发病及同群动物补助等方面，对依法强制扑杀牲畜的养殖者给予相应补助，扑杀补助标准为 500 元/只，补助经费由中央和地方财政共同承担，其中东部、中部和西部地区中央财政补助比例分别为 40%、60%和 80%，新疆生产建设兵团及直属垦区补助比例为 100%。

调研资料显示，各地区绒毛用羊养殖过程中重大疾病疫苗全部免费，费用由国家、省、市（县）共同承担，养殖户仅承担日常消毒、一般药物及疫苗人工费。具体来看，巩乃斯种羊场强制免疫疫苗由伊犁哈萨克自治州防疫总站划拨，省财政每年拨款 20 万元用于村级防疫员劳务补助，每人 1 万元/年。巩留县公益性岗位村级防疫员工资为 1 300 元/（人·年），普通村级防疫员为

600 元/(人·年)，对村级防疫员完成防疫任务、免疫效价达到标准且未发生疫病的，每完成一头牲畜防疫给予防疫员补助 1 元。天祝县和肃南县均按照国家标准对绒毛用羊进行免费防疫，村级防疫员工资为 2 400 元/（人·年）。此外，部分地区开始探索成立基层动物防疫服务组织，服务组织经地方工商部门合法登记成立，以购买服务方式承担辖区内的重大动物疾病强制性免疫等公益性职能，按照企业运行方式在力所能及范围内开展有偿性技术服务，该方式有助于提高村级防疫员工资报酬，在稳定基层防疫队伍的同时提高了强制免疫的密度和质量。

五、草原生态保护补助奖励政策

草原生态保护补助奖励政策（以下简称“草原补奖政策”）不仅有助于改善草原生态环境，亦有助于转变畜牧业发展方式，推动适度规模化养殖发展。草原补奖政策是目前中国草原牧区补贴力度大、覆盖面广、补贴内容多的一项综合政策。2011—2015 年开始实施第一轮草原补奖政策，2011 年中央财政安排专项资金在内蒙古、新疆、青海、甘肃等 8 个草原牧区和新疆生产建设兵团，全面建立草原补奖机制，2012 年补贴范围扩大到山西、河北、黑龙江、吉林、辽宁等 13 个省份的 268 个牧区半牧区县和其他非牧区半牧区县共 639 个县，“十二五”期间累计投入资金 773.6 亿元，有力地促进了牧区生态恢复，遏制了草原生态恶化势头。2016 年我国启动新一轮草原生态保护补奖政策（2016—2020 年），继续在上述 13 个省份实施草原补奖政策。

新一轮草原补奖政策适当提高了补奖标准，加大了绩效奖励力度，主要体现在 3 方面：一是禁牧和草畜平衡标准均有所提高。其中禁牧标准由 6 元/亩提高至 7.5 元/亩，草畜平衡奖励由 1.5 元/亩提高至 2.5 元/亩。二是加大绩效奖励力度。对草原生态补奖政策绩效考核达标地区给予资金奖励，奖励资金可用于畜牧养殖方式转变、优质牧草种子补贴、草原基础设施建设等方面。三是调整半农半牧区政策实施方式。切块发放河北、山西、黑龙江、辽宁、吉林 5 省及黑龙江农垦总局的补奖资金，由地方政府自主统筹使用。

调研资料显示，2016 年新疆、甘肃、青海、内蒙古等省份调研县均执行了草原补奖政策，但是各地区均根据本省份的草场情况实施了不同补贴标准。具体来看，甘肃将草原牧区划分为青藏高原区、黄土高原区和西部荒漠区 3 类，禁牧补助分别为 21.67 元/亩、4.62 元/亩和 3.87 元/亩，草畜平衡奖励分别为 3.35 元/亩、2.67 元/亩和 2.17 元/亩。天祝县和肃南县作为青藏高原区禁牧标准为 21.67 元/亩，草畜平衡奖励为 3.35 元/亩。巩乃斯种羊场和巩留县水源涵养区禁牧补助标准为50元/亩，一般性禁牧补助标准为6元/亩，草畜平衡奖励标准为2.5元/亩。内蒙古按照第一期补奖的5年平均产草量为基数，测算各地区标准亩系数及补助标准，乌审旗禁牧区面积647.5万亩，补助标准为6.37元/亩，草畜平衡区面积673.52万亩，奖励标准为2.12元/亩。青海省根据各地禁牧区草原面积，测定草原承载能力并折算成标准亩系数，确定各地禁牧补助标准，三角城种羊场禁牧补助标准为12.3元/亩，草畜平衡奖励为2.5元/亩。

六、金融保险扶持政策

金融和保险扶持政策有助于缓解绒毛用羊养殖融资困难，为农牧户标准化规模养殖提供扩大再生产资金。2016年国家相继出台《推进普惠金融发展规划（2016—2020年）》等规范性文件，加强了对绒毛用羊主产区的金融保险扶持力度，如试点推行农业政策性保险，扩大农业保险覆盖面、增加保险品种、提高风险保障水平，把保险作为支持畜牧业的重要手段。

调研资料显示，部分调研地区加大了对绒毛用羊产业的金融扶持力度，并逐步开始推行农业政策性保险试点工作。具体来看，天祝县自2015年开始发放草食畜牧业贷款，省级财政对贴息贷款额度在10万元以内的养殖户、贴息贷款额度在50万元以内的农民专业合作社（50人以上）或养殖小区按国家基准利率的50%贴息；从2015年开始实施养殖保险保费补贴政策，每只细毛羊保费金额为300元，费率为6%，保费为18元/只，其中中央财政补贴40%（7.2元），省级财政补贴30%（5.4元），市县财政补贴20%（3.6元），养殖户承担10%（1.8元）。巩留县对存栏100只以上的农牧民养殖专业合作社的贷款给予贴息补助，贴息资金由省财政拨付，2015年1年期贷款贴息51%，2年期贷款贴息56%，2015共计发放贷款7 106.64万元，发放贴息264.22万元，2016年财政贴息下降为40%，截至7月末共发放贷款4 625万元。

第二节　农牧户对标准化规模养殖相关扶持政策的评价

目前，与绒毛用羊标准化规模养殖密切相关的扶持政策主要包括种公羊补贴、能繁母羊补贴、人工授精补贴、禁牧补助、草畜平衡奖励、畜牧养殖机械购置补贴、标准化规模养殖奖励、棚圈建设补贴、青贮窖补贴、养殖保险保费补贴和贴息贷款11项政策，为了系统考察农牧户对相关扶持政策的评价及需求情况，设置了相关调研问卷题项，下面将分别从农牧户政策认知程度、需求程度、获得情况、满意程度及不满意的原因等几方面进行分析。

一、农牧户相关扶持政策认知程度分析

利用问卷数据对农牧户政策认知程度进行分析（表 7-3）。结果显示，农牧民对目前实施的各项关于绒毛用羊养殖的政府补助、补贴、奖励等扶持政策的认知度存在较大差异，对种公羊补贴、禁牧补助、草畜平衡奖励、畜牧机械购置补贴和棚圈建设补贴 5 项政策的认知程度较高，农牧户政策知晓率均超过 80%；对养殖保险保费补贴、人工授精补贴、贴息贷款、青贮窖补贴、能繁母羊补贴 5 项政策的认知程度相对较低，农牧户政策知晓率为 50%～70%；对标准化规模养殖奖励的政策知晓率最低，仅为 44.91%。

表 7-3　农牧户对标准化规模养殖相关扶持政策的认知程度

单位：户，%

政　策	知晓户数	所占比例	排名
1. 种公羊补贴	135	80.84	5
2. 能繁母羊补贴	85	50.90	10
3. 人工授精补贴	96	57.49	7
4. 禁牧补助	148	88.62	2
5. 草畜平衡奖励	145	86.83	3
6. 畜牧养殖机械购置补贴	143	85.63	4
7. 标准化规模养殖奖励	75	44.91	11
8. 棚圈建设补贴	153	91.62	1
9. 青贮窖补贴	89	53.29	9
10. 养殖保险保费补贴	104	62.28	6
11. 贴息贷款	95	56.89	8

数据来源：调研地区农牧户调查问卷资料。

二、农牧户相关扶持政策需求程度分析

利用问卷数据对农牧户政策需求程度进行分析（表 7-4）。结果显示，农牧户需求程度排名前 3 位的政策依次是能繁母羊补贴、细羊毛最低保护价和贷款等金融扶持政策，选择比例分别是 59.42%、45.71%和 40.07%。首先，能繁母羊是羊群构成中所占比例最高且数量最稳定的品种，其生产性能高低直接

影响畜群良种化程度，根据能繁母羊品种、生产性能等对农牧户进行适度补贴，农牧户所获得的补助金额显著高于种公羊补贴，政策激励效果更明显，因此该政策的选择比例最高。其次，细羊毛价格仍然在较低水平徘徊，农牧户希望借助细羊毛最低保护价政策抑制价格波动带来的收益不稳定性，用羊毛收入弥补因饲草料、雇工费用上涨产生的成本收益缺口，以维持基本生产经营活动。最后，标准化规模养殖所需棚圈、机械设备设施等需要投入大量的自有生产资金，扩大再生产资金缺口进一步扩大，农牧户期望获得更适合畜牧业生产周期的信贷资金。

表 7-4　农牧户对标准化规模养殖相关扶持政策的需求程度

单位：%

政　策	最需要的三项扶持政策			累计比例	排名
	第一项	第二项	第三项		
1. 种公羊补贴	14.91	8.18	3.77	26.86	5
2. 能繁母羊补贴	26.09	13.84	19.50	59.42	1
3. 人工授精补贴	3.11	2.52	6.92	12.54	9
4. 禁牧补助	9.94	10.06	5.66	25.66	6
5. 草畜平衡奖励	3.11	6.92	6.92	16.94	7
6. 畜牧养殖机械购置补贴	0.00	8.81	3.14	11.95	10
7. 标准化规模养殖奖励	1.86	5.03	4.40	11.30	11
8. 棚圈建设补贴	3.73	12.58	12.58	28.88	4
9. 细羊毛最低保护价	16.15	18.24	11.32	45.71	2
10. 养殖保险保费补贴	4.35	5.66	4.40	14.41	8
11. 贷款等金融扶持政策	14.29	8.18	17.61	40.07	3
12. 其他扶持政策	2.48	0.00	3.77	6.26	12

数据来源：调研地区农牧户调查问卷资料。

农牧户政策需求排名后 3 位的政策依次是人工授精补贴、畜牧养殖机械购置补贴和标准化规模养殖奖励，选择比例分别是 12.54%、11.95% 和 11.30%，原因各有不同，畜牧养殖机械购置补贴为全覆盖政策，补贴资格门槛较低，农牧户只要购买补贴名录内机具即可获得补贴，故而政策需求度较低；人工授精补贴为区域性补贴政策，且存在技术门槛，导致政策需求度偏低；标准化规模养殖奖励补贴名额少、受益主体参与资格门槛较高，普通农牧户一般无法获得该项补贴，因此政策需求度最低。此外，草原牧区基础设施建设滞后，农牧户对水、电、饲草料和草原围栏等基础设施建设的政策诉求较为强烈。

三、农牧户相关扶持政策获得情况分析

利用问卷数据对农牧户政策获得情况进行分析（表 7－5）。结果显示，政策获得比例排名前 3 位的政策依次是棚圈建设补贴、草畜平衡奖励和禁牧补助，所占比例分别是 79.64％、67.66％和 64.67％。受畜牧业超载过牧、粗放经营、无序垦荒以及自然灾害等因素的影响，国家相继实施两轮草原保护补奖政策，推行基本草原保护制度、禁牧休牧、划区轮牧和草畜平衡等草原生态环境保护措施，农牧户可用于放牧的天然草场减少，进而限制了养殖规模，面临的资源环境压力持续上升。调研地区逐步整合中央现代农业生产发展资金，对农牧户建设养殖棚圈及配套设施给予资金支持，引导农牧户从粗放散养向标准化、规模化的舍饲养殖方式转变，因此，调研地区农牧户获得上述三项扶持资金的比例显著高于其他政策。

种公羊补贴、畜牧养殖机械购置补贴、人工授精补贴、贴息贷款和养殖保险保费补贴获得比例相对较低，所占比例为 30％～60％。而标准化规模养殖奖励、能繁母羊补贴和青贮窖补贴的获得比例显著低于其他政策，所占比例均低于 30％，比例偏低原因各有差异，标准化规模养殖奖励虽然为全覆盖政策，但是名额有限且建设标准普遍较高；能繁母羊补贴资金由地方财政承担，且拨付资金数额较大，目前只有少数调研县实施该政策；青贮窖建设成本较高，农牧户青贮加工技术普及率偏低，多数调研地区不具备推行该项补贴的政策环境。

表 7－5　农牧户对标准化规模养殖相关扶持政策的获得情况

单位：户，％

政　　策	获得户数	所占比例	排名
1. 种公羊补贴	94	56.29	4
2. 能繁母羊补贴	38	22.75	10
3. 人工授精补贴	62	37.13	6
4. 禁牧补助	108	64.67	3
5. 草畜平衡奖励	113	67.66	2
6. 畜牧养殖机械购置补贴	75	44.91	5
7. 标准化规模养殖奖励	20	11.98	11

（续）

政　　策	获得户数	所占比例	排名
8. 棚圈建设补贴	133	79.64	1
9. 青贮窖补贴	39	23.35	9
10. 养殖保险保费补贴	52	31.14	8
11. 贴息贷款	53	31.74	7

数据来源：调研地区农牧户调查问卷资料。

四、农牧户相关扶持政策满意程度分析

利用问卷数据对农牧户政策满意程度进行分析（表 7-6）。结果显示，各项补贴政策涉及标准化规模养殖的品种改良、棚圈设施、经营管理及风险防控等多个环节，一定程度上弥补了对农牧户养殖成本和风险上升带来的经济损失，超过 60%的受访农牧户对扶持政策表示满意，政策满意度普遍较高。

表 7-6　农牧户对标准化规模养殖相关扶持政策的满意程度

单位：%

政　　策	满意程度			满意度排名
	满意	一般	不满意	
1. 种公羊补贴	74.04	8.65	17.31	6
2. 能繁母羊补贴	73.47	4.08	22.45	7
3. 人工授精补贴	82.19	4.11	13.70	3
4. 禁牧补助	68.10	11.21	20.69	9
5. 草畜平衡奖励	65.49	10.62	23.89	11
6. 畜牧养殖机械购置补贴	77.00	8.00	15.00	4
7. 标准化规模养殖奖励	67.44	11.63	20.93	10
8. 棚圈建设补贴	87.50	5.47	7.03	1
9. 青贮窖补贴	76.47	5.88	17.65	5
10. 养殖保险保费补贴	72.06	5.88	22.06	8
11. 贴息贷款	82.86	1.43	15.71	2

数据来源：调研地区农牧户调查问卷资料。

满意度排名前 3 位的政策依次是棚圈建设补贴、贴息贷款和人工授精补贴，所占比例分别是 87.50%、82.86%和 82.19%；满意度排名最后 3 位的政策依次是草畜平衡奖励、能繁母羊补贴和养殖保险保费补贴，所占比例分别是 23.89%、22.45%和 22.06%。此外，2016 年有 93.89%的受访农牧户愿意继

续养殖细毛羊，39.84%的农牧户表示会进一步扩大养殖规模，因此，各项扶持政策稳定了农牧户养殖积极性，对绒毛用羊产业有一定的正面促进作用。

五、农牧户相关扶持政策不满意的原因分析

利用问卷数据对农牧户政策不满意的原因进行分析（表 7－7）。结果显示，扶持金额较少是农牧户对扶持政策不满意的主要原因，特别是种公羊补贴、禁牧补助、草畜平衡奖励和棚圈建设补贴 4 项政策。以禁牧补助为例，其补贴标准虽然从第一轮的 6 元/亩调整为第二轮的 7.5 元/亩，但是由于禁牧导致棚圈、机械等固定资产投入增加，舍饲时间延长，补贴资金不足以弥补显著上升的养殖成本。位列第 2 位的原因是政策覆盖范围小，特别是标准化规模养殖奖励、青贮窖补贴、贴息贷款、人工授精补贴和能繁母羊补贴 5 项政策。以贴息贷款政策为例，受访农牧户一般只能根据个人信用评级申请 5 万元以下的小额贷款，超额则利率偏高且需要抵押或担保，多数农牧户存在资金缺口，但是目前只有少数调研地区实施贴息贷款政策，且补贴对象以合作社、规模养殖场（区）为主，农牧户获得比例偏低。少数扶持政策存在资金发放程序烦琐、发放不及时等问题，也影响了农牧户对政策的满意程度。此外，受访农牧户表示部分扶持政策存在缺乏延续性，补贴资金导致生产资料变相涨价，降低了政策效果。

表 7－7　农牧户对标准化规模养殖相关扶持政策不满意的原因

单位：%

政　　策	扶持金额少	资金发放程序烦琐	资金不能及时发放	政策覆盖范围小	其他原因
1. 种公羊补贴	64.00	4.00	0.00	36.00	4.00
2. 能繁母羊补贴	25.00	0.00	0.00	75.00	0.00
3. 人工授精补贴	18.18	0.00	0.00	81.82	0.00
4. 禁牧补助	73.33	6.67	13.33	13.33	0.00
5. 草畜平衡奖励	90.63	3.13	12.50	3.13	0.00
6. 畜牧养殖机械购置补贴	23.81	14.29	0.00	47.62	14.29
7. 标准化规模养殖奖励	15.38	0.00	0.00	92.31	0.00
8. 棚圈建设补贴	72.73	0.00	0.00	27.27	9.09
9. 青贮窖补贴	10.00	0.00	0.00	90.00	0.00
10. 养殖保险保费补贴	11.11	5.56	33.33	61.11	11.11
11. 贴息贷款	16.67	0.00	0.00	91.67	0.00
总计	47.18	4.10	7.18	45.13	3.59

数据来源：调研地区农牧户调查问卷资料。

第三节　畜牧主管部门工作人员对标准化规模养殖相关扶持政策的评价

为了深入了解绒毛用羊标准化规模养殖相关扶持政策的实施效果，还对调研地区畜牧主管部门工作人员进行了座谈，主要包括扶持政策的实施进度、效果及存在问题。

一、标准化规模养殖相关扶持政策力度加大，但扶持政策较少且缺乏系统性

国家对绒毛用羊标准化规模养殖的政策扶持力度不断加大，在政策覆盖范围方面，畜牧良种保护与补贴、标准化规模养殖补贴、畜牧养殖机械购置补贴、草原生态保护补助奖励和动物防疫补贴等已经成为常态化的持久性政策，部分政策已实现全覆盖，尚未实现全覆盖的政策实施范围亦在逐年扩大，有条件的地方开始整合中央财政各类项目资金并配套地方财政资金，实施棚圈建设补贴、青贮窖补贴、人工授精补贴、能繁母羊补贴、贴息贷款等地方扶持政策，部分地区开始推行养殖政策性保险试点。在扶持政策资金方面，扶持政策的投入资金总额在逐年增加。在扶持政策效果方面，各项扶持政策的实施越来越注重激励和约束机制，通过绩效考核提高资金使用效率，以确保政策落到实处。

调研资料显示，多数调研地区将绒毛用羊作为促进农牧民脱贫增收的重要产业，在国家畜牧业扶持政策框架内，出台了棚圈建设、品种改良、养殖机械、疾病防控和金融保险方面的地方政策，但是专门针对绒毛用羊产业的扶持政策较少且缺乏系统性。具体来看，肃南县、巩留县和乌审旗地方财政投入了大量资金，但是从健全产业发展的视角来看，目前的政策尚不成体系，以品种改良、疾病防控方面政策居多，在加工、销售、流通等方面扶持政策较少，不利于细毛羊产业持续健康发展。天祝县在良种繁育和养殖设施建设方面政策较多，2009年开始推广“7755”养羊模式，引导农牧户用陶塞特、萨福克、特克赛尔等肉羊品种授配适龄细毛羊，进行肉用经济杂交改良，导致当地高山细毛羊的羊毛细度支数和产量显著下降，说明产业扶持政策缺乏连贯性，甚至前后矛盾。三角城种羊场所在地区以管理难度低、养殖效益较好的藏系羊为主导畜种，并未出台专门针对青海细毛羊产业发展的扶持政策。

二、畜牧良种补贴政策覆盖范围小、补贴标准偏低

种公羊、基础母羊的生产性能在很大程度上影响后代的生产性能，如羊毛产量、产羔率等，因此实施畜牧良种补贴，提高良种化率，对绒毛用羊产业的可持续发展具有重要的现实意义。目前，绒毛用羊产业的畜牧良种补贴政策基本上形成以中央财政支持的种公羊补贴为主，各地方能繁母羊补贴、人工授精补贴、冻精补贴、胚胎移植补贴及技术人员奖励为辅的良种补贴政策体系。虽然中央财政对畜牧良种的保护补贴力度不断加大，但是现行的畜牧良种补贴政策存在覆盖范围小、补贴标准偏低等问题。从补贴品种看，各省通过种畜鉴定获得补贴资格的种公羊以肉羊品种为主；从补贴标准看，2009—2016 年，未根据鉴定结果实施差异化补贴，补贴标准均为 800 元/只，而同期中国美利奴羊、甘肃高山细毛羊、青海细毛羊等优良品种的市场销售价格为 1 200～1 400 元/只，补贴标准依然偏低，不能有效带动农牧户购买积极性，可能导致优良地方品种的退化和生产性能的下降；从补贴范围看，2016 年政策覆盖 19 个省市，2017 年减少到 13 个，覆盖范围显著缩小；从补贴对象看，项目县内存栏能繁母羊 30 只以上的农牧户购买种公羊才能获得补贴，该政策对养殖大户、规模养殖场（区）的正面引导效应高于散养户。

调研资料显示，新疆、甘肃、青海和内蒙古等地区的良种补贴政策普及面小，补贴标准明显偏低，而且分配名额十分有限，能够获得该项补贴的农牧户非常少。受访农牧户养殖畜群中种公羊平均 2～4 只，畜牧良种补贴为该类农牧户节约的生产成本十分有限，激励明显不足。此外，部分调研地区重点扶持当地肉羊产业，补贴名额主要用于养殖肉羊品种的农牧户，而且扶持的标准明显高于绒毛用羊，绒毛用羊养殖户没有获得此项补贴，导致农牧民购买种公羊积极性普遍不高。

三、畜牧养殖机械购置补贴政策对绒毛用羊养殖机械化水平提高作用不显著

国家出台畜牧养殖机械购置补贴政策，目的是为鼓励农牧民和畜牧业生产服务组织购置先进适用的畜牧业机械，提高绒毛用羊养殖设施化水平。调研资料显示，调研地区的绒毛用羊机械化水平发展不均衡，农区高于牧区，国有牧场、规模养殖场（区）、龙头企业等明显高于散养户。各调研县农牧户普遍拥有铡草机、饲料粉碎机、小型拖拉机等牧业机械，少数资金实力较强的养殖大户和规模养殖场（区）购置了青贮打包机、TMR 饲料搅拌机、捆草机等大型

机械设备，部分龙头养殖企业进一步配套颗粒饲料机、揉丝机、柠条拉丝机、清粪机（车）、通风降温设备等机械设备。农牧民对上述大中型牧业机械的使用以租赁为主，普及率不高，因此部分地区开始出现大农机合作社等新型社会化服务组织和农机维修网点配套建设。此外，调研地区农牧民以手工剪毛为主，机械剪毛率普遍偏低，只有国有牧场、规模养殖场及少数乡镇拥有剪毛机、打包机等机械剪毛设备。因此，目前畜牧养殖机械购置补贴政策的实施尚未大幅度提升我国绒毛用羊养殖机械化水平。制约畜牧养殖机械推广的主要原因包括以下几方面：一是受自然地理环境、农牧户居住分散、农村配电变压器容量不足等因素影响，功率较大的畜牧养殖机械无法在草原牧区大规模推广；二是定额补贴资金有限，补贴指标尚不能满足农牧户实际需求。补贴名录中以功率较大的饲草加工、收获、饲养类机械为主，单机销售价格普遍较高，而地方贷款资金拨付与畜牧生产周期不匹配，导致农牧户季节性资金短缺问题突出，单机价格超出了农牧户实际经济承受能力而无法购买生产所需机具；三是部分农机企业代理机构的售后服务体系不完善，缺乏维修人员及零配件，影响了畜牧机械作业效率和质量；四是补贴政策抬高了同款机具市场销售价格，导致畜牧机械补贴被涨价部分稀释，农牧户受益减少，同时也降低了购买积极性。

四、草原生态保护政策实施未体现出差异化，补助奖励不足以弥补生产成本上涨

我国自2003年在牧区推行划区轮牧、休牧和禁牧制度，覆盖范围与强度持续扩大，目前除部分草原牧区实行季节性禁牧之外，其他地区基本执行全年禁牧政策。2016年开始实施的第二轮草原生态保护补助奖励政策，禁牧补助和草畜平衡奖励标准虽然有所提高，但是补贴额度仍然偏低，且该政策并未考虑按照草地生产力、畜牧业依赖程度及前期载畜量分等级进行差异化补贴，从而降低了农牧民落实奖补政策的积极性。

调研资料显示，随着禁牧、减畜等政策的持续推进，绒毛用羊养殖面临的资源环境压力持续上升，农牧户养殖方式从放牧逐渐转向舍饲、半舍饲，养殖成本大大增加。实行禁牧政策以后，舍饲时间延长，原来养羊可以免费使用的公用草原变为有偿使用的饲草料，养殖户首先面临饲草料成本增加的压力。以细毛羊为例，按舍饲150天计算，平均每天饲喂1.5千克干草、2千克青贮、0.5千克玉米，2016年玉米价格虽有所下降，但豆粕、加工饲料价格均不同程度上涨，每天饲草料成本合计为2～2.5元/只，舍饲期间饲草料成本为300～

375 元/只，此外雇工、消毒、防疫、圈舍修建等都会增加养殖成本，农牧户获得的草原生态补奖资金对缓解养殖成本上涨的作用有限。

第四节 本章小结

本章主要对中国绒毛用羊标准化规模养殖的相关扶持政策进行总结和评价。得出如下结论：

（1）梳理与绒毛用羊标准化规模养殖密切相关的扶持政策，国家层面颁布并实施的扶持政策主要包括畜牧良种保护与补贴、标准化规模养殖补贴、畜牧养殖机械购置补贴、草原生态保护补助奖励和动物防疫补贴等 5 项，已经成为常态化的持久性政策；地区层面颁布并实施的扶持政策主要包括能繁母羊补贴、人工授精补贴、棚圈建设补贴、青贮窖补贴、养殖保险保费补贴和贴息贷款等 7 项。目前上述政策实施范围逐年扩大，部分政策已实现全覆盖，扶持政策的实施越来越注重激励和约束机制，通过绩效考核提高资金使用效率。

（2）分别从农牧户政策认知程度、需求程度、获得情况、满意程度及不满意的原因 5 方面对与绒毛用羊标准化规模养殖密切相关的 11 项扶持政策进行分析。从政策认知程度来看，农牧民对各项扶持政策的认知度存在较大差异，对棚圈建设补贴、禁牧补助、草畜平衡奖励、畜牧养殖机械购置补贴和种公羊补贴 5 项政策的认知程度较高，对养殖保险保费补贴、人工授精补贴、贴息贷款、青贮窖补贴和能繁母羊补贴 5 项政策的认知程度偏低，对标准化规模养殖奖励的知晓率最低。从政策需求程度来看，农牧户需求程度排名前 3 位的政策依次是能繁母羊补贴、细羊毛最低保护价和贷款等金融扶持政策，政策需求排名后 3 位的政策依次是人工授精补贴、畜牧养殖机械购置补贴和标准化规模养殖奖励，同时农牧户对水、电、饲草料和草原围栏等基础设施建设的政策诉求较为强烈。从政策获得情况来看，政策获得比例排名前 3 位的政策依次是棚圈建设补贴、草畜平衡奖励和禁牧补助，所占比例超过 60%；种公羊补贴、畜牧养殖机械购置补贴、人工授精补贴、贴息贷款和养殖保险保费补贴获得比例相对较低，所占比例在 30%～60%；而标准化规模养殖奖励、能繁母羊补贴和青贮窖补贴的获得比例显著低于其他政策，所占比例均低于 30%。从政策满意程度来看，政策满意度普遍较高，整体满意度超过 60%，其中满意度排名前 3 位的政策依次是棚圈建设补贴、贴息贷款和人工授精补贴，满意度排名最后 3 位的政策依次是草畜平衡奖励、能繁母羊补贴和养殖保险保费补贴。从政策不满意的原因来看，扶持金额较少和政策覆盖范围小是农牧户对扶持政策不满意的主要原因，少数扶持政策存在资金发放程序繁琐、发放不及时等问题，也影响了农牧户对政策的满意程度。

（3）畜牧主管部门工作人员对标准化规模养殖相关扶持政策的评价结果是：标准化规模养殖相关扶持政策力度加大，但扶持政策较少且缺乏系统性；畜牧良种补贴政策覆盖范围小、补贴标准偏低；畜牧养殖机械购置补贴政策对绒毛用羊养殖机械化水平提高作用不显著；草原生态保护政策实施未体现出差异化，补助奖励不足以弥补生产成本上涨。

研究结论与政策建议

第一节　研究的主要结论

本部分全面总结各部分的研究结论，然后提出相应的政策建议。

一、我国绒毛用羊标准化规模养殖发展现状

目前，与绒毛用羊养殖密切相关的标准主要包括国际标准、区域标准、国家标准和行业标准4类，主要涉及生产环境、养殖设施建设、品种资源、养殖管理技术、饲草种植、疾病防控、兽医兽药管理、绒毛产品标准、粪污无害化处理8个方面。与绒毛用羊相关的标准范围均持续扩大，前期标准侧重疾病防控、饲养管理等方面，后期逐渐侧重生产环境、产品质量等方面，标准数量较少、质量偏低、缺乏系统性，以推荐性标准为主，标准的制定和实施缺乏法律内涵和保障，导致标准的实际执行缺乏严格的约束机制，影响了绒毛用羊相关标准的推广实施效果。

绒毛用羊养殖标准化程度定性评价结果：一是标准化初级阶段相关技术的需求程度和采用比例显著较高，具有普适性，高级阶段相关技术的需求和采用比例则明显偏低，专业性更强。二是对不同年龄、受教育程度、养殖规模、组织化程度和兼业化程度的农牧户，其标准化养殖水平存在差异。从年龄来看，低年龄组畜禽良种化和养殖设施化水平最高，中年龄组防疫制度化和粪污无害化水平最高，高年龄组生产规范化水平最高；从教育程度来看，农牧户受教育程度越高，各环节标准化水平越高；从养殖规模来看，标准化规模养殖户显著高于散养户，其中粪污无害化水平差值最大，畜禽良种化水平差值最小；从组织化程度来看，加入合作社的农牧户在畜禽良种化、养殖设施化、生产规范化和粪污无害化4个环节的标准化水平高于未加入合作社农牧户，而防疫制度化水平则相反。从兼业化程度来看，兼业化程度越低，农牧户各环节标准化水平越高。三是不同养殖环节的标准化水平存在差异，畜禽良种、养殖设施和疾病

防控3个环节的标准化水平较高，生产管理的规范化程度次之，而粪污无害化水平最低。其中，畜禽良种化方面，产毛性能、繁殖性能和设施保障3方面指标的达标程度较高，而产肉性能指标则偏低；养殖设施化方面，选址布局、供水供电、饲喂设施和养殖机械4方面指标的达标程度较高，而排污排水指标较低；生产规范化方面，管理制度、饲料添加剂管理、饲养管理人员配备3方面指标的达标程度较高，而养殖档案及谱系记载指标较低；防疫制度化方面，防控措施效果和病死畜处理两方面指标的达标程度较高，而防疫制度和设施不够完善；粪污无害化方面，制度建设和无害化处理措施两方面指标的达标程度均偏低。

绒毛用羊养殖规模化程度定性评价结果：一是绒毛用羊规模化养殖有长足发展，小规模散养仍占据绝对优势，散养场（户）数减少，规模养殖场（户）数大幅增加，规模养殖出栏量和比重均呈显著上升趋势。二是绒毛用羊畜禽标准化示范场数量和比重均呈上升趋势。三是绒毛用羊养殖规模化程度区域差异明显，华北、东北、西北地区显著高于其他地区。四是绒毛用羊养殖规模化程度省际差异明显，内蒙古、新疆、青海、山东、辽宁、黑龙江与河南显著高于其他省份。

二、我国绒毛用羊标准化规模养殖模式成本收益、单要素生产率和经济效率分析

第一，标准化规模养殖与散养模式成本收益比较结果：一是绒毛用羊养殖方式以农牧户家庭分散经营为主，部分地区家庭牧场、规模养殖场（区）有所发展，农牧户养殖规模及其规模化程度均存在显著地区差异。二是标准化规模养殖户总收益高于散养户，标准化规模养殖户总收益从高到底依次是中等规模、大规模和小规模养殖户，收益构成、产品价格、产出水平和产品畜比例4项指标差异显著。三是考虑家庭用工条件下标准化规模养殖户总成本略低于散养户，反之则高于散养户，标准化规模养殖户精饲料费、饲草费、家庭用工成本、修理维护费相对较低，雇工成本、固定资产折旧、幼畜购进费相对较高。四是标准化规模养殖户养殖纯收益和成本收益率均显著高于散养户。五是标准化规模养殖成本收益及构成地区差异显著，内蒙古、青海为“高收益高成本”，新疆为“低收益低成本”，甘肃为“高收益低成本”。

第二，标准化规模养殖与散养模式单要素生产率比较结果：一是在资本生产率方面，标准化规模养殖户资本生产率显著高于散养户，随养殖规模扩大呈倒“U”形。二是在劳动生产率方面，标准化规模养殖户劳动生产率显著高于

散养户，且随养殖规模扩大呈上升趋势。三是在饲草料生产率方面，标准化规模养殖户精饲料、粗饲料生产率均显著高于散养户，且随养殖规模扩大呈波动上升趋势。

第三，标准化规模养殖与散养模式技术效率和配置效率比较结果：一是在现有技术水平和养殖条件下，绒毛用羊养殖的饲草料、劳动力等投入要素使用效率偏低，实际产出显著低于随机生产前沿面的最大产出水平，生产活动存在技术效率损失。二是标准化规模养殖户技术效率显著高于散养户，其技术效率随着养殖规模的扩大呈递增趋势，且规模越大区间变化范围越小，如果减少或消除技术效率损失，该模式下的产出水平将有较大提升空间。三是在现有技术及要素价格水平上，精饲料价格、劳动力价格和产品畜产量均对绒毛用羊生产成本具有显著正向影响，实际生产成本显著高于随机成本前沿面的最小生产成本，生产活动存在显著的配置效率损失。四是标准化规模养殖户配置效率显著低于散养户，其配置效率随着养殖规模的扩大呈递减趋势，且规模越大区间变化范围越小，如果减少配置效率损失，该模式下的生产成本将有较大压缩空间。

三、我国绒毛用羊标准化规模养殖的影响因素

第一，我国绒毛用羊生产标准化的影响因素。从经济要素来看，养羊收入占家庭收入比重对防疫制度化、粪污无害化程度有显著正向影响，固定资产占养殖总成本比重对养殖设施化、生产规范化程度有显著正向影响。从技术要素来看，7 项养殖技术对标准化养殖水平具有显著正向影响，其中，人工授精技术对畜禽良种化程度有显著正向影响，选址和棚圈设计对养殖设施化程度有显著正向影响，饲养管理技术、饲料配制和机械剪毛分级打包 3 项技术对生产规范化程度有显著正向影响，病死羊无害化处理技术对防疫制度化程度有显著正向影响，粪便及污水处理技术对粪污无害化程度有显著正向影响，良种选育选配、疾病防控及兽药使用技术对标准化养殖有正向影响但不显著。从政策要素来看，除棚圈建设补贴外，其余 8 项政策均对标准化养殖水平有显著影响。其中，种公羊补贴、能繁母羊补贴、人工授精补贴 3 项政策对畜禽良种化程度有显著正向影响，畜牧养殖机械购置补贴对生产规范化程度有显著正向影响，标准化规模养殖奖励对养殖设施化、防疫制度化和粪污无害化程度有显著正向影响，禁牧补助对畜禽良种化和防疫制度化程度有显著正向影响，草畜平衡奖励对养殖设施化程度有显著负向影响，贴息贷款对生产规范化程度有显著正向影响。从农牧户个人及家庭特征来看，年龄对粪污无害化程度有显著负向影响，

受教育程度对畜禽良种化、养殖设施化程度有显著正向影响，养殖时长对防疫制度化和粪污无害化程度有显著正向影响，劳动力人数对生产规范化和防疫制度化程度有显著正向影响，是否加入合作社对畜禽良种化和粪污无害化程度有显著正向影响。

第二，我国绒毛用羊养殖规模化的影响因素。在经济影响因素方面，养殖收益对养殖规模化有显著正向影响。在政策影响因素方面，禁牧政策对养殖规模化有显著负向影响，畜牧良种补贴政策、畜牧机械购置补贴、金融扶持政策、标准化规模养殖奖励、草畜平衡奖励政策对养殖规模化程度影响不显著。在环境影响因素方面，草场面积对养殖规模化有显著负向影响，养殖方式与养殖规模正相关但不显著。在个人及家庭特征方面，受教育程度、是否加入合作社对养殖规模化具有显著正向影响，养殖时长对养殖规模化有显著负向影响，年龄、家庭劳动力人数、养羊收入占家庭收入比重、是否担任村干部等变量对养殖规模化程度的影响不显著。

四、我国绒毛用羊养殖模式及其运行特征

第一，根据绒毛用羊在养殖方式、主体构成及经营管理等方面的差异，将养殖模式分为 4 类 7 种运作模式。家庭牧场模式主要包括“家庭草库伦”和“种羊场＋农牧户”两种运作模式，养殖小区模式主要包括“生产基地＋农牧户”和“委托管理式养殖小区”两种运作模式，规模养殖场模式主要包括“规模养殖场＋合作社”运作模式，产业联合组织模式主要包括“草畜联营合作社”和“公司＋合作社＋农牧户”两种运作模式。

第二，7 种运作模式的运行机制。“家庭草库伦”模式是以独立经营的农牧户家庭为基本组织单位，以围栏封育、草场改良和人工种草为主要措施，以舍饲半舍饲养畜的形式把畜牧业的各项技术组合配套，从而实现科学养畜和建设养畜的一种畜牧业发展模式；“种羊场＋农牧户”模式是指种羊场与农牧户建立生产合作关系，按照生产合同约定，种羊场为农牧户提供草场、人工饲草料地、基础设施、牲畜饲养、畜产品生产等相关资源及统一管理，农牧户拥有一定生产经营自主权进行畜牧业生产的发展模式；“生产基地＋农牧户”模式是以草畜双承包基础上的农牧户家庭为基本生产单元，在畜禽养殖优势区以乡（镇）为单位建设养殖小区，同时配套饲草料点、人工授精配种站、剪毛棚、粪污处理和无害化处理等基础设施，引导农牧户向养殖小区迁移，发展天然放牧＋舍饲养殖的一种畜牧业发展模式；“委托管理式养殖小区”模式地方政府通过财政补贴、项目资金等方式统一规划设计并修建养殖小区，配套水电路讯

等基础设施，由政府委托专业合作社、乡镇（村）政府统一管理，无偿或有偿提供给达到一定规模的农牧户使用的一种畜牧业发展模式；“规模养殖场＋专业合作社”模式是指农牧户成立具有法人资格的畜禽养殖场所，该养殖场需要在农业、工商和地方畜牧兽医主管部门批准并登记在案，能够独立核算、自负盈亏，生产和销售畜牧产品为主，养殖专业合作社负责养殖场的运营管理，统一提供有偿或无偿配种、改良、防疫、销售、担保等服务的一种畜牧业发展模式；“草畜联营合作社”模式是农牧户以牲畜、草场、养殖设施等作价入股合作社，合作社整合资源并在品种改良、疾病防控、产品销售等方面进行统一管理，年底按照入股比例分红的一种畜牧业发展模式；“公司＋合作社＋农牧户”模式是由大型养殖企业牵头，通过合作社与农牧户建立协作关系，合作社对土地、技术、设备、资金等相关资源集中分配并统一管理，按合同约定进行利益分配的一种畜牧业发展模式。

第三，7 种运作模式的特征分析。从主体构成来看，“家庭草库伦”模式为一元主体，“公司＋合作社＋农牧户”模式为多元主体，其他 5 种运行模式均为二元主体。从覆盖范围来看，“家庭草库伦”模式覆盖范围最广；“生产基地＋农牧户”“委托管理式养殖小区”“规模养殖场＋合作社”和“草畜联营合作社”4 种模式适合在特定区域推广，覆盖范围有限；“种羊场＋农牧户”和“公司＋合作社＋农牧户”模式覆盖范围最小。从资源供给来看，“家庭草库伦”“种羊场＋农牧户”“公司＋合作社＋农牧户”3 种模式资源供给总量丰富，“生产基地＋农牧户”“委托管理式养殖小区”和“草畜联营合作社”3 种模式资源供给总量次之；“规模养殖场＋合作社”模式资源总量最少。从环境约束来看，“家庭草库伦”“种羊场＋农牧户”和“生产基地＋农牧户”3 种模式环境约束较小，“草畜联营合作社”和“公司＋合作社＋农牧户”模式环境约束显著上升，“委托管理式养殖小区”和“规模养殖场＋合作社”模式环境约束最为显著。从协作程度来看，“家庭草库伦”模式最低，“种羊场＋农牧户”和“公司＋合作社＋农牧户”模式最高，而其他 4 种模式介于二者之间。从运行效果来看，“公司＋合作社＋农牧户”模式运行效果最好，“家庭草库伦”和“种羊场＋农牧户”模式次之，“生产基地＋农牧户”“委托管理式养殖小区”、“规模养殖场＋合作社”和“草畜联营合作社”4 种模式运行效果较差。

五、我国绒毛用羊标准化规模养殖相关扶持政策评价

第一，国家层面颁布并实施的扶持政策主要包括畜牧良种保护与补贴、标

准化规模养殖补贴、畜牧养殖机械购置补贴、草原生态保护补助奖励和动物防疫补贴 5 项，已经成为常态化的持久性政策；地区层面颁布并实施的扶持政策主要包括能繁母羊补贴、人工授精补贴、棚圈建设补贴、青贮窖补贴、养殖保险保费补贴和贴息贷款等 7 项。上述扶持政策实施范围逐年扩大，且越来越注重激励和约束机制以提高资金使用效率。

第二，农牧户对标准化规模养殖相关扶持政策评价结果：从认知程度来看，农牧民政策认知度存在较大差异，对棚圈建设补贴、禁牧补助、草畜平衡奖励、畜牧养殖机械购置补贴和种公羊补贴 5 项政策认知度较高，对养殖保险保费补贴、人工授精补贴、贴息贷款、青贮窖补贴和能繁母羊补贴 5 项政策认知度偏低，对标准化规模养殖奖励认知度最低。从需求程度来看，农牧户需求程度排名前 3 位的政策依次是能繁母羊补贴、细羊毛最低保护价和贷款等金融扶持政策，对水、电、饲草料和草原围栏等基础设施建设的政策诉求较为强烈。从政策获得情况来看，政策获得比例排名前 3 位的政策依次是棚圈建设补贴、草畜平衡奖励和禁牧补助，种公羊补贴、畜牧养殖机械购置补贴、人工授精补贴、贴息贷款和养殖保险保费补贴获得比例相对较低，而标准化规模养殖奖励、能繁母羊补贴和青贮窖补贴的获得比例显著低于其他政策。从政策满意程度来看，政策满意度普遍较高，其中满意度排名前 3 位的政策依次是棚圈建设补贴、贴息贷款和人工授精补贴，满意度排名最后 3 位的政策依次是草畜平衡奖励、能繁母羊补贴和养殖保险保费补贴。从政策不满意的原因来看，扶持金额较少和政策覆盖范围小是农牧户对扶持政策不满意的主要原因，少数扶持政策存在资金发放程序繁琐、发放不及时等问题。

第三，畜牧主管部门工作人员对标准化规模养殖相关扶持政策的评价结果是：标准化规模养殖相关扶持政策力度加大，但扶持政策较少且缺乏系统性；畜牧良种补贴政策覆盖范围小、补贴标准偏低；畜牧养殖机械购置补贴政策对绒毛用羊养殖机械化水平提高作用不显著；草原生态保护政策实施未体现出差异化，补助奖励不足以弥补生产成本上涨。

第二节 政策建议

一、加强绒毛用羊品种保护与改良，提升标准化规模养殖的畜禽良种化水平

品种选育和改良是绒毛用羊标准化规模养殖的重要环节，有了良种才能在相同的投入条件下，获得更高的产量和优质的产品，通过绒毛用羊优良生产性

能的提升，带来较高的经济效益。目前我国绒毛用羊产业畜牧良种扶持政策覆盖范围小、补贴标准低、缺乏系统性。因此，建议加强绒毛用羊品种保护与改良，提升标准化规模养殖的畜禽良种化水平。

第一，一方面继续加强对原种场、种羊场、扩繁场（站）等绒毛用羊良种培育和推广机构的扶持力度，根据各级良种繁育机构的存栏量、养殖场地、科研能力等拨付相应的保种经费，在保护已有优良品种核心种群的基础上，侧重多胎型、体格大型、肉用型等优良品系的选育，以保障并提高标准化规模养殖户的经济效益；另一方面加强原种场、种羊场等良种培育主体与规模养殖场、养殖小区以及农牧户等扩繁主体之间的横向合作，借助项目资金以联合经营的方式推动绒毛用羊扩繁基地建设，上述良种培育主体一般已经形成了较为完备且运作成熟的管理制度和技术操作规程，其中管理制度主要包括种畜群管理制度、免疫制度、用药制度、检疫申报制度、疫情报告制度、消毒制度、无害化处理制度、畜禽标志制度、养殖防疫档案管理制度和安全生产制度等，技术操作规程主要包括种羊评定、人工授精技术、棚圈建设、配种站建设、剪毛场建设、饲草料地建设、饲喂标准、养殖管理、机械剪毛、分级整理、羊衣制作及疾病综合防治等方面，在品种改良、疾病防控、产品生产与销售等方面进行统一管理，将良种培育主体的技术和管理优势与扩繁主体的规模优势有机结合。

第二，逐步完善良种繁育政策扶持体系，加快良种化进程。首先，扩大种公羊补贴的政策覆盖范围，增加补贴品种和数量，适度提高补贴标准，完善补贴流程。在补贴品种上，各省份借助中央财政支农资金继续实施良种推广项目，将更多符合地区品种区域规划、适应性强、生产性能好的绒毛用羊地方优势品种纳入补贴范畴；在补贴标准上，将补贴金额与市场价格挂钩，将 800 元/只的补贴标准提高 100～300 元/只，按照每年的等级评定结果实行差异化补贴；在补贴对象上，优先支持从事品种改良和繁育生产的养殖户、养殖场、养殖小区、种畜场等主体，适度增加补贴数量，使更多农牧户从中受益。此外，加强种公羊鉴定分级和检测监督管理，实现优品优补。其次，实施能繁母羊补贴。整合项目资金对农牧户能繁母羊给予补贴，在补贴标准上，根据品种、生产性能和鉴定结果实行 300～500 元/只的分等级差异补贴；在补贴对象上，重点支持家庭牧场、规模养殖场（区）、合作社等新型主体。此外，地方畜牧主管部门需要做好入户入场母畜数量核查、补助种畜标志佩戴、登记建档等工作，同时在补助程序、资金兑付、补助后续监管等方面制订实施方案，为能繁母羊补贴政策的实施提供保障措施。再次，试点开展专项技术补贴，如人工授精、冻精、胚胎移植等，按照配种数、受胎率等指标的达标情况对提供上述技术服务的人员给予一定补助或奖励，引导农牧户进行品种改良。最后，因地制宜编制中长期产业规划，合理规划优良品种区域布局，根据地区气候条件、草场类型及改良现状，划定保护区、优势区、发展区等类型，结合区域特征确定品种选育或改良方向，在保持原有的优良产毛、产肉或繁殖性能基础上，侧重多胎、毛长、体格大等品系培育和肉用性能改良。

二、制定并推行绒毛用羊标准化生产管理体系，提升标准化规模养殖的生产规范化水平

绒毛用羊养殖生产经营方式粗放，农牧民始终没有摆脱"人口增长-牲畜扩增-草原退化-效益低下-牧民增收难"的困境，制定并推行绒毛用羊标准化生产管理体系，通过标准化生产和精细化养殖提升绒毛用羊优良性状，挖掘其生产潜能，从而提升生产规范化水平。

首先，与绒毛用羊养殖相关的标准规范存在数量偏少、质量偏低、缺乏系统性等问题，农牧户既缺乏标准执行的约束机制，也缺乏标准采纳的主管意愿。一方面，建议制定并实施以生产标准、饲料标准、疾病防疫标准、产品质量标准等为主要内容的绒毛用羊标准化生产管理体系，加强饲草料科学配比，对羔羊、育成羊、妊娠母羊和种公羊等按饲养标准配制日粮，以满足其不同生长阶段的营养需求，进而提高产毛量、产肉量，并缩短出栏周期。将强制标准的制定和实施纳入相关法律法规范畴，逐步扩大强制标准覆盖范围，并赋予其法律内涵和制度保障，进一步完善标准化的养殖流程管理。另一方面，通过农牧户与国有牧场、合作社、规模养殖场（区）等养殖主体协作形成的产业联合组织，加强生产标准及规程的培训和推广，通过市场对接提升标准采纳经济效益，从而提高农牧户对生产标准及规程的知晓率和采纳率。

其次，在养殖设施与环境、畜群结构方面做到精细化养殖，提高饲养管理水平。如根据不同绒毛用羊品种的生物学特性，合理布局羊舍，保障细毛羊圈舍环境卫生，为细毛羊生长提供有益健康的养殖环境。畜群要合理周转适时淘汰，形成科学合理的羊群结构。羊群结构以能繁母羊为基础，并按性别、年龄、用途适当搭配其他羊比例，以便于组织再生产并降低养殖成本。一般而言，能繁母羊在羊群中所占比例为60%～70%，能繁母羊、育成羊、羔羊比例约为5∶3∶2，自然交配方式下种公羊比例约占羊群数量的2%，人工授精方式下畜群种公羊所占比例更低。

最后，推广科学的经营管理制度，规范绒毛用羊主产区规模养殖场、专业养殖合作社、养殖小区、养殖示范基地等的生产经营行为，通过签订"统一管

理协议”建立品种改良、饲养管理、技术服务、疾病防控、无害化处理等方面的标准化管理机制，提高农牧户组织化程度，并发挥示范作用。

三、完善基层畜牧技术服务体系，为标准化规模养殖提供技术支撑和人才保障

绒毛用羊产业持续健康发展的关键在于从业人员的素质，但是传统牧民受教育程度普遍偏低，市场意识淡薄，缺乏主动学习和采纳标准化养殖技术的积极性，而作为技术推广主力的基层畜牧工作人员，亦存在知识陈旧、老龄化、人员流动性大等问题，因此，需要完善基层畜牧技术服务体系，为标准化规模养殖提供技术支撑和人才保障。

首先，加强基层畜牧技术人员队伍建设，提升业务水平和专业技能，通过建立畜牧业专业人才实训基地、专题培训、学术交流等方式，重点提升基层畜牧技术人员在畜牧技术推广、动物防疫、动物卫生监督、兽药饲料监管等方面的技术支撑水平，同时提高畜牧技术人员工资报酬，降低基层技术队伍的流动性。

其次，在对绒毛用羊标准化规模养殖影响因素的实证分析中，相关技术的采用对标准化规模养殖水平有显著正向影响，因此有必要通过技术培训提高农牧户实用养殖技术普及率。加强对农牧户技术需求情况的了解，重点在繁殖技术、饲养管理、日粮配制、防疫检疫、无害化处理、机械剪毛等方面给予及时有效的技术支持和培训，引导农牧户向科学化、集约化、专业化的养殖方式转变。同时根据农牧户的理解和认知情况创新技术培训方式方法，通过入户指导、集中培训、多媒体宣传及咨询等途径，或者组织开展技能竞赛、展示交流等活动，提高农牧户参与技术培训积极性，逐渐由被动学习向主动学习转变，提高技术培训效果和农牧户对实用养殖技术的实际应用水平。

再次，借鉴澳大利亚政府在牧区培训的成功经验，在有条件的绒毛用羊主产区成立职业学校、进修学校和不同等级的农牧民短期培训班，逐步建立一套农牧业教育体制，通过职业教育、政策引导等方式提高农牧民的商品经济意识、市场经济意识和经济核算意识，增强其科学管理水平和实用技术使用意愿，逐步从传统牧民向新型职业牧民转型。

最后，加大对绒毛用羊主产区畜牧技术推广站、服务站、行业协会、合作社、龙头企业等组织的财政投资力度，鼓励其与农牧户建立技术推广方面的利益联结机制，激活其因地制宜改进和推广生产技术的机能，有弹性地推动规范化的绒毛用羊现代管理技术。

四、加强饲草料供应体系建设，降低绒毛用羊标准化规模养殖成本

绒毛用羊主产区的养殖方式逐步由放养过渡到半舍饲、全舍饲，经营方式逐步由散户过渡到标准化、规模化的家庭牧场，因饲草料供应紧缺造成的养殖成本持续上涨成为制约标准化规模养殖水平的主要瓶颈。因此，建议加强地方饲草料供应体系建设，推动细毛羊产业健康发展。一是继续落实禁牧、休牧、划区轮牧和草畜平衡等草原生态保护措施，加强可利用草场资源的管护，恢复天然草原植被，提高草原生产力和载畜量，通过草场确权和经营权流转，优化天然草场和打草场资源配置，提高四季牧场利用率，实现适度规模养殖的同时，解放并转移多余劳动力实现增收。二是进一步优化主产区“粮、经、饲”三元结构，依托粮改饲试点、草牧业发展试验试点、高产优质苜蓿示范建设项目、秸秆养畜等，积极开展以苜蓿、饲料玉米、青贮玉米、苏丹草、红豆草、燕麦草等为主的人工饲草种植，扩大集中连片、林草一体化人工饲草料地种植面积，配套动力电、机井、小型喷灌、引水管道、桥涵及林带等节水灌溉设施建设，优化农牧户饲草料地不同饲草品种的种植结构，同时为农牧户提供草种、饲草收割机械等方面的配套服务，提高饲草供应能力。三是完善饲草料加工利用设施，推行青贮制作、饲草料加工调制、草料配合饲喂等技术，提高秸秆转化利用率，建设饲料储备加工点，引入草产品加工企业，侧重预混饲料、青贮饲料、人工牧草和天然饲草的加工，提高饲草料利用率。四是促进饲草料商品化交易流通，在有条件的地方建立饲草料储备库和交易市场，加强饲草料外调和内部调剂，对饲草料供销周转和外调给予资金扶持或政策便利。此外，由于标准化规模养殖户养殖规模扩大，一般需要通过租赁土地的方式种植苜蓿、玉米等饲草料以满足基本的生产需求，且饲草料外购比例显著高于散养农户，养殖成本的持续上升进一步压缩了绒毛用羊养殖的利润空间，建议各地方根据农牧户的养殖规模划拨相应的饲草料地，同时引导牧区土地和草原经营权有序流转，增强农牧户饲草料生产自给能力，降低外购比例以降低养殖成本。

五、加强疾病防控和污染防治，提升标准化规模养殖的防疫制度化和无害化水平

受绒毛用羊标准化规模养殖密度上升、区域小气候变暖、商贸旅游增长等因素的影响，导致疫病爆发和扩散风险增大，基层疾控队伍存在待遇偏低、工作量大、流动性高等问题，动物疾病防控形势较为严峻。因此，建议提高防病

减灾能力，减少死亡损失，保证经济效益。一是坚持“预防为主，防重于治，饲养在先”的方针，建立完善县、乡、村三级动物防疫监测网络，采取综合配套技术设施，从防疫体制、人员配置、基础设施等方面加强防疫力度，实行严格的防疫目标责任制和疫病快速扑灭机制，完善基层动物疾病报检点检验检疫设施，提高羊群整体健康水平。二是创新基层技术服务组织运行模式，建立基层动物防疫服务组织，服务组织经地方工商部门合法登记成立，以购买服务方式承担辖区内的重大动物疾病强制性免疫等公益性职能，按照企业运行方式在力所能及范围内开展有偿性技术服务，将村级防疫员纳入该组织中，既有助于提高村级防疫员工资报酬，也可在稳定基层防疫队伍的同时提高强制免疫的密度和质量。三是除执行国家畜禽养殖环境管理方面的制度规范之外，在县域范围内出台畜禽粪污防治和病死羊无害化处理的实施方案，整合项目资金建设与当地细毛羊养殖规模相适应的畜禽粪便、污水与雨水分流、储存设施和污水处理、畜禽尸体处理等综合利用和无害化处理设施，加强畜禽污染防治。四是采取召开会议、印发资料、入户宣传等方式，提高细毛羊养殖户对绒毛用羊疾病防控和污染防治的自觉性和积极性。

六、推进工牧直交方式发展，拓展绒毛用羊产品销售渠道

我国绒毛用羊产品销售渠道单一，以贩子收购为主，而农牧户出售羊毛和活羊一般随行就市，是市场价格的接受者，议价能力较弱，因此，建议推进工牧直交方式发展，拓展绒毛用羊产品销售渠道。

首先，建设细羊毛生产、流通质量控制体系，形成“优毛优价”机制。建议积极推进工牧直交方式发展，推行穿“羊衣”、机械剪毛、分级打包、公证检验等细羊毛生产采集现代化管理技术，鼓励对机械剪毛、分级整理技术掌握纯熟、管理规范的种羊场、国有牧场、大型养殖企业等养殖主体与其他养殖主体建立合作关系，重点在羊毛生产、回收方面提供技术服务和统一管理，实行工牧直交和净毛计价，打通细羊毛主产区与毛纺加工企业的流通渠道，推动产销对接。同时在有条件的主产区建设羊毛交易市场，实行公证检验，农牧户基于公正检验结果对羊毛分选、分级和打包，并在交易平台竞价销售，毛纺企业将检验数据作为直接向农牧民购买羊毛的结算依据，从而减少羊毛流通的中间环节，实现“优毛优价”。

其次，延伸羊肉产业链，加强细毛羊主产区肉制品加工、流通、储运设施建设，引导畜产品加工、流通、储运企业向该区域聚集，由羊肉初加工向高级加工增值转变，以提升产品附加值，提高养殖收益。

七、以合作社为纽带建立产业联合组织，发展多种形式的标准化规模养殖模式

目前细毛羊专业合作社数量较少，运行质量不高，多为组织结构松散、制度缺失的空壳合作社，从而导致不同养殖主体之间无法建立紧密的利益联结机制，影响了标准化规模养殖模式的推广普及。因此建议以合作社为纽带建立产业联合组织，发展多种形式的标准化规模养殖模式。一是各级地方政府在合作社建立过程中给予必要的指导，帮助其建立会计制度、民主管理制度、利益分配制度等，逐步形成完善的运行机制。二是加大政策扶持力度，特别是合作社启动资金、信贷、税收及人才培训方面。对于运作规范的合作社给予担保资质、补助奖励、税收优惠及申请项目资助等政策支持，同时加强对合作社负责人及技术骨干的培训力度，提高其经营管理能力。三是鼓励细毛羊合作社与养殖、生产、加工、销售等环节的其他合作社、种羊场、规模养殖场（区）、企业等进行横向或纵向合作，发展合作社联合社、种羊场＋合作社、规模养殖场（区）＋合作社、企业＋合作社等多种形式的产业联合组织，通过合作社在配种、防疫、养殖、产品收获及销售等方面对农牧户进行统一管理，以合作社为纽带建立上述组织与农牧户之间稳定的利益联结机制，以发挥专业合作社的示范带动作用。四是由于各地区在产业政策、经济发展水平、农牧户养殖习惯及资源禀赋等方面的差异，绒毛用羊主产区应根据自身条件因地制宜选择不同的养殖模式和发展路径，随着产业化经营的逐步深入，养殖模式的构成主体逐步从一元向二元、多元结构过渡，不仅需要运作规范的合作社，还需要大型龙头企业的带动作用，建立产、供、加、销的一条龙生产体系，既提高了农牧户抵御市场风险的能力，又依托市场提高了养殖经济效益。

八、加强草原牧区基础设施建设，提高农牧户防灾避险能力

近年来，新疆、青海、甘肃、内蒙古等绒毛用羊主产区干旱、暴雨、雪灾等极端气候灾害频发，畜用暖棚、储草棚、草原围栏以及水电路讯等草原基础设施建设滞后，存在草场退化、饲草资源不足、人畜饮水困难、生产用电不足等问题，既降低了农牧民防灾抗灾能力，也严重影响了农牧民生产经营活动。因此，建议加强草原牧区基础设施建设，提高农牧户防灾避险能力。一是继续实施退牧还草、退耕还草、草原生态保护补助奖励等草原保护政策，加强天然草场水利设施建设，恢复草原植被，实现草原生态的良性循环和综合效益。二是依托游牧民定居、中央现代农业发展、草原畜牧业转型示范建设等项目资

金，加强草原围栏、畜用暖棚、人工饲草料基地、应急储备库等设施建设，改善牧区道路，普及光伏、风力等新能源供电，科学规划养殖场所布局，降低牧区冬春饲草料供应不足、牲畜死亡率增加带来的养殖风险。

九、构建有利于标准化规模养殖的政策扶持体系，提高政策导向性和效能

中国绒毛用羊产业的标准化、规模化程度较低，本身亦属于弱质产业，急需政府的扶持。因此，有必要进一步完善相关扶持政策，同时提高政策的导向性和效能。

第一，在第二轮草原生态保护补助奖励政策（2016—2020 年）实施过程中，建立草原生态保护补助奖励长效机制和递增机制，结合地方经济差异适度提高禁牧和草畜平衡奖励标准，体现出差异化和精准化，同时建立自上而下的绩效考评体系，发挥补奖资金政策效果。

第二，完善国家层面的畜牧养殖机械购置补贴政策，有序推进市场化试点，考虑地域差异和牧业发展的实际需要，适度放宽享受补贴的中小型牧业机械名录，提升养殖机械化水平。

第三，完善标准化规模养殖奖励政策，有序推进草原畜牧业示范户、家庭牧场、规模养殖小区、标准化示范场等建设活动，加强政府部门对上述主体申报、审批及后期生产运作的监管，通过责任协议方式确保标准化生产执行效果。

第四，加强绒毛用羊产业金融扶持力度。绒毛用羊主产区政府加强与金融机构的合作，主要由农村商业银行、农村合作银行、县市农村信用合作联社等金融机构探索制定畜牧业贷款管理办法，安排一定比例的信贷资金实行项目管理，特别是在农牧户小额信贷、中长期贷款方面给予支持。在贷款担保方面，拓宽活体质押、固定资产评估抵押、个人信用担保、反担保、联保等方式，同时鼓励畜牧主管部门牵头设立融资担保公司开展畜牧业贷款担保业务，降低担保门槛；在贷款程序方面，根据贷款项目的生产经营周期和借款人综合还款能力确定授信额度、基准利率、放贷进度、回收期限和结息方式。

第五，有条件的地方推进畜牧业政策性保险试点改革，将绒毛用羊纳入当地农业政策性保险保费补贴的品种范畴，适度提高保障水平，保险金额基本覆盖饲养成本，同时降低理赔门槛，引导更多农牧户以养殖保险方式提高避灾减损能力。此外，增加金融贷款与保险的协作，鼓励保险机构开发畜牧业信用保证保险产品，充分发挥保险对贷款的信用增进作用。

第六，在国家财政补贴之外，地方财政适度加大对当地农牧户圈舍修建、青黄贮窖、畜牧养殖机械、草原围栏等补贴力度，以抑制因标准化规模养殖所必需的养殖设备设施投入带来的成本上升。

第三节　研究不足与展望

本书以产业组织、规模经济、标准化及农户行为理论为指导，以西部地区的细毛羊产业为例，对绒毛用羊标准化规模养殖行为、影响因素及其运行模式等进行系统研究，但是受主客观条件限制，本研究仍存在很多不足。首先，目前的研究主要集中在养殖环节，而加工、流通、销售等环节对绒毛用羊标准化规模生产也有一定程度的影响，从其他环节入手分析并提高标准化规模养殖水平，是未来需要努力的方向；其次，研究受截面数据样本量和分析方法等因素约束，调研样本量较小，调研地区相对集中，书中所用模糊数学法，其赋分权重受主观认知和时变性等因素影响，调研问卷设计存在一定的缺陷，部分关键变量的设置采用了非数值型取值，可能存在信息缺失和回归结果偏差。下一步研究可以扩大调研范围，完善研究方法，进行深入细致的诱因发掘。

附　录

附录1　农牧户调研问卷

第一部分　家庭基本情况

Q1. 您家家庭主要决策者个人特征：

性别	年龄	受教育程度
[1] 男　[2] 女	________岁	[1] 未受过教育　[2] 小学　[3] 初中　[4] 高中/中专/职高/技校　[5] 大学/大专及以上

Q2. 您的家庭成员中是否有人担任过或者正在担任村或村以上干部？

[1] 是　[2] 否

Q3. 您家是否为科技示范户？[1] 是，其具体的名称是：　　　[2] 否

Q4. 您家家庭收入情况：

种　　类	2015年	2016年预计
家庭总收入		
其中：外出务工收入		
种植业收入		
牧业收入		
政府补贴收入		
家庭纯收入		

第二部分　养殖情况

Q5. 您家从哪一年开始养殖细毛羊？________年，目前养殖的细毛羊品种

是：________，2016 年品种优良的细毛羊种公羊________只，品种优良的能繁母羊________只，配种母羊________只，产羔母羊________只，1—7 月出生羔羊________只，1—7 月成活羔羊________只，所有戴耳标羊________只，能繁母羊的细羊毛单产水平为________千克/只，种公羊细羊毛单产水平为________千克/只。

Q6. 您家采用的主要养殖方式是：________。［1］全舍饲　［2］半舍饲　［3］全放养

Q7. 您家养殖的细毛羊的存栏情况（单位：只）。

种类	2015 年	2016 年 7 月底	2016 年全年（预计）
合计			
能繁母羊（18 个月以上）			
种公羊（18 个月以上）			
育成羊（5～18 个月）			
羔羊（1～4 个月）			
淘汰羊			

Q8. 您是否参加了细毛羊养殖合作社、协会等组织？（选“是”则不必回答 Q9～Q10）

［1］是（该组织的名称是________，您家已经参加了________年）［2］否

Q9. 如果没有参加，主要原因是？（可多选）

［1］当地没有该组织　［2］不知道当地有该组织　［3］当地有该组织，但还不完善　［4］该组织门槛过高　［5］参加后对自己的作用不大　［6］其他原因：________

Q10. 如果没有参加，您将来是否愿意参加细毛羊养殖合作社、协会等组织？

［1］是　［2］否

Q11. 您是否享受到细毛羊养殖合作社、协会等组织所提供的服务？

［1］是　［2］否

Q12. 如果是，那么您享受到了该组织提供的哪些服务？（可多选）

［1］统一配种　［2］优惠购买种羊　［3］统一采购饲草料　［4］统一种植

牧草 ［5］统一防疫 ［6］穿“羊衣” ［7］统一剪毛 ［8］羊毛分级 ［9］羊毛打包 ［10］羊毛统一检验 ［11］统一销售 ［12］提供技术培训和指导 ［13］提供信贷担保 ［14］其他________

标准化规模养殖情况

Q13. 如果您采用人工授精/胚胎移植进行细毛羊品种改良，主要由________参与实施该技术？（可多选）

［1］自己或家人 ［2］畜牧兽医人员 ［3］其他农牧户或养殖大户 ［4］合作社/协会专门人员 ［5］养殖企业专门人员 ［6］其他________

Q14. 您家细毛羊种公羊主要来自于________。（可多选）

［1］自育羔羊选留或串换 ［2］从种羊场购买 ［3］从市场或养羊户购买 ［4］政府（免费）提供 ［5］合作社提供或串换 ［6］从企业购买 ［7］其他________

Q15. 您的棚圈设施是否符合下列情况：

场址用地是否符合当地村镇发展规划、土地利用规划要求？	［1］是 ［2］否
场址是否地势较高、通风干燥、背风向阳、排水良好、易于组织防疫？	［1］是 ［2］否
场址是否距离干线公路、村镇居民区、公共场所 500～1 000 米？	［1］是 ［2］否
场区周边是否有较丰富的饲草、饲料资源？	［1］是 ［2］否
场区是否水源稳定，水质良好？	［1］是 ［2］否
场区是否电力充足？	［1］是 ［2］否
场区是否排水排污设施完善？	［1］是 ［2］否
场区总体布局是否合理，管理区、生产区、粪污处理区是否相隔离？	［1］是 ［2］否
种公羊、基础母羊、育成羊、羔羊是否分群饲养？	［1］是 ［2］否
场区是否有干草棚、饲料库、饲料加工间、晾晒场等？	［1］是 ［2］否
圈舍羊只平均占舍面积是否不低于 1 平方米？	［1］是 ［2］否

Q16. 您是否建有细毛羊养殖档案和谱系记载？

［1］是，建档年份是________年 ［2］否

Q17. 您对细毛羊养殖的饲料配比及营养标准知晓程度：________。

［1］完全知道 ［2］基本知道 ［3］知道一些 ［4］完全不知道

Q18. 您对细毛羊标准化规模养殖相关技术和标准的采用情况及意愿分析

名　称	您对下列技术的需求程度？ [1] 不需要 [2] 不太需要 [3] 一般 [4] 比较需要 [5] 非常需要	您是否采用过以下技术？ [1] 是，标明开始使用年份 [2] 否	您采用下列技术时是否有相关标准或规范？ [1] 有 [2] 没有	您未采用相关技术和标准的原因？（可多选） [1] 不了解该技术或标准 [2] 缺少资金 [3] 操作难度大 [4] 操作成本高 [5] 不能得到及时指导 [6] 监管不严 [7] 其他_______	您将来是否愿意采用或继续采用相关技术和标准？ [1] 是 [2] 否
1. 选址和棚圈设计 2. 良种选育选配 3. 人工授精技术 　选 [1] 需注明比例 4. 胚胎移植技术 　选 [1] 需注明比例 5. 饲料配制及添加剂使用 6. 饲养管理技术 7. 饲草种植技术 8. 穿“羊衣”技术 9. 机械剪毛、分级打包 10. 疫病防控及兽药使用 11. 粪便及污水处理 12. 病死羊无害化处理 其他 1：_______ 其他 2：_______					

Q19. 您获得上述标准或生产技术规范的来源是：________。（可多选）

[1] 政府组织培训或指导　[2] 专业合作社/协会　[3] 养殖企业　[4] 养殖大户/周边农户　[5] 电视、书刊、网络　[6] 其他________

Q20. 您是否建有防疫档案？

[1] 是，建档年份是________年　[2] 否

Q21. 您饲养的细毛羊是否进行定期防疫？

[1] 是，则一年定期防疫次数________，驱虫次数________，药浴次数________，方式是________，主要防控疾病是________　[2] 否

Q22. 您及家人是否有过人畜共患病（如布氏杆菌并）的经历？

[1] 是 [2] 否

Q23. 近一年来细毛羊养殖的疾病发生情况是：________。

[1] 没有发生任何疫病 [2] 出现了轻微疫病 [3] 发生了较大规模疫病

Q24. 如果发生疫病，您的主要解决途径？（可多选）

[1] 自己解决 [2] 畜牧兽医站兽医 [3] 合作社或合同企业兽医 [4] 其他________

Q25. 2015 年您家患病死细毛羊________只，疾病种类是：________，死亡之后的处理方式是什么？

[1] 卖掉 [2] 吃掉 [3] 扔掉 [4] 掩埋 [5] 焚烧 [6] 其他______

Q26. 您购买细毛羊时是否索要动物检疫合格证明？________；销售时是否开具该证明？________。

[1] 是 [2] 否

Q27. 您家羊粪的处理方式是：________。

[1] 全部自用 [2] 全部卖给种植户 [3] 部分卖给种植户，其余自用 [4] 部分卖给种植户或自用，部分不做处理 [5] 不做处理，一直堆放

Q28. 您在疾病防控和粪污处理方面是否符合下列情况：

是否有消毒池、紫外消毒间等设施？	[1] 是 [2] 否
是否对羊舍、饲喂设施、道路等进行定期消毒（1～2 周消毒 1 次）？	[1] 是 [2] 否
是否对进出圈舍的人员/车辆进行消毒？	[1] 是 [2] 否
圈舍是否还养殖猪/牛/马等其他畜禽？	[1] 是 [2] 否
是否有隔离圈舍？	[1] 是 [2] 否
净道与污道是否分开，没有交叉？	[1] 是 [2] 否
羊舍、运动场是否每日清扫，并及时送到粪便处理场？	[1] 是 [2] 否
是否为干清粪，没有与冲洗污水混合？	[1] 是 [2] 否
棚圈空旷地区是否建有绿化带？	[1] 是 [2] 否
圈舍空气、水质、土壤等是否定期监测？	[1] 是 [2] 否

Q29. 您在标准化规模养殖过程中，遇到的最大困难是______。（可多选）

[1] 自己的文化水平不高 [2] 技术难以掌握 [3] 没有足够的资金 [4] 缺乏技术指导 [5] 采用后没能提高养殖收益 [6] 缺乏劳动力 [7] 其他________

第三部分　要素投入情况

Q30. 您家自有承包草场________亩，承包年限为________年；自有承包土地面积为________亩，承包年限为________年；转包或租入草场为________亩，支付租金为________元/年；转包或租入土地面积为________亩，支付租

金为________元/年。

Q31. 近三年，在细毛羊养殖中，您家是否借贷过资金？

[1] 是（年均借贷资金：________元）　[2] 否

Q32. 如果借贷过资金，获得借款或贷款的渠道及相应金额、年利率是：________。（可多选）

[1] 农村信用社________　[2] 银行________　[3] 亲戚朋友________　[4] 高利贷________　[5] 其他________

Q33. 您感觉借贷资金的难度：________。

[1] 非常困难　[2] 比较困难　[3] 一般　[4] 比较容易　[5] 很容易

如果认为非常困难或比较困难，主要原因是：________。

Q34. 您的个人风险偏好是________。

[1] 愿意冒险　[2] 一般　[3] 不愿冒险

Q35. 您家家庭总人口数：________，劳动力人口数：________人；其中养殖细毛羊的劳动投入情况：

家庭成员								[1] 主要决策者　[2] 配偶 [3] 子女　[4] 父母　[5] 其他
全年劳动投入天数								单位：天
每天平均工作小时数								单位：小时

Q36. 您家养殖细毛羊过程中的雇工情况：

雇工数量合计： 2015年全年____人 2016年1—7月____人	雇工工种	[1] 养殖管理	[2] 技术	[3] 剪毛	[4] 其他1：	[5] 其他2：
2015年全年	工资水平（元/天） 雇工数量（人） 全年雇用天数（天） 每天平均工作小时数（小时）					
2016年1—7月	工资水平（元/天） 雇工数量（人） 全年雇用天数（天） 每天平均工作小时数（小时）					
2016年预计	工资水平（元/天） 雇工数量（人） 全年雇用天数（天） 每天平均工作小时数（小时）					

Q37. 您家养殖细毛羊过程中各种饲草料的总饲喂量以及饲草料价格情况（外购的饲草料按照其购买价格和饲喂数量填列，如果玉米及秸秆含有自种提供的部分，则这部分玉米的价格按照当地售价填列，秸秆的量和价格可以不填）：

项　目		加工饲料	玉米	豆粕	干草及秸秆	其他1	其他2
2015年全年	总饲喂量（千克）						
	购买价格或当地市场价格（元/千克）						
2016年1—7月	总饲喂量（千克）						
	购买价格或当地市场价格（元/千克）						
2016年预计	总饲喂量（千克）						
	购买价格或当地市场价格（元/千克）						

第四部分　市场销售与成本收益情况

Q38. 您家细羊毛的产量及销售情况：

年份	产量（千克）	销售量（千克）	销售金额（元）	平均销售价格（元/千克）
2015年全年				
2016年1—7月				
2016年全年（预计）				

Q39. 您家养殖细毛羊的总收益情况：

收益项目	2015年	2016年全年（预计）
1. 细羊毛产值（元）（不用问，根据Q38计算）		
2. 出栏绵羊（4个月以上）收入（元）		
出栏绵羊数量（包括出售和自己食用）（只）		
每只平均活重（千克）		
平均出售价格（元/千克）		
3. 出售羔羊（1～4个月）收入（元）		
出售羔羊数量（只）		
羔羊平均出售价格（元/只）		
4. 副产品销售收入（出售羊皮、羊粪等收入）（元）		
收入合计（元）		

Q40. 您家用于细毛羊养殖的全部生产性固定资产的原始价值及能够使用的年限情况：

名 称	原始价值（元）	能够使用年限（年）
全部生产性固定资产原值（不用问）		
圈舍		
青贮窖		
药浴设施		
食槽、盐槽等养殖设施		
剪毛房/棚		
剪毛台		
铡草机		
饲料粉碎机		
电动剪毛机、气动剪毛机等机械剪毛机		
盛毛袋（高密度聚乙烯编织袋、尼龙袋）		
拖拉机		
其他 1：__________		
其他 2：__________		
如：大型青贮收割机/粉碎搅拌一体机/压捆机/揉搓机/颗粒机/羊毛打包机/自动饮水机/水井/多用途活动栏/电动风机等，如有使用请打√，并标明价值和使用年限。		

Q41. 您家养殖细毛羊的总成本情况：

成本项目	2015 年	2016 年全年（预计）
一、物质和服务费用（元）		
1. 幼畜购进费		
2. 精饲料费（不用问，根据 Q37 计算）		
3. 饲草费（不用问，根据 Q37 计算）		
4. 饲盐费		
5. 医疗防疫费		
6. 死亡损失费		
7. 修理维护费（羊圈、机械等修理维护费）		
8. 固定资产折旧（不用问，根据 Q40 计算）		

（续）

成本项目	2015 年	2016 年全年（预计）
9. 草场建设维护费		
10. 其他费用 1 ________		
11. 其他费用 2 ________		
12. 其他费用 2 ________		
二、人工成本（元）（不用问，根据 Q35 和 Q36 计算）		
1. 家庭用工折价（元）		
2. 雇工费用（元）		
三、土地成本（如草场租金等）		
养殖成本合计（元）		

第五部分　养殖意愿、政策评价与政策需求

A. 养殖意愿

Q42. 下一年，您是否打算放弃养殖细毛羊？（选“是”则不必回答 Q55～Q57）[1] 是 [2] 否

Q43. 如果您想放弃养殖细毛羊，原因是：________。（可多选）

[1] 活羊价格偏低 [2] 细羊毛价格偏低 [3] 副产品价格偏低 [4] 养殖成本较高 [5] 其他畜禽养殖收入高 [6] 非农行业工资水平高 [7] 禁牧政策的限制 [8] 年龄偏大 [9] 其他家庭成员不愿意再从事细毛羊养殖 [10] 其他________

Q44. 如果您不想放弃养殖细毛羊，原因是：________。（可多选）

[1] 养殖经济效益预期较好 [2] 养羊已经成为生活习惯 [3] 没有其他收入来源 [4] 有草场资源，不想闲置 [5] 其他________

Q45. 您在决定细毛羊养殖规模时主要考虑哪些因素？（可多选）

[1] 活羊价格 [2] 细羊毛价格 [3] 副产品价格 [4] 养殖成本 [5] 自有资金的多少 [6] 家庭劳动力数量 [7] 草场面积大小及牧草长势 [8] 养殖技术水平 [9] 养殖管理知识 [10] 政府扶持政策 [11] 其他________

Q46. 下一年，您是否打算扩大细毛羊养殖规模？（如选择“否”，直接回答 Q57）

[1] 是 [2] 否

Q47. 您打算扩大细毛羊养殖规模的原因是：________（可多选）

[1] 活羊预期价格较好　[2] 羊毛预期价格较好　[3] 副产品预期价格较好　[4] 拥有较多的资源（草场、劳动力、资金等）　[5] 政府加大了资金、技术等扶持力度　[6] 其他________

Q48. 您不打算扩大细毛羊养殖规模的原因是：________（可多选）

[1] 活羊预期价格偏低　[2] 细羊毛预期价格偏低　[3] 副产品预期价格偏低　[4] 养殖成本较高　[5] 缺乏资金　[6] 缺乏劳动力　[7] 草场面积有限　[8] 养殖技术水平落后　[9] 缺乏养殖管理知识　[10] 政府扶持力度较弱　[11] 禁牧政策的限制　[12] 其他________

Q49. 您认为您目前从事细毛羊养殖面临的主要困难是：________（可多选）

[1] 活羊价格偏低　[2] 细羊毛价格偏低　[3] 副产品价格偏低　[4] 缺乏资金　[5] 缺乏劳动力　[6] 草场退化　[7] 养殖技术水平落后　[8] 缺少优良品种　[9] 缺乏养殖管理知识　[10] 政府扶持力度较弱　[11] 禁牧政策的限制　[12] 羊疫病经常发生　[13] 自然灾害较多　[14] 其他________

B. 政策评价与政策需求

Q50. 您对下列相关补助、补贴、奖励等扶持政策的知晓情况、获得情况、评价以及对政策不满意的主要原因是（如果不知道政策，获得情况仍需询问；知道和获得扶持政策，评价都要询问）：

政策措施	是否知道 [1] 知道 [2] 不知道	是否获得过 [1] 获得 [2] 未获得	满意程度 [1] 满意 [2] 一般 [3] 不满意	如果认为不满意，主要原因是：（可多选） [1] 扶持金额少　[2] 扶持资金发放程序烦琐　[3] 扶持资金不能及时发放　[4] 政策覆盖范围小　[5] 其他_______
种公羊补贴				
禁牧补助				
退牧还草补贴				
退耕还草补贴				
草畜平衡奖励				
畜牧养殖机械购置补贴				
标准化规模养殖奖励				
养殖保险保费补贴				

（续）

政策措施	是否知道 ［1］知道 ［2］不知道	是否获得过 ［1］获得 ［2］未获得	满意程度 ［1］满意 ［2］一般 ［3］不满意	如果认为不满意，主要原因是：（可多选） ［1］扶持金额少 ［2］扶持资金发放程序烦琐 ［3］扶持资金不能及时发放 ［4］政策覆盖范围小 ［5］其他______
能繁母羊补贴				
人工授精补贴				
棚圈建设补贴				
青贮窖补贴				
贴息贷款				
专项技术推广补贴				
其他扶持政策 1：______				
其他扶持政策 2：______				

Q51. 细毛羊养殖过程中，您最需要的三项扶持政策是：

第一项________，第二项________，第三项________。

［1］种公羊补贴 ［2］禁牧补助 ［3］退牧还草补贴 ［4］退耕还草补贴 ［5］草畜平衡奖励 ［6］畜牧养殖机械购置补贴 ［7］标准化规模养殖奖励 ［8］养殖保险保费补贴 ［9］能繁母羊补贴 ［10］人工授精补贴 ［11］细羊毛最低保护价 ［12］棚圈等基础设施建设补贴 ［13］贷款等金融扶持政策 ［14］其他________

附录2 调研县（旗）座谈访谈提纲

一、产业发展现状

（一）总体

1. 近年来，本县（旗）细毛羊产业总体发展形势如何（养殖规模、养羊户数量等）？

2. 近年来，本县（旗）细毛羊养殖户积极性有何变化？

3. 本县（旗）细毛羊产业形势及养殖户积极性变化的主要原因有哪些？

（二）品种

1. 本县（旗）各级细毛羊原种场、扩繁站等繁育站（所）的发展现状如何？本县种羊场发展状况如何？“倒改”现象是否严重？原因是什么？“倒改”对羊毛产量及质量产生了怎样的影响？

2. 本县（旗）细毛羊良种化程度如何（当地有哪些细毛羊良种、农牧户使用细毛羊良种情况、良种化率等）？

3. 本县（旗）细毛羊的羊毛质量及生产性能如何（细度、长度、强度、净毛率、单产水平、配种率、繁殖率、产羔率、羔羊成活率、屠宰率、净肉率）？近年来有哪些变化？变化的原因？

4. 是否有纤维检验局对本县（旗）羊毛进行质量检验？经其检验的羊毛数量？近年来检验结果有哪些变化？质检工作对当地羊毛产业的发展有哪些影响？

（三）养殖条件与养殖技术

1. 本县（旗）农牧户养殖细毛羊的技术采用总体情况如何？是否较为熟练地掌握了暖棚羊舍设计、品种改良（良种选育选配、人工授精、胚胎移植等）、冬春补饲、妊娠母羊补饲、哺乳母羊补饲、分群饲养、疫病防治、羊舍清洁与消毒、穿“羊衣”、机械剪毛、羊毛分级整理、羊毛打包、羊毛检验等细羊毛质量控制相关技术？此外，饲草种植、饲料添加剂和兽药使用、粪便及污水处理、病死羊无害化处理等其他实用技术采用如何？

2. 影响本县（旗）农牧户细羊毛质量控制技术采用的主要因素有哪些？

3. 本县（旗）畜牧主管部门为农牧民提供上述技术培训的次数、时间、方式和效果？未来在技术培训方面有什么计划和安排？

4. 本县（旗）农牧户在细毛羊养殖过程中，相关畜牧业养殖机械设备的使用情况如何？

5. 本县（旗）细毛羊主要采用哪种方式剪毛？是否有专业的剪毛人员、场地、用具等？如果有，如何运作（如何提供服务、收费标准等）？

6. 本县（旗）细毛羊的养殖合作组织发展情况如何？主要有哪些组织类型（能人大户带动、企业带动、村组织带动），运行效果怎样？

7. 本县（旗）细毛羊标准化规模养殖发展情况如何？

（四）养殖成本收益

1. 近几年本县（旗）细毛羊的养殖效益如何（如果有相关成本核算的资料，请提供）？是否受到肉羊或其他畜种养殖的影响和冲击？

2. 本县（旗）是否有养殖效益突出的细毛羊养殖户，其养殖效益突出的原因有哪些？

3. 您认为如何提高农牧户养殖细毛羊的养殖效益？

（五）政府扶持政策（调研县如有文字材料，请带回）

1. 细毛羊养殖过程中的国家和地方扶持政策有哪些（如畜牧良种补贴政策、畜牧机械购置补贴政策、动物防疫补贴政策、草原生态补奖政策、标准化规模养殖扶持政策、能繁母羊补贴、人工授精补贴、棚圈建设补贴、青贮窖补贴、养殖保险、贴息贷款、专项技术推广补贴）？是否出台了促进细羊毛质量提升的扶持政策？如果有，请介绍相关扶持政策在当地实施方法（补贴对象、补贴数额）以及实施效果。与其他畜种（生猪、奶牛、肉牛、蛋鸡、肉鸡）扶持政策相比，在补贴数额、实施效果上有什么差异？

2. 国家是否出台了促进羊毛收购和加工的扶持政策？如果有，请详细介绍。

3. 本省、市或县是否出台了促进细羊毛收购和加工的地方扶持政策？如果有，请介绍具体内容、执行情况和扶持力度。

（六）其他

1. 围绕着细羊毛质量提升，本县（旗）各主体（养殖户、种羊场、规模场、合作社、加工企业等）之间的合作情况如何？政府部门在其中发挥了什么样的作用？带来哪些影响？

2. 目前，本县（旗）细毛羊产业的社会化服务体系（包括提供优质种羊、饲草供应、牧草草种销售、兽药销售、畜牧业机械销售、细羊毛销售、养羊专业合作社和养羊协会等环节或领域）发展如何？

3. 近年来，本县（旗）是否爆发过大规模羊疫病？羊疫病对细毛羊产业产生了哪些影响？

4. 近年来，本县（旗）羊毛及羊皮收购价格有何变化？变化的原因主要有哪些（羊毛质量、收购环节农牧户议价能力、不同销售渠道价格差异）？

二、产业发展趋势及前景判断

1. 您认为明年当地细毛羊养殖规模是会进一步扩大还是萎缩？羊毛产量及质量将如何变化？养殖户的生产积极性在明年会出现哪些变化？

2. 您认为明年当地细毛羊养殖采用的各项技术水平是否会提高？

3. 您认为明年当地细毛羊养殖成本收益的变化趋势会怎样？

4. 您认为明年当地细羊毛收购价格与收购方式的变化趋势会怎样？

三、产业发展存在的问题及应采取的对策

1. 您认为目前本县（旗）在前文所提到的细羊毛质量控制技术以及其他实用技术的培训和推广过程中面临哪些困难？如何改进？需要哪些方面的帮助？（可根据具体技术详细说明）

2. 您认为目前细毛羊良种保护和推广工作还存在什么问题？您认为应如何健全和完善细毛羊品种繁育和推广体系？

3. 您认为当地细羊毛质量状况存在哪些问题？影响其质量提升的因素有哪些？如何突破？政府在其中发挥什么作用？希望得到哪些方面的帮助？

4. 您认为目前的草原生态保护政策是否限制了细毛羊的养殖？如何改进？

5. 您认为目前在细毛羊疫病防控体系建设方面是否存在问题？如何改进？

6. 您认为目前的细羊毛收购存在哪些问题？如何改进？

7. 您认为应如何完善细毛羊产业的社会化服务体系？

8. 您认为如何提高细毛羊养殖户的组织化程度？在促进合作社发展方面有何建议？

9. 目前实行的各项扶持政策在执行过程中存在哪些问题？您认为应该如何改进？为了促进细毛羊产业发展，您认为还应该出台哪些扶持政策？

10. 除上述问题外，您认为还存在哪些问题制约了细毛羊产业发展？您有什么对策建议？

附录3　调研县（旗）标准化规模养殖访谈提纲

1. 本县（旗）从何时开始推行标准化规模养殖？2015年已达到国家或当地标准化规模养殖要求的规模养殖场/养殖小区/家庭牧场数量、养殖规模？2016年的变化情况？本县是否有发展较好的标准化规模场/养殖小区/家庭牧场？养殖效益如何？有何经验？

2. 本县（旗）已经实施的标准化规模养殖相关的标准和生产技术规范有哪些？（选址和棚圈设计、良种选育选配、人工授精、胚胎移植、饲草营养配比、饲养管理、饲草种植、穿羊衣、机械剪毛分级打包、疾病防控、饲料添加剂和兽药使用管理、粪便及污水处理、病死羊无害化处理等）请按照国家、省级和县/旗各类标准、技术规范和规章制度实施情况介绍。以后是否继续实施？对于当前尚未采用的标准或规范，未实施原因？近期是否有实施计划？

3. 请从畜禽良种化、养殖设施化、生产规范化、防疫制度化、粪污无害化5个方面详细介绍标准化规模养殖在本县（旗）的推广情况。

（1）畜禽良种化：品种改良、配种站点建设、人工授精/胚胎移植等技术推广情况。

（2）养殖设施化：选址布局、棚圈设施、饲喂设施、养殖机械、排污排水设施、供水供电设施等方面情况。

（3）生产规范化：养殖档案及备案情况、饲养管理规程、饲料添加剂及兽药的使用与管理情况、佩戴耳标情况、畜牧兽医技术人员年龄学历及配备情况。

（4）防疫制度化：定期防疫次数、防控疾病、防疫档案、重大疾病防控及无害化处理情况。

（5）粪污无害化：粪便、污水处理、环境监测等。

4. 本县（旗）采用标准化规模养殖带来的改变（劳动效率提高、提升羊肉品质和安全性、产毛量提升、产肉量提升、缩短出栏周期、降低养殖成本、养殖收入增加、养殖技术水平提高、提高农牧民养殖意识、改良品种等）？本县推广标准化规模养殖还产生哪些其他影响？

5. 本县（旗）推广标准化规模养殖遇到哪些困难（效果不明显、缺乏资金/劳动力/技术人才/相关培训/扶持政策、技术难以掌握、资源环境约束等）？怎样进一步推进？

6. 本县（旗）对当前国家、地方推行的各类与细毛羊养殖相关的标准和规范有何建议？如何改进？请详细说明。

附录4　种羊场访谈提纲

（一）内部结构及生产情况

1. 何时建立？所有制形式（个体户、私营企业、集体企业、国有企业）？职工数？其中管理人员、技术人员人数、年龄、学历层次和职称结构是？主营业务有哪些？

2. 目前有哪些细毛羊品种，是本场培育还是引进改良？各品种的存栏情况？细毛羊良种化程度如何？品种繁育和改良方式是自然交配、人工授精或胚胎移植？比例如何？

3. 今年本场细羊毛产量有多少？同比变化？不同品种的成年公羊、成年母羊的平均产毛量、长度、细度、强度等分别为多少？细毛羊配种率、繁殖率、产羔率、羔羊成活率、净毛率、屠宰率、净肉率？这些指标较往年相比有何变化？

（二）销售及成本收益情况

1. 今年本场细羊毛销售量有多少千克？平均销售价格为多少元/千克？同比变化？

2. 本场细羊毛销售渠道有哪些（贩子上门收购、通过合作社销售、销售给加工企业（工牧直交、拍卖）？不同销售方式如何运作（销售价格如何确定？交易是否具有连续性？有没有在交易前就价格、交易数量等交易条件达成口头承诺或签订书面合同）？若通过合作社销售，利润如何分配？不同销售渠道对羊毛质量是如何要求的（提供具体的质量标准及对应的价格）？

3. 您认为以上销售方式，哪种方式的收益更高（价格、交易成本）？您更愿意采用哪种方式？为什么？

4. 今年本场种羊销售量有多少只（分公羊、母羊）？同比变化及原因？平均销售价格为多少元/只（分公羊、母羊）？同比变化及原因？种羊销往哪些地区（本地、外地）？比例如何？销售渠道有哪些？不同销售方式如何运作？

5. 本场运营的成本收益情况如何？

（三）标准化规模养殖情况（如果有文字方面的材料，请复印或拍照带回）

1. 本场养殖档案、谱系记载、防疫档案建设情况如何（开始年份、主要记录项目）？是否佩戴耳标？是否索要或开具动物检疫合格证明？每年定期防疫、驱虫、药浴时间、次数、方式？主要防控疾病？近一年人畜共患病（如布氏杆菌病）和羊疾病发生情况？解决途径（自己解决、畜牧兽医站兽医或合作社或合同企业兽医等）？2015 年病死羊几只？病因？死亡后处理方式是（卖掉、吃掉、扔掉、掩埋或焚烧）？羊粪处理方式（自用、全部销售、堆放或其他，如多选请注明各部分占比）？

2. 已经实施的标准化规模养殖技术相关的标准、生产技术规范有哪些（选址和棚圈设计、良种选育选配、人工授精技术、胚胎移植技术、饲草营养配比、饲养管理、饲草种植、穿“羊衣”技术、机械剪毛分级打包、疾病防控、饲料添加剂和兽药使用、粪便及污水处理、病死羊无害化处理等）？从哪年开始实施？请详细介绍实施情况。从哪里获取相关标准信息（专业合作社、养殖协会、电视、书刊、网络、政府部门等）？是否接受过与标准化规模养殖相关的技术服务和培训（组织单位、培训内容、方式、效果）？是否对附近的养殖户提供与标准化规模养殖相关的技术服务和培训（培训内容、时间、次数、效果）？未来在技术培训方面有什么计划和安排？

3. 本场采用标准化规模养殖带来的改变（劳动效率提高、提升羊肉品质和安全性、产毛量提升、产肉量提升、缩短出栏周期、降低养殖成本、养殖收入增加、销路更好、带动周边产业发展、养殖技术水平提高、提高农牧民养殖意识、改良品种）？还产生哪些其他影响？

4. 本场细毛羊标准化规模养殖相关技术和标准采用意愿、扶持政策情况？

5. 本场推广标准化规模养殖遇到哪些困难（效果不明显、缺乏资金/劳动力/技术人才/相关培训/扶持政策、技术难以掌握、资源环境约束）？如何进一步推进？对国家、地方推行的各类与细毛羊养殖相关的标准和规范有何建议？

（四）发展情况

1. 本场发展过程中遇到过哪些困难（品种引进困难、雇工困难、饲草料缺乏、资金缺乏、机械化程度低、销售渠道受限、管理水平有限、疫病爆发、禁牧政策影响等）？自身是如何解决？希望政府今后如何扶持本场发展？

2. 本场未来的发展规划如何？是否打算扩大规模？请详细说明原因。

3. 您认为如何更好地发挥种羊场在细毛羊产业发展中的作用？

附录5 规模养殖场访谈提纲

(一)基本情况

1. 本场的成立时间?投资金额有多少?属于哪种类型(政府主导型、公司主导型、合作组织主导、能人带动、农户协作型或其他)?职工数?其中管理人员、技术人员人数、年龄、学历层次和职称结构是?主营业务有哪些?

2. 细毛羊养殖品种有哪些?各品种养殖规模如何?细毛羊良种化程度如何?种公羊来源(自育羔羊选留、从种羊场/合作社/市场购买、政府提供)?品种繁育和改良方式是自然交配、人工授精或胚胎移植?比例是?今年羊毛产量有多少?同比变化及原因?

3. 今年本场细毛羊生产性能如何(羊毛长度、细度、强度、单产水平、净毛率、配种率、繁殖率、产羔率、羔羊成活率、屠宰率、净肉率等)?同往年相比有什么变化?

(二)销售及成本收益情况

1. 今年本场羊毛销售量有多少千克?平均销售价格为多少元/千克?同比变化及原因?羊毛销售收入占细毛羊收益的多大比例?

2. 本场羊毛销售渠道有哪些(贩子上门收购、通过合作社销售、销售给加工企业,拍卖)?不同销售方式如何运作(销售价格如何确定?交易是否有连续性?有没有在交易前就价格、交易数量等交易条件达成口头承诺或签订书面合同)?若通过合作社销售,利润如何分配?不同销售渠道对羊毛质量有什么要求(具体的标准及对应的价格)?

3. 本场养殖细毛羊的每只成本收益情况如何?

(三)标准化规模养殖情况(如果有文字方面的材料,请复印或拍照带回)

1. 本场养殖档案、谱系记载、防疫档案建设情况如何(开始年份、主要记录项目)?是否佩戴耳标?是否索要或开具动物检疫合格证明?每年定期防疫、驱虫、药浴时间、次数、方式?主要防控疾病?近一年人畜共患病(如布氏杆菌病)和羊疾病发生情况?解决途径(自己解决、畜牧兽医站兽医或合作社或合同企业兽医等)?2015年病死羊几只?病因?死亡后处理方式是(卖掉、吃掉、扔掉、掩埋或焚烧)?羊粪处理方式(自用、全部销售、堆放或其他，如多选请注明各部分占比)？

2. 已经实施的标准化规模养殖技术相关的标准、生产技术规范有哪些(选址和棚圈设计、良种选育选配、人工授精技术、胚胎移植技术、饲草营养配比、饲养管理、饲草种植、穿“羊衣”技术、机械剪毛分级打包、疾病防控、饲料添加剂和兽药使用、粪便及污水处理、病死羊无害化处理等)？从哪年开始实施？请详细介绍实施情况。从哪里获取相关标准信息（专业合作社、养殖协会、电视、书刊、网络、政府部门等)？是否接受过与标准化规模养殖相关的技术服务和培训（组织单位、培训内容、方式、效果)？是否对附近的养殖户提供与标准化规模养殖相关的技术服务和培训（培训内容、时间、次数、效果)？未来在技术培训方面有什么计划和安排？

3. 本场采用标准化规模养殖带来的改变（劳动效率提高、提升羊肉品质和安全性、产毛量提升、产肉量提升、缩短出栏周期、降低养殖成本、养殖收入增加、销路更好、带动周边产业发展、养殖技术水平提高、提高农牧民养殖意识、改良品种)？还产生哪些其他影响？

4. 本场细毛羊标准化规模养殖相关技术和标准采用意愿、扶持政策情况？

5. 本场推广标准化规模养殖遇到哪些困难（效果不明显、缺乏资金/劳动力/技术人才/相关培训/扶持政策、技术难以掌握、资源环境约束)？如何进一步推进？对国家、地方推行的各类与细毛羊养殖相关的标准和规范有何建议？

(四) 发展情况

1. 本场发展过程中遇到过哪些困难（如饲草料缺乏、资金缺乏、机械化程度低、销售渠道受限、管理水平有限、疫病爆发、禁牧政策影响等)？自身是如何解决的？希望政府今后如何扶持本场发展？

2. 本场未来的发展规划如何？是否打算扩大规模？请详细说明原因。

附录6　养殖小区访谈提纲

（一）基本情况

1. 本小区的成立时间？投资金额有多少？属于哪种类型（政府主导型、公司主导型、合作组织主导、能人带动、农户协作型或其他）？小区配备的管理人员、技术人员人数、年龄、学历层次和职称结构是？主营业务有哪些？本小区新进养殖户需要满足什么条件，是否需要交纳费用？

2. 细毛羊养殖品种有哪些？各品种养殖规模如何？细毛羊良种化程度如何？种公羊来源（自育羔羊选留、从种羊场/合作社/市场购买、政府提供）？品种繁育和改良方式是自然交配、人工授精或胚胎移植？比例是？今年羊毛产量有多少？同比变化及原因？

3. 今年本场细毛羊生产性能如何（羊毛长度、细度、强度、单产水平、净毛率、配种率、繁殖率、产羔率、羔羊成活率、屠宰率、净肉率等）？同往年相比有什么变化？

（二）销售及成本收益情况

1. 今年本小区羊毛销售量有多少千克？平均销售价格为多少元/千克？同比变化及原因？羊毛销售收入占细毛羊收益的多大比例？

2. 本小区羊毛销售渠道有哪些（贩子上门收购、通过合作社销售、销售给加工企业）？不同销售方式如何运作（销售价格如何确定？交易是否有连续性？有没有在交易前就价格、交易数量等交易条件达成口头承诺或签订书面合同）？若通过合作社销售，利润如何分配？不同销售渠道对羊毛质量有什么要求（具体的标准及对应的价格）？

3. 本小区养殖细毛羊的每只成本收益情况如何？

（三）标准化规模养殖情况（如果有文字方面的材料，请复印或拍照带回）

1. 本小区养殖档案、谱系记载、防疫档案建设情况如何（开始年份、主要记录项目）？是否佩戴耳标？是否索要或开具动物检疫合格证明？每年定期防疫、驱虫、药浴时间、次数、方式？主要防控疾病？近一年人畜共患病（如布氏杆菌病）和羊疾病发生情况？解决途径（自己解决、畜牧兽医站兽医或合作社或合同企业兽医等）？2015 年病死羊几只？病因？死亡后处理方式是（卖掉、吃掉、扔掉、掩埋或焚烧）？羊粪处理方式（自用、全部销售、堆放或其他，如多选请注明各部分占比）？

2. 已经实施的标准化规模养殖技术相关的标准、生产技术规范有哪些？（选址和棚圈设计、良种选育选配、人工授精技术、胚胎移植技术、饲草营养配比、饲养管理、饲草种植、穿“羊衣”技术、机械剪毛分级打包、疾病防控、饲料添加剂和兽药使用、粪便及污水处理、病死羊无害化处理等）？从哪年开始实施？请详细介绍实施情况。从哪里获取相关标准信息（专业合作社、养殖协会、电视、书刊、网络、政府部门等）？是否接受过与标准化规模养殖相关的技术服务和培训（组织单位、培训内容、方式、效果）？是否对附近的养殖户提供与标准化规模养殖相关的技术服务和培训（培训内容、时间、次数、效果）？未来在技术培训方面有什么计划和安排？

3. 本小区采用标准化规模养殖带来改变（劳动效率提高、提升羊肉品质和安全性、产毛量提升、产肉量提升、缩短出栏周期、降低养殖成本、养殖收入增加、销路更好、带动周边产业发展、养殖技术水平提高、提高农牧民养殖意识、改良品种）？还产生哪些其他影响？

4. 本小区细毛羊标准化规模养殖相关技术和标准采用意愿、扶持政策情况？

5. 本小区推广标准化规模养殖遇到哪些困难（效果不明显、缺乏资金/劳动力/技术人才/相关培训/扶持政策、技术难以掌握、资源环境约束）？如何进一步推进？对国家、地方推行的各类与细毛羊养殖相关的标准和规范有何建议？

（四）发展情况

1. 本小区发展过程中遇到过哪些困难（如饲草料缺乏、资金缺乏、机械化程度低、销售渠道受限、管理水平有限、疫病爆发、禁牧政策影响等）？自身是如何解决的？希望政府今后如何扶持本小区发展？

2. 本小区未来的发展规划如何？是否打算扩大规模？请详细说明原因。

附录 7　合作社/协会访谈提纲

（一）基本情况

1. 合作社/协会的成立时间？发起方式是什么？入社/会条件有哪些？入社/会费用是多少？现有社/会员多少名？社/会员包括哪些类型（养殖户、种羊场、加工企业等）？

2. 合作社/协会细毛羊主要养殖品种有哪些？预计今年年底存栏量有多少？同比变化及原因？细毛羊良种化程度如何？种公羊来源（自育羔羊选留、从种羊场/企业/市场购买、政府提供）？品种繁育和改良方式是自然交配、人工授精或胚胎移植？比例是？细毛羊生产性能如何（单产水平、配种率、繁殖率、产羔率、羔羊成活率、屠宰率、净肉率等）？羊毛质量如何（长度、细度、强度、净毛率等）？近年是否有变化？今年羊毛产量有多少？同比变化及原因？

（二）生产经营与利润分配情况

1. 今年社/会员通过合作社销售羊毛多少千克？平均销售价格为多少元/千克？同比变化及原因？羊毛销售收入占细毛羊收益的多大比例？

2. 合作社/协会以什么方式销售社/会员羊毛（A. 中介推销，即代销，只收取佣金　B. 赊销，即先卖后结账　C. 买断，即直接买进　D. 其他方式，请说明）？如果是赊销或买断，合作社以什么价进行收购（A. 事先的协议价　B. 市场价　C. 协议价和市场价中较高的那个价格；随行就市，但价格优于市场的价格　D. 其他，请说明）？销售渠道有哪些？各销售渠道是否对羊毛质量有具体要求？若有，请详细介绍。是否有专业人员对羊毛质量进行评定？若没有，如何确定羊毛质量等级？

3. 合作社/协会与社/会员是否签订购销合同？在签订合同的情况下，如果市场行情很好，有没有社员违约的现象？如果市场行情很差，合作社/协会将如何收购产品（A. 按市场价调低成员产品的收购价格，但保证收购数量　B. 仍按原协议价格收购，但减少成员产品的收购数量　C. 同时降低价格和收购数量　D. 按原定价格和协议收购，由合作社承担市场风险，但合作社将组织力量开拓市场　E. 其他，请说明）？合同中是否有关于羊毛质量的要求？若有，请具体说明。

4. 合作社利润分配机制如何（盈余返还、股金分红等）？

（三）其他

1. 合作社/协会获得过政府提供的哪些扶持（技术服务、资金扶持等）?

2. 是否获得过优惠贷款？由哪家银行或信用社提供？贷款要求是什么？贷款金额多少？贷款利率是多少？

3. 目前当地农牧户入社的积极性如何？影响该积极性的因素有哪些？

4. 目前贵合作社/协会有没有下一步的发展规划？面临的困难主要是什么？

5. 您认为当前合作社/协会发展滞后的原因及存在的问题主要有哪些？

6. 您认为要促进合作社/协会的发展，需要政府给予哪些方面的支持政策？

附录8 收购商贩访谈提纲

（一）基本情况

1. 收购商是否是本地人？羊毛主要是从哪些省区、哪些人手里收购的（农牧户、经纪人、合作社）？收购时间主要集中在哪几个月份？

2. 羊毛收购方式是怎么样？如何交易（是先支付定金还是一次性支付）？有没有与产区农牧户或合作社签订收购合同或口头协议？如果有，规定的具体内容有哪些？

3. 近三年羊毛收购量分别有多少？目前收购了多少？同比变化？收购价格多少元/千克？与去年同期相比有何变化及原因？

（二）流通成本和效益情况

1. 每千克羊毛的收购费用（打包费、雇工费、仓储保管费等）？运输费用（油费、司机工资等）？

2. 流通中产生的各项费用与加工企业或上级贸易商如何分担？

3. 收购商如何与加工企业交易（合同订单、口头约定、一次性买卖）？企业或上级收购商需不需要支付代理费用？除此之外，还需要支付什么费用？

4. 近几年收购效益如何？纯收益能达到多少？盈亏情况主要受什么因素影响？

（三）发展情况

1. 收购商的市场风险主要来自哪里？在经营中遇到哪些困难（设备短缺、资金短缺等）？如何解决这些困难？

2. 除了羊毛收购，是否还从事其他经营活动？该经营占总收入比例如何？

附录 9　绒毛用羊标准化规模养殖环节权重赋分

（调查对象是了解全国或全省细毛羊生产情况的技术专家、试验站站长、种羊场场长等）

绒毛用羊标准化规模养殖包括畜禽良种化、养殖设施化、生产规范化、防疫制度化、粪污无害化 5 个环节，用专家赋分法对各环节指标分配权重，Likert 量表按照指标对各标准化环节的重要性分为 5 个等级，分别是“很不重要，1 分”“不重要，2 分”“一般，3 分”“重要，4 分”“非常重要 5 分”，请各位专家给予评价。

1. 请您按照下列指标对细毛羊畜禽良种化的重要程度给予赋分。

品种产毛性能：[1] 1 分　[2] 2 分　[3] 3 分　[4] 4 分　[5] 5 分

品种繁殖性能：[1] 1 分　[2] 2 分　[3] 3 分　[4] 4 分　[5] 5 分

品种产肉性能：[1] 1 分　[2] 2 分　[3] 3 分　[4] 4 分　[5] 5 分

品种繁育改良设施保障：[1] 1 分　[2] 2 分　[3] 3 分　[4] 4 分　[5] 5 分

2. 请您按照下列指标对细毛羊养殖设施化的重要程度给予赋分。

选址布局科学合理性：[1] 1 分　[2] 2 分　[3] 3 分　[4] 4 分　[5] 5 分

供水供电设施完备性：[1] 1 分　[2] 2 分　[3] 3 分　[4] 4 分　[5] 5 分

排污排水设施完备性：[1] 1 分　[2] 2 分　[3] 3 分　[4] 4 分　[5] 5 分

棚圈饲喂设施完备性：[1] 1 分　[2] 2 分　[3] 3 分　[4] 4 分　[5] 5 分

养殖机械设备完备性：[1] 1 分　[2] 2 分　[3] 3 分　[4] 4 分　[5] 5 分

3. 请您按照下列指标对细毛羊生产规范化的重要程度给予赋分。

养殖档案及谱系记载完整：[1] 1 分　[2] 2 分　[3] 3 分　[4] 4 分　[5] 5 分

饲养管理制度完善，执行情况良好：[1] 1 分　[2] 2 分　[3] 3 分　[4] 4 分　[5] 5 分

饲料添加剂及兽药使用管理科学规范：[1] 1 分　[2] 2 分　[3] 3 分　[4] 4 分　[5] 5 分

饲养管理人员配备齐全，结构合理：[1] 1 分　[2] 2 分　[3] 3 分　[4] 4 分　[5] 5 分

4. 请您按照下列指标对细毛羊防疫制度化的重要程度给予赋分。

防疫设施完善，防疫制度健全：[1] 1 分　[2] 2 分　[3] 3 分　[4] 4 分　[5] 5 分

疾病防控措施有效，死亡率低：［1］1分 ［2］2分 ［3］3分 ［4］4分 ［5］5分

对病死畜禽实施无害化处理：［1］1分 ［2］2分 ［3］3分 ［4］4分 ［5］5分

5. 请您按照下列指标对细毛羊粪污无害化的重要程度给予赋分。

设备设施完善，制度健全：［1］1分 ［2］2分 ［3］3分 ［4］4分 ［5］5分

无害化处理措施有效，不污染周边环境：［1］1分 ［2］2分 ［3］3分 ［4］4分 ［5］5分

附录10　与绒毛用羊养殖相关国家标准一览表

序号	标准编号	标准名称	类　型
1	GB 18407.3—2001	农产品安全质量无公害畜禽肉产地环境要求	畜牧生产环境、选址布局、养殖设施等技术规范（7项）
2	GB/T 19525.1—2004	畜禽环境　术语	
3	GB 15618—2008	土壤环境质量标准	
4	GB 3095—2012	环境空气质量标准	
5	GB/T 19525.2—2004	畜禽场环境质量评价准则	
6	GB/T 22339—2008	农、畜、水产品产地环境监测的登记、统计、评价与检索规范	
7	GB/T 26623—2011	畜禽舍纵向通风系统设计规程	
8	GB/T 2416—2008	东北细毛羊	品种资源、良种培育、繁殖技术等技术规范（10项）
9	GB/T 25243—2010	甘肃高山细毛羊	
10	GB/T 25242—2010	敖汉细毛羊	
11	GB/T 25167—2010	新吉细毛羊	
12	GB/T 4630—2011	辽宁绒山羊	
13	GB/T 30959—2014	河西绒山羊	
14	GB/T 27534.1—2011	畜禽遗传资源调查技术规范　第1部分：总则	
15	GB/T 27534.4—2011	畜禽遗传资源调查技术规范　第4部分：绵羊	
16	GBT 27534.4—2011	畜禽遗传资源调查技术规范　第4部分：绵羊	
17	GB/T 26939—2011	种羊鉴定术语、项目与符号	
18	GB/T 20807—2006	绵羊用精饲料	饲养标准、生产管理等技术规范、使用准则（6项）
19	GB/T 34755—2017	家庭牧场生产经营技术规范	
20	GB/T 19424—2003	天然植物饲料添加剂通则	
21	GB/T 22144—2008	天然矿物质饲料通则	
22	GB 10648—2013	饲料标签	
23	GB 13078—2017	饲料卫生标准	
24	GB/T 21439—2008	草原健康状况评价	草原管理、病虫害防治、饲草料种植等技术规范（8项）
25	GB/T 24866—2010	牧草及草坪草种子贮藏规范	
26	GB/T 25875—2010	草原蝗虫宜生区划分与监测技术导则	
27	GB/T 27514—2011	沙地草场牧草补播技术规程	
28	GB/T 27515—2011	天然割草地轮刈技术规程	
29	GB/T 29366—2012	北方牧区草原干旱等级	
30	GB/T 34751—2017	天然草地利用单元划分	
31	GB/T 34754—2017	家庭牧场草地放牧强度分级	

（续）

序号	标准编号	标准名称	类　型
32	GB 16567—1996	种畜禽调运检疫技术规范	疾病防控、兽医兽药管理等技术规范（15个）
33	GB 16549—1996	畜禽产地检疫规范	
34	GB/T18625—2002	动物防疫基本术语	
35	GB/T 19526—2004	羊寄生虫病防治技术规范	
36	GB/T 22330.1—2008	无规定动物疫病区标准　第1部分：通则	
37	GB/T 22330.2—2008	无规定动物疫病区标准　第2部分：无口蹄疫区	
38	GB/T 22330.11—2008	无规定动物疫病区标准　第11部分：无小反刍兽疫区	
39	GB/T 22330.12—2008	无规定动物疫病区标准　第12部分：无绵羊痘和山羊痘（羊痘）区	
40	GB/T 22330.14—2008	无规定动物疫病区标准　第14部分：无新城疫区	
41	GB 16885—1997	布鲁氏菌病监测标准	
42	GB/T 18646—2002	动物布鲁氏菌病诊断技术	
43	GB/T 27982—2011	小反刍兽疫诊断技术	
44	GB/T 27528—2011	口蹄疫病毒实时荧光RT-PCR检测方法	
45	GB/T 34736—2017	绵羊肺腺瘤病毒核酸斑点杂交检测技术	
46	GB/T 34720—2017	山羊接触传染性胸膜肺炎诊断技术	
47	GB 1523—2013	绵羊毛	畜牧产品质量、等级、规格、检验、包装、存贮等技术规范（8项）
48	GB 18267—2013	山羊绒	
49	GB/T 9961—2008	鲜、冻胴体羊肉	
50	GB/T10685—2007	羊毛纤维直径试验方法 投影显微镜法	
51	GB/T 6976—2007	羊毛毛丛自然长度试验方法	
52	GB/T 14593—2008	山羊绒、绵羊毛及其混合纤维定量分析方法 扫描电镜法	
53	GB/T 25885—2010	羊毛纤维平均直径及其分布试验方法 激光扫描仪法	
54	GB/T 25885—2010	羊毛纤维平均直径及其分布试验方法 激光扫描仪法	

（续）

序号	标准编号	标准名称	类　型
55	GB 14554—1993	恶臭污染物排放标准	粪便、污水、尸体无害化处理等技术规范（8 项）
56	GB 18596—2001	畜禽养殖业污染物排放标准	
57	GB 16548—2006	病害动物和病害动物产品生物安全处理规程	
58	GB/T 25171—2010	畜禽养殖废弃物管理术语	
59	GB/T 27622—2011	畜禽粪便贮存设施设计要求	
60	GB/T 26622—2011	畜禽粪便农田利用环境影响评价准则	
61	GB/T 28740—2012	畜禽养殖粪便堆肥处理与利用设备	
62	GB/T 34805—2017	农业废弃物综合利用通用要求	

数据来源：根据国家标准化管理委员会网站（http：//www. sac. gov. cn/）、标准网（http：//www. standardcn. com/）和国家标准行业标准信息服务网（http：//www. zbgb. org/）相关信息整理得到。

附录 11　与绒毛用羊养殖相关行业标准一览表

序号	标准编号	标准名称	类　型
1	NY/T 388—1999	畜禽场环境质量标准	畜牧生产环境、选址布局、养殖设施等技术规范（18 项）
2	NY/T 398—2000	农、畜、水产品污染监测技术规范	
3	NY/T 1167—2006	畜禽场环境质量及卫生控制规范	
4	NY/T 1169—2006	畜禽场环境污染控制技术规范	
5	NY/T 5335—2006	无公害食品　产地环境质量调查规范	
6	NY 5027—2008	无公害食品　畜禽饮用水水质	
7	HJ 568—2010	畜禽养殖产地环境评价规范	
8	NY/T 391—2013	绿色食品　产地环境质量	
9	NY/T 5295—2015	无公害农产品　产地环境评价准则	
10	TY/T 682—2003	畜禽场场区设计技术规范	
11	NY/T 1178—2006	牧区牛羊棚圈建设技术规范	
12	NY/T 1237—2006	草原围栏建设技术规程	
13	NY/T 1178—2006	牧区牛羊棚圈建设技术规范	
14	NY/T 1177—2006	牧区干草贮藏设施建设技术规范	
15	NY/T 1755—2009	畜禽舍通风系统技术规程	
16	NY/T 2169—2012	种羊场建设标准	
17	NY/T 2365—2013	农业科技园区建设规范	
18	NY/T 2698—2015	青贮设施建设技术规范　青贮窖	
19	NY 1—2004	细毛羊鉴定项目、符号、术语	品种资源、良种培育、繁殖技术等技术规范（8 项）
20	NY/T 1236—2006	绵、山羊生产性能测定技术规范	
21	NY/T 1872—2010	种羊遗传评估技术规范	
22	NY 623—2002	内蒙古白绒山羊	
23	NY/T 2691—2015	内蒙古细毛羊	
24	NY/T 826—2004	绵羊胚胎移植技术规程	
25	NY/T 1571—2007	羊胚胎移植技术规程	
26	NY/T 1900—2010	畜禽细胞与胚胎冷冻保种技术规范	

（续）

序号	标准编号	标准名称	类　型
27	NY/T 677—2003	细毛羊饲养技术规程	饲养标准、生产管理等技术规范、使用准则（8项）
28	NY/T 2893—2016	绒山羊饲养管理技术规范	
29	NY/T 938—2005	动物防疫耳标规范	
30	NY/T 1569—2007	畜禽养殖场质量管理体系建设通则	
31	NY/T 1344—2007	山羊用精饲料	
32	NY 5032—2006	无公害食品　畜禽饲料及饲料添加剂使用准则	
33	NY/T 1444—2007	微生物饲料添加剂技术通则	
34	NY/T 471—2010	绿色食品　饲料及饲料添加剂使用准则	
35	NY/T 635—2002	草地载畜量的计算	草原管理、病虫害防治、饲草料种植等技术规范（17项）
36	NY/T 1176—2006	休牧和禁牧技术规程	
37	NY/T 1343—2007	草原划区轮牧技术规程	
38	NY/T 1579—2007	天然草原等级评定技术规范	
39	NY/T 1342—2007	人工草地建设技术规程	
40	NY/T 2971—2016	家畜资源保护区建设标准	
41	NY/T 728—2003	禾本科干草质量分级	
42	NY/T 1170—2006	苜蓿干草捆质量	
43	NY/T 1574—2007	豆科牧草干草质量分级	
44	NY/T 1904—2010	饲草产品质量安全生产技术规范	
45	NY/T 1239—2006	飞播种草技术规范	
46	NY/T 2703—2015	紫花苜蓿种植技术规程	
47	NY/T 2702—2015	紫花苜蓿主要病害防治技术规程	
48	NY/T 2699—2015	牧草机械收获技术规程 苜蓿干草	
49	NY/T 2697—2015	饲草青贮技术规程 紫花苜蓿	
50	NY/T 2696—2015	饲草青贮技术规程 玉米	
51	NY/T 3020—2016	农作物秸秆综合利用技术通则	
52	NY/T 473—2016	绿色食品　畜禽卫生防疫准则	疾病防控、兽医兽药管理等技术规范（16项）
53	NY/T 5339—2017	无公害农产品　畜禽防疫准则	
54	NY/T 3075—2017	畜禽养殖场消毒技术	
55	NY/T 1952—2010	动物免疫接种技术规范	
56	NY/T 576—2002	绵羊痘和山羊痘诊断技术	
57	NY/T 908—2004	羊干酪样淋巴结炎诊断技术	
58	NY/T 907—2004	动物布氏杆菌病控制技术规范	
59	NY/T 1470—2007	羊螨病痒螨疥螨诊断技术	

（续）

序号	标准编号	标准名称	类　型
60	NY/T 1947—2010	羊外寄生虫药浴技术规范	疾病防控、兽医兽药管理等技术规范（16项）
61	NY/T 1957—2010	畜禽寄生虫鉴定检索系统	
62	NY/T 1956—2010	口蹄疫消毒技术规范	
63	NY/T 1955—2010	口蹄疫接种技术规范	
64	NY/T 2075—2011	无规定动物疫病区口蹄疫监测技术规范	
65	NY/T 561—2015	动物炭疽诊断技术	
66	NY/T 472—2013	绿色食品　兽药使用准则	
67	NY/T 5030—2016	无公害农产品　兽药使用准则	
68	NY/T 630—2002	羊肉质量分级	畜牧产品质量、等级、规格、检验、包装、存贮等技术规范（13项）
69	NY 1165—2006	羔羊肉	
70	NY 5147—2008	无公害食品　羊肉	
71	NY/T 2799—2015	绿色食品　畜肉	
72	NY/T 2798.7—2015	无公害农产品　生产质量安全控制技术规范　第7部分：家畜	
73	NY/T 2798.1—2015	无公害农产品　生产质量安全控制技术规范　第1部分：通则	
74	NY/T 2219—2012	超细羊毛	
75	NY/T 1815—2009	细羊毛分级技术条件及打包技术规程	
76	NY/T 1814—2009	绵羊剪毛技术规程	
77	NY/T 1817—2009	羊毛密度测试方法 毛丛法	
78	NY/T 1818—2009	山羊抓绒技术规程	
79	NY/T 2221—2012	地毯用羊毛分级整理技术规范	
80	NY/T 2220—2012	山羊绒分级整理技术规范	
81	NY/T 398—2000	农、畜、水产品污染监测技术规范	粪便、污水、尸体无害化处理等技术规范（7项）
82	HJ/T 81—2001	畜禽养殖业污染防治技术规范	
83	NY/T 1221—2006	规模化畜禽养殖场沼气工程运行、维护及其安全技术规程	
84	NY/T 1222—2006	规模化畜禽养殖场沼气工程设计规范	
85	NY/T 1168—2006	畜禽粪便无害化处理技术规范	
86	NY/T 1169—2006	畜禽场环境污染控制技术规范	
87	NY/T 1334—2007	畜禽粪便安全使用准则	

数据来源：根据国家标准化管理委员会网站（http：//www.sac.gov.cn/）、标准网（http：//www.standardcn.com/）和国家标准行业标准信息服务网（http：//www.zbgb.org/）相关信息整理得到。

参 考 文 献

曹佳，肖海峰，杨光．1978—2007年我国畜牧业全要素生产率及其影响因素研究［J］．技术经济，2009，28（7）：62-66.

曹海兵，张越杰．全国肉牛牦牛标准化规模养殖发展调研［J］．中国畜牧业，2013（14）：22-25.

陈甜．中国绒毛用羊生产比较优势与区域布局研究［D］．北京：中国农业大学，2015.

陈慧萍．2011年规模奶牛场成本与效益状况调查报告［J］．中国乳业，2012（7）：11-14.

陈孟平，黄学康．标准化规模肉鸡养殖浅析［J］．畜禽业，2015（4）：24-26.

陈小强，马章全．绒毛用羊高效繁育的关键性技术［J］．家畜生态学报，2011，32（1）：84-86.

陈海燕．中国畜牧业政策支持水平研究［D］．北京：中国农业大学，2014.

陈海燕，肖海峰．禁牧政策对我国养羊业的影响及对策［J］．农业经济与管理，2013（3）：62-68.

陈海燕，肖海峰．我国绒毛用羊产业发展研究——基于资源环境约束的背景［J］．价格理论与实践，2013（4）：91-92.

陈和午．农户模型的发展与应用：文献综述［J］．农业技术经济，2004（3）：2-9.

蔡昉，李周．我国农业中规模经济的存在和利用［J］．当代经济科学，1990（2）：25-34.

丁勇，牛建明，侯向阳，等．基于可持续发展评价的家庭牧场生产经营分异研究［J］．草业科学，2010，27（11）：151-158.

丁丽娜，肖海峰．中国农牧户绒毛用羊养殖效益及其影响因素实证研究［J］．农业展望，2013（12）：49-55.

丁丽娜．中国羊肉市场供求现状及未来趋势研究［D］．北京：中国农业大学，2014.

傅浩然，刘云富．以规模养殖破解生猪发展难题——对传统养猪生产模式转型的思考［J］．四川畜牧兽医，2008（4）：24-25.

冯艳秋，陈慧萍，彭华，等．2011年我国奶业主产区奶牛不同养殖模式生产管理状况调查与分析［J］．中国乳业，2012（2）：2-7.

付弘赟．青海省绒毛用羊产业发展状况调研报告［J］．青海农牧业，2013（3）：12-13.

方松海．劳动负效用、要素收益与生存发展适应：农户生产经营行为分析［M］．北京：经济科学出版社，2009.

郭于华．“道义经济”还是“理性小农”重读农民学经典论题［J］．读书，2002（5）：104-110.

郭正模．农业企业规模经济形成的本质与条件［J］．农村经济，1986（2）：24-26.

郭伟奇．畜牧业适度规模经营及影响因素分析［J］．现代农业，2010（1）：47－48.
高圣平．石油工业标准化工作手册［M］．北京：石油工业出版社，2010.
高雪峰，邢玉梅．我国绒山羊种质资源现状及发展趋势［J］．农村养殖技术，2011（17）：6－7.
顾江．中国农业持续发展技术系统现状与模式选择原则［J］．农业经济问题，2001（10）：16－19.
耿宁．基于质量和效益提升的肉羊产业标准化研究［D］．北京：中国农业大学，2015.
耿宁，李秉龙．中国肉羊生产技术效率的影响因素及其区域差异分析——基于随机前沿分析方法［J］．技术经济，2013，32（12）：25－32.
黄宗智．华北的小农经济与社会变迁［M］．北京：中华书局，2000.
黄宗智．长江三角洲小农经济与乡村发展［M］．北京：中华书局，2000.
黄宗智．中国的隐性农业革命［M］．北京：法律出版社，2010.
胡代光，高鸿业．西方经济学大词典［M］．北京：经济科学出版社，2000.
胡继连，西爱琴．产业组织制度与中国农业发展研究［M］．北京：中国农业出版社，2002.
郝德仁．标准成本制度：日本的经验与启示［J］．财经科学，2007（5）：68－73.
韩振国，刘启明，郑红娥，等．养殖小区农户集体行动的困境分析与启示［J］．贵州农业科学，2014，42（8）：289－294.
候国盛．推进规模养殖，推进标准化生产［J］．四川畜牧兽医，2004，31（12）：11.
卡尔·波兰尼．大转型：我们时代的政治与经济起源［M］．冯钢，刘阳，译．杭州：浙江人民出版社，2007.
克努特·布林德．标准经济学——理论、证据与政策［M］．高鹤，杜邢晔，牟俊霖，等，译．北京：中国标准出版社，2006.
李观题，李娟．标准化规模养羊技术与模式［M］．北京：化学工业出版社，2015.
李桦，郑少峰，郭亚军．我国生猪不同饲养方式生产成本变动分析［J］．西北农林科技大学（自然科学版），2007（1）：63－67.
李秉龙，李金亚．我国肉羊产业的区域化布局、规模化经营与标准化生产［J］．中国畜牧杂志，2012，48（2）：56－58.
李克，潘广东，程雷，等．浅谈肉羊标准化规模养殖要点［J］．养殖技术顾问，2013（10）：10.
李鑫，张灵光，刘文．农业标准化基本原理再探索［J］．中国标准化，2005（4）：63－65，67.
李建中．我国与发达国家农业标准化的比较［J］．中国信息报，2007－07－25（008）.
李谷成．转型期中国农业单要素生产率变化及资源利用特征［J］．经济问题探索，2009（5）：28－34.
李治国，韩国栋，赵萌莉，等．家庭牧场模型模拟研究进展［J］．中国生态农业学报，

2014，22（12）：1385-1396.
李春田．标准化概论［M］．北京：中国人民大学出版社，2014.
李尔丁．基于比较分析法的农业标准化成果经济效益评价方法［J］．标准科学，2013（4）：25-29.
刘慧．扩大贸易开放对中国羊毛业发展的影响［D］．北京：中国农业大学，2011.
刘继刚，王天翔．甘肃绒毛用羊现状及发展建议［J］．甘肃畜牧兽医，2012，42（1）：45-48.
卢迈，戴小京．现阶段农户经济行为浅析［J］．经济研究，1987（7）：68-74.
龙军．加快推进畜牧业标准化规模养殖［J］．农产品市场周刊，2013（10）：1.
梁春年，牛春娥，王宏博，等．世界羊毛生产贸易现状及我国相关对策研究［J］．家畜生态学报，2006，27（3）：1-4.
劳埃德·霍诺兹．宏观经济分析和政策［M］．北京：商务印书，1986.
马歇尔．经济学原理［M］．刘生龙，译．北京：中国社会科学出版社，2007.
马恒运，唐华仓，任晓静．中国畜产品全要素生产力研究［C］//促进农民增收的技术经济问题研究——中国农业技术经济研究会2004年学术研讨会论文集．中国农业技术经济研究会，2004.
马兴林，梁业森，任天志，等．对我国农区农牧结合的若干思考［J］．农业现代化研究，1997，18（6）：342-344.
马章全，陈小强，马欣荣，等．国内外绒毛用羊产业发展的特点与趋势［J］．家畜生态学报，2013，34（7）：85-87，93.
马志雄、丁士军．基于农户理论的农户类型划分方法及其应用［J］．中国农村经济，2013（4）：28-38.
莫志宏，沈蕾．全要素生产率单要素生产率与经济增长［J］．北京工业大学学报（社会科学版），2005，5（4）：29-32.
欧阳武．生产率度量的方法［J］．数量经济技术经济研究，1996（12）：18-26.
潘丹，曹光乔，秦富．基于随机前沿分析的中国蛋鸡生产技术效率研究［J］．江苏农业科学，2013，41（6）：389-392.
彭秀芬．中国原料奶的生产技术效率分析［J］．农业技术经济，2008（6）：23-29.
卜海，高圣平，王玉英，等．国内外标准经济效益评价方法现状及发展趋势［J］．石油工业技术监督，2015，31（7）：15-17.
钱呈，李蕴华，弈静．适度规模的家庭牧场是肉羊产业未来发展模式的必然选择［J］．畜牧与饲料科学，2010，31（2）：87-89.
秦晖，金雁．恰亚诺夫与苏联20年代“组织—生产”学派［J］．国际共运史研究，1989（2）：39-46.
恰亚诺夫．农民经济组织［M］．肖正洪，译．北京：中央编译出版社，1996.
饶旭鹏．农户经济理性问题的理论争论与整合［J］．广西社会科学，2012（7）：52-56.

饶旭鹏．国外农户经济理论研究述评 [J]. 江汉论坛，2011 (4)：43-48.

孙致陆，肖海峰．中国绒毛用羊产业经济研究（第二辑）：中国细毛羊生产的经济效率分析 [M]. 北京：中国农业出版社，2014.

孙致陆，肖海峰．我国绒毛用羊养殖中要素投入对绒毛产量的影响研究——基于内蒙古、河北等6省（区）农牧户调查数据的分析 [J]. 中国食草动物科学，2012 (S1)：30-33.

孙锋娇，张宏，乔柱，等．国内外工程建设标准化经济效益研究现状 [J]. 工程建设标准化，2014 (6)：48-52.

宋中山，王晓斌．中国羊毛生产贸易状况及趋势预测 [J]. 经济与信息，1995 (12)：31-32.

宋敏，于欣丽，卢丽丽．基于 DEA 方法的企业标准化效益评价 [J]. 中国标准化，2003 (10)：56-58，70.

宋洪远．经济体制与农户行为——一个理论分析框架及其对中国农户问题的应用研究 [J]. 经济研究，1994 (8)：22-28，35.

宋明顺，王晓军．农业标准化作用的经济学分析与实证——以浙江省农业标准化工作为例 [M]. 北京：中国计量出版社，2004.

松浦四郎，熊国风，薄国华．工业标准化原理 [M]. 北京：技术标准出版社，1981.

石晶，肖海峰．养殖户畜牧养殖技术需求及其影响因素研究——基于绒毛用羊养殖户问卷调查数据的分析 [J]. 农村经济，2014 (3)：56-60.

田露，张越杰．吉林省农户养猪生产效率分析 [J]. 吉林农业大学学报，2008，30 (5)：764-768.

谭美英，武深树．建立推进生猪标准化规模养殖的长效机制 [J]. 饲料工业，2010，31 (3)：58-60.

王征．标准化的特性与原理 [J]. 航空标准化，1981 (1)：38-44.

王济民．国外畜牧业发展模式及启示 [J]. 中国家禽，2012，34 (1)：2-6.

王丽娜．世界羊毛生产与贸易的经济分析 [D]. 杭州：浙江大学，2004.

王锡波．新疆草原畜牧业转型研究 [M]. 北京：中国农业出版社，2016.

王凯．肃南县甘肃高山细毛羊标准化规模养殖模式 [J]. 饲养管理，2017，47 (4)：86-88.

翁贞林．农户理论与应用研究进展与述评 [J]. 农业经济问题，2008 (8)：93-100.

韦秀丽，李萍，高立洪．我国畜禽养殖小区去发展现状分析 [J]. 南方农业，2007，1 (5)：7-9.

许庆，尹荣梁，章辉．规模经济、规模报酬与农业适度规模经营——基于我国粮食生产的实证研究 [J]. 经济研究，2011 (3)：59-71，94.

许庆，尹荣梁．中国农地适度规模经营问题研究综述 [J]. 中国土地科学，2010，24 (4)：75-80.

肖海峰，周向阳，孙致陆，等．中国绒毛用羊产业经济研究（第一辑）[M]. 北京：中国农业出版社，2012.
熊贤良．区分规模经济的层次及其相应对策［J］．管理世界，1997（4）：29－33.
西奥多·舒尔茨．改造传统农业［M］．梁小明，译．北京：商务印书馆，2003：20－41.
谢晓村．我国家庭牧场的特点［J］．中国草原，1986（2）：69.
于冷．对政府推进实施农业标准化的分析［J］．农业经济问题，2007（9）：29－34.
叶柏林．标准化经济效果基础［M］．北京：中国标准出版社，1983.
亚当．斯密．国富论［M］．郭大力，王亚南，译．北京：商务印书馆，2014.
约翰．伊特韦尔．新帕尔格雷夫经济学大词典［M］．北京：经济学科出版社，1996.
烟玉华．当前畜禽标准化规模养殖中存在的问题［J］．养殖与饲料，2014（6）：20－22.
闫春轩．畜牧业生产方式转变的形式、内容和途径［J］．中国食草动物，2008（5）：55－56.
余在岁．农区畜牧业规模经济初探［J］．安徽农业技术示范学院学报，1995，9（3）：71－74.
杨建青．国际羊毛市场状况与中国细毛羊发展分析［J］．农业展望，2009，5（2）：28－31.
杨军．中国畜牧业增长与技术进步、技术效率研究［D］．北京：中国农业科学院，2003.
张征，张正河，李宝贵．标准化动力的初步经济学分析［J］．中国标准化，2003（12）：25－28.
张立中，潘建伟，陈建成．不同草原类型区畜牧业适度经营规模测度［J］．农业经济问题，2012，33（4）：90－97.
张明，杨云，张太明，等．生猪标准化规模养殖模式简介［J］．中国畜牧兽医文摘，2014，30（8）：70.
张萍．2006年羊绒羊毛生产情况预测及市场分析［C］//2006中国羊业进展——第三届中国羊业发展大会论文集．中国畜牧业协会，2006.
张明新，王春昕，赵云辉，等．绒毛用羊环境控制与圈舍设计发展战略［J］．中国草食动物科学，2014（S1）：381－383.
张莉侠，刘荣茂，孟令杰．中国乳制品业全要素生产率变动分析——基于非参数Malmquist指数方法［J］．中国农村观察，2006（6）：2－8，80.
张友明．标准化综合贡献的科学评估方法［M］．上海：复旦大学出版社，2009.
张林秀．农户经济学基本理论概述［J］．农业技术经济，1996（3）：24－30.
张希仁．农户行为与农业两个根本性转变［J］．经济评论，1998（2）：78－81.
张广胜．市场经济条件下的农户经济行为研究［J］．调研世界，1999（3）：25－26，33.
张林秀，徐晓明．农户生产在不同政策环境下行为研究——农户系统模型的应用［J］．农业技术经济，1996（4）：27－32.
张轩，杨浩．论小农与小农经济的多面性——关于“理性小农”和“道义小农”理论的现实考察［J］．四川文理学院学报，2013，23（4）：132－135.
张洪程．农业标准化概论［M］．北京：中国农业出版社，2004.
张庆东，戴晔，耿如林，等．我国畜禽养殖小区标准化建设路径研究［J］．中国畜牧杂志，

2013，49（20）：18-21.

张莉，王健，张庆东，等．现代畜牧业发展与标准化畜禽养殖小区建设［J］．农业工程学报，2006，22（S2）：39-43.

张雯丽，赵玉田．肃南模式：破解细毛羊产业发展困境新思路［J］．中国畜牧业，2013（23）：35-37.

赵全新．浅谈畜牧业的规模经营［J］．云南畜牧兽医，1995（3）：44-45.

赵玉田．金融危机对中国羊毛产业的影响［J］．中国牧业通讯，2009（1）：21-23.

朱守芹，王春昕，张明新．北方绒毛用羊养殖场的规划与建设［J］．家畜生态学报，2013，34（1）：70-72.

朱玉春，郭江．陕西畜牧业技术进步状况的实证分析：1984—2004年［J］．西南农业大学学报（社会科学版），2006，4（3）：39-41.

朱明光，草藏虎．论我省畜牧业规模经营的态势和对策［J］．甘肃农业，1996（4）：8-14.

詹姆斯・斯科特．农民的道义经济学：东南亚的反叛与生存［M］．程立显，刘建，译．南京：译林出版社，2006.

詹和平．山东省畜牧业生产的效率分析［D］．合肥：安徽农业大学，2004.

周咏．散养户和专业户饲养生猪的生产效率比较［J］．农业技术经济，1999（3）：37-40.

战英杰．中国羊毛生产和外贸格局及其影响因素分析［D］．北京：中国农业大学，2011.

章琳，郭明．农业的规模经济与农业的规模经营［J］．经济研究，1989（8）：71-75.

Abare. Australian sheep industry productivity ［J］． Australian Lamb，2004，4（2）：1-6.

Anderson J R，Dillon J L. On estimation allocative efficiency in cross-sectional analysis of production ［J］． Austral-ian Journal of Agricultural Economics，1971，15（3）：146-150.

Banker R D，Charnes A，Cooper W W. Some models for estimating technical and scale inefficiencies in data envelopment analysis ［J］． Management Science，1984，30（9）：1078-1092.

Battese G E，Corra G S. Estimation of a production frontier model：with application to the pastoral zone of eastern Australian ［J］． Australian Journal of Agricultural Economics，1977，21（3）：169-179.

Beuth Verlag. Economic benefits of standardization：summary of results ［R］． DIN German Institute for Standardization，2006：20-23.

Blind K，Jungmittag A. The impact of patents and standards on macroeconomic growth：a panel approach covering four countries and 12sectors ［J］． Journal of Productivity Analysis，2008，29（1）：51-60.

Brumm M C，Harmon J D，Honeyman M S. Hoop barns for grow-finish Swine ［J］． Agricultural Engineers Digest，2004（41）：1-24.

Cohende P，Steinmueller W E. The codification of knowledge：a conceptual and empirical exploration [J]. Industrial and Corporate Change，2000，9（2）：195－209.

Coelli T J，Rao D S P. Total factor productivity growth in agriculture：a malmquist index analysis of 93 Countries，1980—2000 [J]. Agricultural Economics，2005，32（S1）：115－134.

Dahlberg D L. Supply responses for wool in South Australia：1949—1961 [J]. Australian Journal of Agricultural Economics，1964，8（1）：57－65.

David P A，Some new standards for economics of standardisation in the information age [M]. In Dasgupta P and P Stoneman（eds）. Economic Policy and Technological Performance，Cambridge：Cambridge University Press，1987.

David T V，Randall E J，Peter D. An economic evaluation of research into the improved management of the annual grass weed vulpia in temperate pastures in south-eastern Australia [R]. Research Reports from New South Wales Department of Primary Industries Research Economists No：42503. 2004.

Denison E F. Accounting for United States economic growth：1929 to 1969 [M]. Washington：Brooking Institution，1974.

D'Haese M F C，Verbeke W，Van H G，et al. Institutional innovation to increase farmers' revenue：a case study of small scale farming in sheep：Transkei Region，South African [C]. International Association of Agricultural Economists 2003 Annual Meeting，Durban，South Africa，2003.

Duloy J H. The Allocation of resources in the Australian sheep industry [M]. Sydney：University of Sydney PhD Dissertation，1963.

Enneking U，Obersojer T，Balling R，et al. Enhancing the acceptance of quality system by German farmers：The Case of Quality Management and Quality Assurance [J]. Paper Presented at the 92nd EAAE Seminar，2005（3）：2－4.

Farrell J. Standardization and intellectual property [J]. Jurimetrics Journal，1989（30）：35－50.

Farell M J. The Measurement of productive efficiency [J]. Journal of Royal Statistical Society Series A General，1957，120（3）：253－281.

Fraser I M，Hone P. Farm-level efficiency and productivity measurement using panel data：wool production in south-west Victoria [J]. Australian Journal of Agricultural and Resource Economics，2001，45（2）：215－232.

Gaillard J. Industrial standardization：its principles and applications [M]. H. W. Wilson Co. New York，1934.

Gibbon C，Nolan E. The Australian wool industry：a hedonic pricing analysis of the factors affecting price of australian wool [J]. The 55th Conference of Australian Agricultural and Resource Economics Society，Melbourne，Australia，2011（2）：8－11.

Giraud E，Soler L. Private labels and public quality standards：how can consumer trust be restored after the mad cow crisis? [J]. Quant Market Eeon，2006 (4)：31－55.

Greenstein S M，Did installed base give an incumbent any (measurable) advantages in federal computer procurement? [J]. RAND Journal of Economics，1993，24 (1)：19－39.

Hall N H，Menz K M. Product supply elasticities for the Auatralian broadacre industries，estimated with a programming model [J]. Review of Marketing and Agricultural Economics，1989，53 (1)：6－13.

Hansson H. Are larger farms more efficient? a farm level study of the relationships between efficiency and size on specialized dairy farms in Sweden [J]. Agricultural & Food Science. 2008，17 (4)：325－337.

Hawkins R. Determining the significance of industrial standards as indicators of technical change [R]. Science Policy Research Unit，final report，Brithton：University of Sussex，1996.

Henk D V. Standardization—a business approach to the role of national standardization organizations [M]. Kluwer Academic Publishers，1999.

Holden S T. Peasant household modelling：farming systems evolution and sustainability in Northern Zambia [J]. Agricultural Economics，1993，9 (3)：903－921.

Iain F，William C H. Technical efficiency of Australian wool production：point and confidence interval estimates [J]. Journal of Productivity Analysis，2003，20 (2)：169－190.

图书在版编目（CIP）数据

中国绒毛用羊产业经济研究．第7辑，中国绒毛用羊标准化规模养殖研究：以西部地区细毛羊为例 / 王晶，肖海峰著．—北京：中国农业出版社，2019.7
ISBN 978-7-109-25633-0

Ⅰ.①中… Ⅱ.①王… ②肖… Ⅲ.①毛用羊—畜牧业—产业经济—研究—中国 Ⅳ.①F326.3

中国版本图书馆 CIP 数据核字（2019）第 125006 号

中国农业出版社
地址：北京市朝阳区麦子店街 18 号楼
邮编：100125
责任编辑：刘明昌
版式设计：韩小丽　　责任校对：沙凯霖
印刷：北京中兴印刷有限公司
版次：2019 年 7 月第 1 版
印次：2019 年 7 月北京第 1 次印刷
发行：新华书店北京发行所
开本：720mm×960mm　1/16
印张：16
字数：300 千字
定价：48.00 元